TEORIAS PSICANALÍTICAS DO DESENVOLVIMENTO

Blucher

TEORIAS PSICANALÍTICAS DO DESENVOLVIMENTO

Estudo histórico-crítico-comparativo

Volume 1. Origens e consolidação

Leopoldo Fulgencio

Teorias psicanalíticas do desenvolvimento: estudo histórico-crítico-comparativo (Volume 1. Origens e consolidação)

Publisher Edgard Blücher
Editor Eduardo Blücher
Coordenação editorial Jonatas Eliakim
Produção editorial Lidiane Pedroso Gonçalves
Preparação de texto Maurício Katayama
Diagramação Negrito Produção Editorial
Revisão de texto Vânia Cavalcanti
Capa Leandro Cunha
Imagem da capa iStockphoto

Blucher

Rua Pedroso Alvarenga, 1245, 4º andar
04531-934 – São Paulo – SP – Brasil
Tel.: 55 11 3078-5366
contato@blucher.com.br
www.blucher.com.br

Segundo o Novo Acordo Ortográfico, conforme 6. ed. do *Vocabulário Ortográfico da Língua Portuguesa*, Academia Brasileira de Letras, julho de 2021.

Dados Internacionais de Catalogação na Publicação (CIP)
Angélica Ilacqua CRB-8/7057

Fulgencio, Leopoldo

Teorias psicanalíticas do desenvolvimento : estudo histórico-crítico-comparativo (vol. 1. origens e consolidação) / Leopoldo Fulgencio. – São Paulo : Blucher, 2022.

324 p.

Bibliografia

ISBN 978-65-5506-390-5

1. Psicanálise 2. Psicologia do desenvolvimento I. Título.

22-5154 CDD 150.195

Índice para catálogo sistemático:
1. Psicanálise

Para meus filhos André, João, Nina Flor
e meu enteado Tom.
Para que a vida valha sempre a pena de ser vivida.

Conteúdo

Agradecimentos

À Fapesp, que tem contribuído ao longo dos anos para diversas de minhas pesquisas, em especial a que deu origem a este livro (processo número 2018/17472-6), como também ao apoio para sua publicação (processo número 2022/03687-6).

A meus colegas da linha de pesquisa Desenvolvimento Humano e Aprendizagem (Maria Thereza Costa Coelho de Souza, Maria Isabel da Silva Leme, Luciana Maria Caetano, Fraulein Vidigal de Paula, Rogério Lerner, Betania Dell'Agli e Daniel Fuentes), nos quais encontrei companhia, diálogo e exemplos, tanto nos seus pensamentos como nos seus modos de ser.

De maneira central e essencial, para os que cuidaram de mim (meus pais, amigos, familiares e meus analistas Maria Ângela Santa Cruz [*in memoriam*], Chulamit Terepins e Rogério N. Coelho de Souza); como também para aqueles que pude cuidar (pacientes, orientandos, alunos), desenvolvendo a si mesmos e encontrando um lugar para viver.

Minha vida intelectual está assentada no amor que me é dedicado e que me sustenta: por isso, sempre agradeço a minha esposa Lygia Vampré Humberg.

Origem deste livro

Ao fim de 2014, ingressei no Instituto de Psicologia da Universidade de São Paulo, depois de aprovado no concurso para preenchimento de vaga no Departamento de Psicologia da Aprendizagem, do Desenvolvimento e da Personalidade, na área de Psicologia do Desenvolvimento. Essa inserção me empurrou definitivamente para a consolidação de muitos esforços intelectuais que vinha fazendo desde o início de minha vida como pesquisador e homem de ciência, estabelecendo uma nova moldura para meus estudos e minhas produções. De 2014 a 2017, dediquei-me a perscrutar e descrever a teoria do desenvolvimento do ponto de vista da obra de Donald Winnicott: isso resultou tanto na minha tese de livre-docência como na publicação, em 2020, de meu livro *Psicanálise do ser. A teoria winnicottiana do desenvolvimento emocional como uma psicologia de base fenomenológica* (Edusp-Fapesp).

Esse percurso me levou também a perguntar e a pesquisar outras teorias do desenvolvimento, seja dentro da psicanálise, seja num campo mais amplo, colocando-me em diálogo com a área da psicologia dedicada às teorias do desenvolvimento (ou das ciências do desenvolvimento), onde encontrei: uma diferença metodológica fundamental, entre os dados obtidos e elaborados pelo método clínico (subjetivo) – típico do que faz a psicanálise, bem como de outros métodos e perspectivas psicoterápicas – e os obtidos com o uso de metodologias mais objetivas (às vezes de situação naturais e muitas vezes de situação experimentais controladas, elaboradas para realizar as observações); muitas informações fragmentadas, especialmente no campo da psicanálise, deparando-me com uma diversidade de teorias psicanalíticas desenvolvimentistas; uma falha (ou desatualização) no reconhecimento das contribuições desenvolvimentistas da psicanálise na área mais ampla das ciências do desenvolvimento, que dão um lugar muito magro para a psicanálise; e a dificuldade de articular os conhecimentos, seja internamente no campo da psicanálise, seja na relação e no diálogo das contribuições da psicanálise com as de outras perspectivas semântico-teóricas desenvolvimentistas; bem como, nessa direção, uma falta de metodologia que tornasse possível um estudo sistemático histórico-analítico-comparativo dessas teorias, dentro e fora da psicanálise.

Propus, então, um conjunto de pesquisas que têm sido apoiadas pela Fapesp e por minhas atividades na universidade. Estabelecido um princípio metodológico para esse tipo de pesquisa, dediquei-me a cada uma das perspectivas desenvolvimentistas da psicanálise, ocupando-me de produzir textos e vídeos que pudessem apresentar, sinteticamente, o resultado dessas pesquisas.

O leitor tem agora em mãos a primeira parte dessas pesquisas, em forma de texto publicado e em forma de conferências sucintas disponibilizadas no YouTube (cf. a *playlist Teorias Psicanalíticas do Desenvolvimento*), no QRcode e endereços indicados a seguir:

https://me-qr.com/l/TeoriasPsicanalIticasdoDesenvolvimento

No que se refere à compreensão detalhada do desenvolvimento emocional, em cada uma das perspectivas apresentadas, creio que haverá certa decepção por parte do leitor: ele encontrará apenas o enquadre geral estrutural dessas teorias, a estrutura da casa e a informação de como ela está estruturada, mas sem acessar a infinidade de detalhes que há em cada um de seus cômodos, nem às relações mais detalhadas, advindas da comunicação entre as diversas teorias do desenvolvimento (dentro e fora da psicanálise); *ainda que as pontes para que isso seja feito estejam aí colocadas.*

Com as apresentações teórico-descritivas das teorias psicanalíticas do desenvolvimento sistematizadas e ordenadas segundo um padrão de apreensão e descrição fenomenológica, tanto o método de estudo e descrição como os seus resultados oferecem aos leitores uma orientação teórica e epistemológica que lhes servirá para pesquisas dedicadas a preencher e desenvolver os processos indicados por essas teorias do desenvolvimento.

Prefácio

Maria Thereza Costa Coelho de Souza[1]

Foi com grata satisfação que aceitei o convite do professor Leopoldo Fulgencio, colega do Departamento de Psicologia da Aprendizagem, do Desenvolvimento e da Personalidade, do Instituto de Psicologia da Universidade de São Paulo (USP), para escrever este Prefácio sobre o livro *Teorias psicanalíticas do desenvolvimento: estudo histórico-crítico-comparativo.* Esta extensa obra em dois volumes sobre a temática do desenvolvimento psicológico do ponto de vista do campo de teorias psicanalíticas destina-se a psicanalistas e estudiosos do desenvolvimento humano e reúne um conjunto amplo e diverso de teorias, com referências históricas e científicas, detalhamento conceitual, comparação entre bases epistemológicas e métodos, à luz de uma reflexão crítica aprofundada assentada numa matriz de análise original elaborada pelo autor. Vale dizer que uma avaliação detida sobre o conteúdo a respeito da psicanálise, para além da clareza e precisão da apresentação, não me é possível, já que não sou psicanalista. No entanto, do ponto de vista

1 Professora Titular do Instituto de Psicologia da USP.

da área de Psicologia do Desenvolvimento, onde estão inseridas minhas atividades acadêmicas, é possível tecer algumas considerações. A primeira é que a obra busca articular aspectos de diversas perspectivas psicanalíticas com características que definem teorias clássicas sobre o desenvolvimento psicológico, de modo especial o princípio de que há transformações e regularidades ao longo da vida, sendo que o jogo do desenvolvimento se resume a coordenar preferencialmente de modo harmonioso as diferentes dimensões, as quais são influenciadas por fatores exteriores, interiores, individuais, contextuais e relacionais. Para isso, o autor recorre a algumas obras tradicionais sobre a Psicologia do Desenvolvimento (manuais), as quais apresentam um panorama das abordagens clássicas e também revisões críticas fundamentadas numa visão psicanalítica. É interessante notar que, para essa tarefa, ele não pretendeu simplesmente identificar marcas da área de conhecimento nas teorias psicanalíticas, mas também perguntar: a) se estas partem de perguntas pertinentes a este vasto campo a respeito do desenvolvimento humano, como quando começa, como se dá e com quais metas se apresenta ao longo do ciclo vital; b) se definem métodos objetivos, gerando pesquisas cientificas que possam ser replicadas; e c) se permitem acompanhar e concluir sobre o desenvolvimento ao longo da vida, com suas transformações e regularidades. Buscou, além disso, a partir de uma matriz histórico-crítica-comparativa, pontos em comum, de divergência ou de complementaridade entre as abordagens, desde as obras de Freud, percorrendo vários teóricos até a atualidade. A segunda consideração é que o estudo detalhado das teorias sob o ângulo da matriz permite ao leitor psicanalista conhecer não somente a psicanálise, mas também o campo da Psicologia do Desenvolvimento quanto aos princípios que a definem, conceitos-chave e métodos de pesquisa, por meio de uma matriz de análise geral. Permite ainda ao leitor não psicanalista e inserido no campo de pesquisa sobre o desenvolvimento humano conhecer o percurso histórico de diferentes perspectivas psicanalíticas, os eixos conceituais principais e suas contribuições para a compreensão da subjetividade e do psiquismo. Uma aproximação entre psicanálise e desenvolvimento humano é, pois, a meta desta obra. O instrumento para esta aproximação é a matriz analítico-crítica. No Apêndice ao Volume I, o autor menciona a perspectiva de Jean Piaget, uma unanimidade nos manuais de Psicologia do Desenvolvimento, com a intenção de ilustrar a possibilidade efetiva de aplicação de sua matriz de análise a uma abordagem do desenvolvimento mental e, como consequência, das teorias psicanalíticas em sua aproximação ao tema do desenvolvimento humano. O elemento de partida para a análise é a pergunta que a teoria piagetiana pretende responder: qual é a gênese do conhecimento? E como consequência: como o conhecimento se transforma ao longo da vida? A partir da pergunta inicial, esta perspectiva tem como meta, de acordo com o prof. Fulgencio, a caracterização da "faculdade de conhecer", respaldando sua apresentação nas bases filosóficas dessa teoria, especialmente na filosofia de Kant. A pergunta e a meta estão assentadas em bases epistemológicas e levam à elaboração de métodos de investigação compatíveis com o que se pretende estudar. Ao aplicar sua matriz de análise crítica às teorias psicanalíticas mencionadas no livro, o autor demonstra, com sucesso, não só a sua relevância para compreender as diferenças teóricas e os eixos de base, mas, principalmente, para indicar de modo claro as aproximações, homogeneidades e, como apresenta no Volume II, as atualidades para a pesquisa e a clínica, expressando as diferentes contribuições para a compreensão do desenvolvimento e a articulação das diferentes teorias psicanalíticas com a área de Psicologia do Desenvolvimento. Por último, deve ser ressaltada a contribuição deste livro para a atualidade da prática e da pesquisa em psicanálise, a partir do crivo de análise formulado pelo autor, com destaque no Volume II, para a sequência de quadros com os elementos da matriz concernentes às diferentes teorias, os quais permitem elaboração de perguntas fecundas. Pensar na atualidade como seguimento da reflexão apresentada e, ao fim de uma obra tão extensa, é admirável, pois revela abertura de pensamento, indicando eixos de continuidade para novas reflexões sobre a psicanálise e o desenvolvimento psicológico. É uma espécie de ponto final provisório, de onde podem surgir novas perguntas e caminhos de investigação empírica e clínica. Aqueles que, na estrada de construção de conhecimento compartilhado, pegarem o "bastão" oferecido por este livro estarão sem dúvida bem acompanhados no caminho.

Prefácio: Inteligência e sensibilidade no encontro da epistemologia com a psicanálise

Rogério N. Coelho de Souza[1]

Clareza de raciocínio, lucidez de pensamento, objetividade no uso da metodologia, persistência na busca de suas metas, amplitude e profundidade intelectuais, conhecimento sólido e estilo de exposição são elementos rápida e facilmente encontrados em *Teorias psicanalíticas do desenvolvimento: estudo histórico-crítico-comparativo* de Leopoldo Fulgencio.

O convite para fazer a apresentação deste livro promoveu a instantânea transformação de alegria, pela lembrança de nosso nome por um colega tão renomado, em uma satisfação intelectual e emocional pelo aprendizado de natureza enciclopédica que a leitura e o estudo do livro oferecem.

Dividida em dois volumes (I – *Origens e consolidação*; e II – *Atualidade*), a obra revê e reavalia teorias de desenvolvimento ou, mais detidamente, teorias psicanalíticas de desenvolvimento em uma proposta de análise histórico-crítico-comparativa. Apesar de alguns autores da psicanálise serem historicamente inevitáveis,

1 Psicanalista, Sociedade Brasileira de Psicanálise de São Paulo.

Fulgencio nos oferece uma seleção própria do seu ponto de vista, desfilando por qual trajeto pretende se mover.

Freud e sua teoria do desenvolvimento da sexualidade são apresentados como um primeiro esboço de plena teoria do desenvolvimento emocional. Anna Freud lhe segue determinando uma consolidação da teoria psicanalítica enquanto plena teoria do desenvolvimento. René Spitz é resgatado da história para ser apresentado com sua teoria de desenvolvimento das relações de objeto e da organização do Ego, seguido de outro belo encontro histórico com Erik Erikson e sua teoria do desenvolvimento psicossocial. O percurso segue com a teoria da individuação de Margaret Mahler e sua teoria da individuação como uma teoria das fases primitivas do desenvolvimento emocional, para, em seguida, serem apresentados, a título de comunicação com outras teorias de desenvolvimento, o pensamento de Jean Piaget e sua teoria do desenvolvimento a partir das estruturas cognitivas.

Até aqui, apenas o primeiro volume (*Origens e consolidação*) se abre para o caminho em direção da *Atualidade* das teorias de John Bowlby e da sua teoria do apego enquanto uma teoria do desenvolvimento, a qual ganhará um capítulo especial para analisar críticas e usos dessa teoria, acompanhado, a seguir, pelo capítulo que, em minha opinião, guarda a maior originalidade entre todos, sobre Donald W. Winnicott e a teoria da dependência como uma teoria do desenvolvimento do ser. O fôlego de tamanha empresa se encaminha para o final com a vasta apresentação da teoria do desenvolvimento dos sensos do *self* de Daniel Stern para, então, alcançarmos os problemas do desenvolvimento do ponto de vista da psicanálise perinatal e, finalmente, ser apresentado o quadro geral para o desenvolvimento de pesquisas e de resolução de problemas referidos às teorias e pesquisas psicanalíticas enquanto teorias que se proponham como teorias de desenvolvimento emocional, ou que apontem a questão do conjunto de elementos constitutivos usados para a obtenção de uma visão psicanalítica do desenvolvimento emocional.

Como o leitor pode apreender, não é pouco o que Fulgencio faz. Se considerarmos que cada um desses autores é revisitado, mesmo que sucintamente, em seu lugar histórico da psicanálise ou das teorias do desenvolvimento, que uma breve visão biográfica é considerada para vários desses autores, que são reavaliadas cada uma desses teorias e que o leitor é colocado a questionar e avaliar cada uma dessas teorizações, segundo determinadas proposições feitas por Fulgencio, consegue-se compreender de antemão que aquilo com que nos deparamos é muito mais complexo, rico e produtivo do que um simples "Manual de Teorias de Desenvolvimento", mesmo que uma de suas facetas possa ser semelhante ao que se encontra em manuais.

Cabe, portanto, atenção particular às proposições de Fulgencio e, nelas, à natureza delas próprias, para que possamos entender sua proposta e intenção. Caso atentemos à Introdução e ao Capítulo I "Teorias do desenvolvimento e teorias psicanalíticas do desenvolvimento: proposta de análise histórico-crítica comparativa", já poderemos acompanhar com consequência a solidez desta obra. Uma teoria do desenvolvimento, enquanto sistema teórico, ou seja, um modelo, que busca explicar as transformações sucessivas, sistemáticas, no modo de ser e de se relacionar dos seres humanos, deve ser compreendida como uma organização sistemática do processo de desenvolvimento emocional em face de seus períodos, fases, e de suas intrínsecas dinâmicas, para ser considerada uma possível teoria psicanalítica de desenvolvimento. Ainda que cada teorização, aquela apresentada por diferentes autores, deva ser tomada em separado, pode-se apreender perspectivas, descobertas e fenômenos que consigam ser apresentados em outros sistemas, ou teorias, descrevendo-se novamente em sua própria semântica.

A questão metodológica é colocada no centro da discussão uma vez que questões de natureza subjetiva se mesclam a outras de caráter objetivo na formulação das teorias psicanalíticas de desenvolvimento. Como se pode confundir facilmente uma teoria de desenvolvimento com uma teoria sobre as dinâmicas do funcionamento emocional do ser humano e como não são apresentadas, nessas teorias, uma estrutura conceitual que as analise e descreva-as de modo a serem comparadas e postas em diálogo, Fulgencio propõe uma *matriz de análise* à qual possam ser submetidas todas as teorias psicanalíticas do desenvolvimento e, até mesmo, outras teorias que não propriamente psicanalíticas, de modo tal que consigamos analisá-las criticamente com os mesmos critérios, permitindo, desse modo, um estudo comparativo.

É aqui que uma posição epistemológica é assumida pelo autor, na proposição dessa *matriz de análise*, que, por sua vez, se faz sustentada na epistemologia das ciências proposta por Thomas Khun. Cada perspectiva teórica do desenvolvimento constitui um paradigma, o qual se refere a um campo de fenômenos específico, com seus próprios problemas, suas próprias teorias, seu próprio modelo ontológico, seu próprio modelo metafísico, seu próprio modelo heurístico, seus próprios valores teóricos e práticos. Embora não seja possível uma síntese entre esses diversos sistemas teóricos, não sendo adequada uma postura que defendesse uma atitude eclética, ou mesmo a criação de uma semântica híbrida que buscasse solucionar essa questão, faz-se necessário que nos fixemos a uma ética da terminologia pela qual se espera que, em determinado sistema, cada termo tenha sempre o mesmo referente, garantindo, assim, a comunicação possível. Cabe, então, encontrar uma forma de colocar diferentes teorias em diálogo para que possam contribuir reciprocamente sem que se confundam umas com as outras.

Uma consideração de natureza paradoxal é destacada. Mesmo que cada paradigma se refira a uma realidade específica, ainda assim, esta teria a possibilidade de ser novamente descrita, em sua linguagem, na realidade de outro paradigma, determinando um tipo de relação ou comunicação entre sistemas teórico-semânticos diferentes. Trata-se de considerar, de incorporar, como uma espécie de incitação ou estímulo apresentado por outro paradigma (sua realidade, seus fenômenos e suas soluções), de tal maneira que, descritos novamente pelos critérios de outra teoria, possam resultar em um aumento do valor heurístico de terminada perspectiva teórica (como se pode ver no uso de analogias e metáforas entre sistemas díspares que ampliam e renovam suas possibilidades de explicação e entendimento).

A *matriz de análise* é apresentada como um modo de realizar análises estruturais e conceituais dos textos psicanalíticos referidos às teorias de desenvolvimento emocional dos diferentes autores escolhidos por Fulgencio. Destaca-se uma maneira organizada e sistemática de observar quais os elementos conceituais de cada teoria, quais suas ontologias, suas teleologias, quais os referentes empíricos (fenomenológicos) desses elementos conceituais, bem como suas proposições e operações. Ao colocar os diferentes sistemas teóricos como objeto de uma análise crítica comparativa, coloca-se em questão a conjunção das descrições feitas por cada sistema e a maneira como cada sistema pode se desenvolver, ampliar-se, incitado ou estimulado pelas descobertas de outras teorias.

O leitor deve compreender que se propõe uma *matriz de análise* construída como base de um trabalho de comunicação, ao analisar continuidades, rupturas e incomensurabilidades entre diferentes sistemas teóricos psicanalíticos de desenvolvimento emocional. Com evidente honestidade intelectual, Fulgencio reconhece a influência que sobre ele foi exercida, na construção dessa matriz, pela noção de matriz paradigmática de Thomas Kuhn. Sabe-se que a concepção de um paradigma mostra uma maneira de ver os fenômenos, de explicitar os problemas, de propor soluções, em um determinado campo semântico-teórico, que leva à constituição de uma realidade específica, porém a possibilidade de apreender as diferentes perspectivas de um mesmo ponto de vista investigativo é proposta por Fulgencio como um método de análise crítica para cada teoria psicanalítica do desenvolvimento, visando um aumento do poder heurístico de cada sistema teórico.

Desse modo, o autor propõe-se a analisar criticamente, em cada teoria psicanalítica, os seguintes aspectos que constituem sua *matriz de análise*: a) qual o problema empírico básico inicial a ser explicado por cada autor ou teoria; b) qual o problema universal que se amplia na compreensão de determinada perspectiva de desenvolvimento; c) qual o modelo ontológico de homem considerado em cada perspectiva; d) quais as variáveis e ou parâmetros usados para a descrição, compreensão e explicação dos fenômenos que se tenha feito, implicando a explicitação das variáveis teórico-operativas de cada sistema teórico-semântico; e) qual o método usado para observação, pesquisa, descrição, agrupamento e sistematização dos fenômenos de desenvolvimento; f) quais as fases de desenvolvimento propostas, conceitual e cronologicamente, suas dinâmicas, tarefas e conquistas; g) que avaliação crítica foi ou pode ser feita, referindo-se à utilidade, potência e fragilidade de uma determinada perspectiva, ou seja, qual é a avaliação de seu poder heurístico que pode ou deve ser enunciado criticamente. Tenha o leitor consciência que praticamente repito, termo a termo, as ideias de Fulgencio porque não encontrei melhor modo de apresentá-las em comparação ao estilo e graça de exposição do autor desta obra.

É raro, podem crer, encontrar um psicanalista tão consistente e produtivo no campo psicanalítico, que, como professor universitário, pesquisador, autor de inúmeros livros e artigos, se apresente também tão capaz e bem fundamentado por suas concepções filosóficas, especialmente aquelas de natureza epistemológica. Admiramo-nos, na leitura do Capítulo I, com a vibrante demonstração de conhecimento filosófico e sua aplicação para a área das teorias de desenvolvimento, especialmente as teorias psicanalíticas de desenvolvimento. Qualquer tentativa que eu fizesse de apresentar a dimensão e a profundidade do conhecimento filosófico e psicanalítico de Fulgencio se tornaria pequena em face daquilo que pode ser apreciado pela simples leitura desta obra.

Para aqueles que já tiveram o prazer de conhecer e conviver pessoalmente com Fulgencio, nada tenho a acrescentar. Sua obra é sua apresentação, e esta (o próprio *Teorias psicanalíticas do desenvolvimento: estudo histórico-crítico-comparativo*), no caso, é uma apresentação e tanto, mas podem saber, aqueles que ainda não puderam somar a obra ao autor, que só terão a ganhar, emocional e intelectualmente, caso venham a fazê-lo.

A dimensão humana sobre seu desenvolvimento emocional ainda é incomensurável, mas nós, humanos, não nos detemos diante do desconhecido ou do não suficientemente conhecido. Somos convocados pela surpresa, pelo mistério, pelo imprevisto, pelo susto e, diante deles, pomo-nos a observar, pensar, refletir. Vamos em busca de conhecer para poder nos aquietar em nós mesmos. Triste, infindável sina que nos enriquece e torna-nos mais humanos. Humanos? A ciência e sua inteligência nos tornam mais sábios, certamente. No entanto, há algo também de sensível, por falta de outra palavra, que nos faz mais "humanos" e mais empáticos uns com os outros. Algo fruto da composição da inteligência com a sensibilidade que por vezes logramos encontrar em certas pessoas e em suas obras, como em Leopoldo Fulgencio.

Há um pequeno, misterioso trecho em "Conversa de bois", de Guimarães Rosa, trecho muito conhecido, que nos remete a esse lugar insondável de encontro em que o trabalho árduo da inteligência, que se faz pelo método, rende-se à sensibilidade imposta pela limitação e impotência humanas. Com essa menção a Rosa, rendo minha homenagem a Fulgencio e seu grandioso trabalho:

> *– Que é que está dizendo o boi Dansador?*
>
> *– Que nós, os bois-de-carro, temos de obedecer ao homem, às vezes...*
>
> *– O homem não sabe.*
>
> *– O bezerro-de-homem não sabe... O nosso pensamento de bois é grande e quieto... Tem o céu e o canto do carro... O homem caminha por fora. No nosso mato-escuro não há dentro e nem fora...*
>
> *– É como o dia e a noite... O dia é barulhento, apressado... A noite é enorme...*
>
> *– O bezerro-de-homem sabe mais, às vezes... Ele vive muito perto de nós, e ainda é bezerro... Tem horas em que ele fica ainda mais perto de nós... Quando está meio dormindo, pensa quase como nós bois... Ele está lá adiante, e de repente vem até aqui... Se encosta em nós, no escuro... No mato-escuro-de-todos-os-bois... Tenho medo de que ele entenda a nossa conversa...*
>
> *(Rosa, G. (1951). Conversa de Bois, In* Sagarana. *Rio de Janeiro: José Olympio Editora, p. 295)*

Que os leitores se divirtam ao aprender com a leitura deste novo livro de Leopoldo Fulgencio.

Introdução

Durante o século XX, consolidou-se uma área da psicologia científica denominada *psicologia do desenvolvimento*, no quadro da qual temos diversas possibilidades teóricas e descritivas do desenvolvimento físico, cognitivo e socioemocional do ser humano. Cabe, pois, como primeiro passo, saber o que são essas teorias, suas definições, suas especificidades, seus limites, bem como qual a diferença entre uma teoria do desenvolvimento e outras teorias (psicológicas, físicas ou, ainda, filosóficas, sociológicas, políticas etc.) dedicadas à compreensão da natureza humana.

O objetivo deste livro é não só apresentar, de modo sistemático e organizado, os diversos modos de apreender (teórica e descritivamente) como ocorre o desenvolvimento emocional do ser humano do ponto de vista da psicanálise – que faz isso a partir dos tratamentos psicoterápicos, logo, a partir de uma apreensão clínica ou subjetiva (do paciente, do analista, do encontro e desenvolvimento dos tratamentos psicoterápicos psicanalíticos) da realidade –, como também colocar os conhecimentos obtidos pela psicanálise sobre o desenvolvimento emocional do ser humano em contato, diálogo e comunicação produtiva com outras teorias desenvolvimentistas.

Para que isso possa ser feito, é necessário estabelecer bases conceituais, teóricas e fenomenológicas, bem assentadas e gerando um acordo (na direção de uma ética da terminologia) que torne possível reconhecermos os fenômenos abordados e os sentidos dos termos utilizados para isso. É nesse sentido que começo estabelecendo o que significa uma teoria do desenvolvimento.

Uma definição dada por Godfrey Cobliner explicita a especificidade deste tipo de teoria:

> *Uma teoria do desenvolvimento está interessada na maneira pela qual o comportamento evolui como uma entidade, e não nas funções, órgãos, ou capacidades isoladamente consideradas. Afirma que esse desenvolvimento atravessa estágios distintos, que levam a comportamentos sempre mais complexos; consequentemente, a ontogênese é contínua quando atravessa um estágio, e descontínua quando passa de um estágio para o seguinte, mais elevado. Portanto, o efeito da experiência da vida passada permanece a ponto de determinar o presente e o futuro.*[1]

---

1 Cobliner 1965, p. 265. Ao fim do *Guide to psychoanalytic developmental theories* (Palombo, Bendicsen & Koch 2010), seus autores reiteram essa compreensão de Cobliner sobre o que é uma teoria do desenvolvimento, para mostrar que os psicanalistas desenvolvimentistas fazem opções diferentes no que se refere ao uso do termo *fase* (Freud, Hartmann, Blos, Winnicott, Mahler) ou *estágio* (Abraham, Spitz, Kernberg, Greenspan) para compreensão e descrição do processo de desenvolvimento emocional, sendo que alguns optam, ainda, por outros termos, como *posição* (Klein), *nível* (Kenberg), *época* (Sullivan), *modo* (Stern), *domínio* (Kohut). Para meus objetivos, essas distinções não são fundamentais, de modo que esses termos podem ser intercambiáveis para

Pode-se afirmar que há um consenso sobre o significado do que é uma teoria do desenvolvimento, como um sistema teórico (um modelo) que visa explicar como ocorrem as transformações *sistemáticas* e *sucessivas* dos modos de ser-estar e relacionar-se dos seres humanos, considerando desde sua origem até a sua maturidade. O objetivo de tais teorias é explicar como descrever, prever e mesmo intervir sobre esse processo.

Há uma literatura extensa analisando a variedade significativa de propostas (modelos) de compreensão desse desenvolvimento, tanto no que diz respeito aos seus campos físico, cognitivo e socioemocional como no que se refere aos tipos de teorias (educacionais ou comportamentalistas, cognitivas, psicanalíticas, etológicas etc.), referindo-se a diversos quadros semântico-conceituais-epistemológicos-metodológico.[2] Alguns autores defendem a ideia de que é necessário um trabalho de elaboração que leve a uma síntese das diversas perspectivas, na procura de uma teoria coerentemente unificada,[3] caracterizando um ponto de vista eclético; outros, como eu, defendem que cada tipo de teoria deve realizar seu desenvolvimento em separado, ainda que possam apreender descobertas, fenômenos, focos e perspectivas apresentados por outros sistemas, redescrevendo-os na sua própria semântica.[4]

---

referirem-se à organização sistemática do processo de desenvolvimento emocional quanto a seus períodos e suas dinâmicas específicas, ainda que procure, nas análises dos autores que abordarei, respeitar os termos específicos que utilizam nas suas propostas.

2 Podemos citar, numa amostra apenas indicativa, uma série de manuais que se dedica a isto: Boyd & Bee 2011; Cobliner 1965; Crain 2000; Lerner 1976; Miller 1989; Papalia & Feldman 2012; Steinberg 2011; Thomas 2005; Tyson & Tyson 1990; Waddell 2002; Zelazo 2013.

3 Por exemplo, Parke 2004.

4 Cf. Fulgencio 2020a, seguindo uma perspectiva epistemológica apoiada em Thomas Khun 1970, 2000.

O problema do método: uma divergência de caminhos para a produção do conhecimento sobre o desenvolvimento

Um problema ou característica central dessa área do conhecimento é a questão do método de apreensão dos dados para a construção de uma teoria do desenvolvimento, especialmente no que se refere a lidarmos com fatos ou fenômenos tanto objetivos como subjetivos. Por *objetivo*, entenda-se por um lado, aquilo que existe em si mesmo, é observado em si mesmo, independentemente de seu observador e, por outro lado, por *subjetivo*, entendam-se, aqui, os significados singulares dados aos acontecimentos existenciais (fatos, fenômenos etc.) pelos indivíduos ou sujeitos (observadores e observados). Assim, por exemplo, uma sala pode estar objetivamente a 22 °C para todos, mas cada um experiencia ou dá um sentido específico para a temperatura da sala. A comunhão dos dados objetivos com os subjetivos é um problema que ainda não encontrou uma solução de consenso, sendo, para alguns, algo impossível:

> *Traduzir a relação daquilo que é objetivo e daquilo que não é um problema objetivo é impossível. Seria necessário objetivar o que não é objetivo e, depois, confrontar duas objetividades. Mas, na realidade, os termos de comparação são uma subjetividade e uma objetividade. Por isso não consigo ver como seja possível comparar subjetividade e objetividade com os métodos da pura subjetividade ou da pura objetividade.*[5]

No campo das teorias do conhecimento, também encontramos esses problemas, tendo conhecimentos que advêm de dados

5 Laing 1979, p. 28.

objetivamente coletados (quer pela observação controlada de situações naturais ou espontâneas, quer pela realização de experimentos criados para que a observação seja feita).

* * *

Quanto lemos os diversos manuais de teorias do desenvolvimento, fica evidente que grande parte do conhecimento apresentado está ancorada, sustentada e produzida com base na *observação objetiva* do bebê, da criança, do adolescente e do adulto, seja na sua individualidade, seja na sua existência social, havendo métodos cuidados, padronizados, metrizados etc. para que essas observações possam ser feitas e interpretadas (com ou sem a ajuda de procedimentos estatísticos). De um lado, trata-se, pois, em determinado sentido, daquilo que acabam por apresentar como o "bebê real", referindo-se àquilo que pode ser observado sem a interferência de processos subjetivos que transformariam os dados observados. A maior parte das teorias do desenvolvimento está, portanto, construída com o uso de metodologias de observação objetiva da realidade.

Por outro lado, a psicanálise, como um exemplo, por excelência, do que ocorre numa situação clínica, a compreensão da vida do bebê, das crianças, adolescentes e adultos advém daquilo que o paciente (o indivíduo, os grupos, as famílias etc.) apresenta nas suas narrativas dirigidas ao terapeuta (ou analista). Contudo, o próprio psicoterapeuta (ou analista) apreende e interpreta (valoriza e julga) os dados observados a partir da sua própria sensibilidade, da sua própria subjetividade.

Foi reconhecendo esse problema, sem excluir as teorias do desenvolvimento construídas a partir da subjetividade e as construídas a partir da objetividade, que Daniel Stern (1985) propôs um tipo de integração, afirmando que a apreensão objetiva dos fatos do desenvolvimento não tem por um lado, a capacidade de fornecer a compreensão sistêmica que organizaria os dados de forma sistemática e coerente; por outro lado, a apreensão subjetiva dos fatos do desenvolvimento não teria a capacidade de dar objetividade aos fenômenos observados. No entanto, ele também afirma, reunindo estas perspectivas: "o infante da clínica sopra vida subjetiva na criança observada".[6]

Será, pois, neste contexto que busca colocar as teorias objetivas e as subjetivas sobre o desenvolvimento numa contribuição mútua (sem reduzir uma a outra), que este livro procurará analisar como são construídas e descritas as teorias psicanalíticas do desenvolvimento, tendo em vista este horizonte ou *télos* epistemológico que torna possível a comunicação entre sistemas teóricos-semânticos díspares.[7]

Perspectiva de entendimento do desenvolvimento

Com as teorias do desenvolvimento (seja de que tipo ela for; elaboradas tanto com dados objetivos como com dados subjetivos), temos um quadro geral que estabelece uma linha de pensamento com a qual podemos entender o desenvolvimento saudável, como também ter referências para compreender seus distúrbios. Elas fornecem o quadro para compreender e descrever as diversas descobertas sobre o comportamento humano, nas suas diversas idades, e como o próprio ser humano é construído, na sua individualidade e na sua vida social, explicitando os determinantes deste processo e como seria possível agir sobre eles, seja de forma profilática, seja curativa; podem oferecer a compreensão da origem e do *télos* do processo de desenvolvimento que constitui e organiza os modos

6 Stern 1985, p. 11.

7 Cf. em Fulgencio 2020a, uma análise epistemológica-metodológica dessa proposta.

de ser do ser humano (com suas conquistas, fases, determinantes, dinâmicas etc.), o que pode orientar todo tipo de cuidado (clínico, educacional, assistencial, jurídico etc.) com o homem. Sinteticamente, poderíamos dizer que uma teoria plena do desenvolvimento fornece uma *linha da saúde* com a descrição das conquistas e dinâmicas desde a origem até a maturidade e a morte do indivíduo, e uma *linha da patologia*, com uma explicação sobre suas origens e dinâmicas de funcionamento, logo, uma orientação que abre a possibilidade para realizar ações preventivas e curativas, no cuidado do indivíduo e da vida relacional com o outro, com os grupos e com a vida sociocultural.

Entre os diversos tipos de teorias do desenvolvimento, temos também as teorias psicanalíticas, ou seja, as teorias que se ocupam do desenvolvimento emocional (afetivo ou socioemocional) considerando que existem processos psíquicos inconscientes que são determinantes na produção do que é o modo de ser do ser humano; mais ainda, teorias que ressaltam a importância das pressões instintuais e dos modos estruturais básicos de organização da vida relacional interpessoal (noutra linguagem, a importância da sexualidade e do complexo de Édipo como acontecimentos cruciais do desenvolvimento), mesmo que algumas teorias psicanalíticas não reduzam os motores do ser humano às suas pressões instintuais nos relacionamentos interpessoais.

Sobre a análise das teorias psicanalíticas do desenvolvimento, temos alguns poucos livros e manuais dedicados a essa perspectiva.[8] Nessas propostas, encontro as seguintes deficiências: a) por vezes, não há uma distinção claramente estabelecida e adotada que possa diferenciar o que é uma teoria do desenvolvimento do que é uma teoria sobre dinâmicas específicas do funcionamento

8 Por exemplo, Golse 2008; Hopkins, Barr, Michel & Rochat 2005; Palombo et al. 2010; Tyson & Tyson 1990; Waddell 2002.

emocional do ser humano, ou de aspectos gerais dos modos de ser do ser humano, chegando algumas dessas propostas[9] a considerar que todas as teorias psicanalíticas são teorias do desenvolvimento; b) na apresentação dessas teorias psicanalíticas do desenvolvimento não há uma estrutura conceitual que as analise e descreva-as de forma que possam ser comparadas ou colocadas em diálogo, de forma que possam contribuir ou confrontar concepções, fenômenos e dinâmicas, acabando por apresentar, às vezes de forma puramente escolar, suas perspectivas, ainda que tenhamos também propostas mais estruturadas que buscam ultrapassar esses aspectos que critiquei anteriormente, como é o caso do *Guide to psychoanalytic developmental theories.*[10]

É justamente na busca de sanar essas deficiências que me proponho a explicitar as teorias psicanalíticas do desenvolvimento, apresentando-as segundo uma determinada (e sempre a mesma) matriz de análise,[11] de modo que todas as teorias possam ser analisadas criticamente a partir dos mesmos critérios, tornando-se, assim, o trabalho de uma análise crítico-comparativa possível.

Problema e decisão epistemológica-metodológica para compreensão das teorias psicanalíticas do desenvolvimento

Antes de prosseguir, é necessário que enfrentemos um problema epistemológico-metodológico, visando delimitar, objetivar e dar rigor teórico e empírico ao estudo das teorias do desenvolvimento, a saber: as teorias do desenvolvimento correspondem a modos

9 Por exemplo: Golse 2008; Tyson & Tyson 1990; Waddell 2002.

10 Palombo et al., 2010.

11 Esta matriz será mais à frente analisada e justificada em sua proposta e estrutura.

de abordar uma mesma realidade vista de diversos ângulos,[12] ou, noutra perspectiva, cada perspectiva teórica se apresenta como um paradigma específico[13] que designa qual é a realidade que objetiva e descreve?[14]

Por um lado, teríamos a *posição eclética*, relativamente hegemônica em muitos dos manuais atuais, que supõe que todas as teorias estariam ou teriam a mesma realidade fenomênica como referente e, por outro lado, a *posição da incomensurabilidade entre paradigmas*,[15] considerando que os sistemas teórico-semânticos de uma teoria não têm necessariamente os mesmos referentes (ou seja, não se referem às mesmas realidades fenomênicas) que outras.

Na defesa da posição eclética, temos a seguinte proposta: "Os cientistas do desenvolvimento da atualidade tentam evitar o tipo de adesão rígida a uma única perspectiva teórica que era característica de teóricos como Freud, Piaget e Skinner. Em vez disso,

---

12 Tal como, usando esta analogia muito conhecida, se a realidade fosse um elefante que cegos tentam conhecer pelo tato, de modo que cada perspectiva fornece um aspecto do que é o elefante, ou seja, a realidade multifacetada seria analisada de diversos pontos de vista, de diversos níveis que, juntos, forneceriam uma síntese cada vez mais próxima do que seria a realidade.

13 De modo que, ao passar de um paradigma para outro, também passaríamos de uma realidade fenomênica para outra, apontando, então, de um lado, a difícil tarefa de fazer dialogar e compreender quando paradigmas díspares estão se referindo à mesma realidade e, por outro lado, quando teorias díspares (dentro de um mesmo paradigma) estariam, mesmo usando termos diferentes, se referindo aos mesmos fenômenos

14 Isto é, na verdade, um problema comum: veja-se, por exemplo, como os físicos têm grandes dificuldades em estabelecer uma teoria (e mesmo uma semântica) unitária para abordar os problemas do macrouniverso e do microuniverso; o mesmo poderíamos dizer, referindo-nos aos diversos sistemas teórico-semânticos da psicanálise (com as propostas de Freud, Melanie Klein, Lacan e Winnicott, para citar apenas alguns deles).

15 Como denomino minha proposta (Fulgencio 2020a), apoiada na compreensão que Thomas Khun (1970) tem da história e do desenvolvimento das ciências.

eles enfatizam o ecletismo, o uso de múltiplas perspectivas teóricas para explicar e estudar o desenvolvimento humano".[16] Essa posição teórica e metodológica também é expressa na afirmação de que os estudos sobre as diversas teorias do desenvolvimento, ao se considerarem seus diversos níveis ou focos de análise, poderiam levar, se as conjugássemos, a uma *síntese geral*: "o comportamento pode ser descrito em muitos níveis de análise (fenomenológicos, funcionais, neuronais e genéticos) e, para explicá-lo, é necessário compreender como o processo opera em todos esses níveis de análise contribuindo para o comportamento... num novo tipo de síntese intelectual: que revele como o processo, operando em muitos níveis de análise (cultural, social, cognitivo, neural e molecular), trabalha em conjunto para produzir o comportamento humano e suas mudanças".[17]

Do ponto de vista de uma epistemologia das ciências proposta por Thomas S. Khun,[18] cada uma dessas perspectivas teóricas do desenvolvimento constituiria um *paradigma* e cada paradigma constitui um campo de fenômenos específico (com seus problemas exemplares, suas teorias gerais para apreensão do campo fenomênico, seu modelo ontológico, seu modelo metafísico, seu modelo heurístico, bem como seus valores teóricos e práticos). Nessa direção, cada paradigma tem um mundo fenomenológico não propriamente intercambiável com outros paradigmas, constituindo *mundos próprios* que, via de regra, têm elementos (em maior ou menor grau) incomensuráveis entre si. Assim, do ponto de vista de Kuhn, cada paradigma enuncia e reconhece uma realidade específica, de acordo com sua maneira de apreender, descrever e enunciar quais são os seus problemas e, consequentemente, seus modos de resolvê-los. Nesse quadro de referência epistemológica,

16 Parke 2004.
17 Zelazo 2013, p. 4
18 Cf. Khun 1970, 1977, 2000.

considero que não há síntese entre os diversos sistemas teóricos dedicados à compreensão do desenvolvimento humano, opondo-me, pois, a uma posição epistemológica que defende o *ecletismo*. A meu ver, *não há síntese entre paradigmas díspares*, do mesmo modo que não há síntese entre linguagens díspares.

As chamadas "metateorias do desenvolvimento" seriam sínteses das teorias existentes, frutos de um trabalho de acomodação intelectual das teorias com a constituição de uma semântica híbrida. Mas as teorias ou sistemas teóricos do desenvolvimento (enquanto paradigmas) visam resolver problemas diferentes uns dos outros (o comportamento, a consciência, as determinações inconscientes das relações afetivas etc.); eles têm semânticas e referentes fenomenológicos diferentes uns dos outros. Com a procura de uma metateoria, também iríamos à procura de uma metassemântica, criaríamos uma língua artificial que se pretenderia universal, uma língua que já se distanciou dos referentes fenomenológicos que estavam na origem das suas línguas originais. Uma metateoria nos levaria a uma metarrealidade. Essa proposta criaria, então, conceitos e teorias sem referentes no mundo fenomênico "real" (realidade dada por tal ou qual paradigma, mas nó numa realidade *meta*, dada pelo novo paradigma, amálgama dos outros), ainda que esses metassistemas possam ser logicamente coerentes.

Essa metateoria ou metassemântica seria como um ser híbrido que conjuga espécimes diferentes e, como ocorre nesses cruzamentos entre espécimes, apontando aqui um aspecto dessa analogia, cria seres híbridos que, via de regra, são estéreis. Assim, quando a metateoria se apresenta, ela também desfaz a potência de resolução de problemas dos sistemas singulares (espécimes) que a compunha, dado que perde a conexão direta com os fenômenos, já que deixa de ser uma teoria (como expressão sintética dos fatos) e passa a ser uma expressão da coerência lógica da nova linguagem.

Nesse sentido, a metateoria pode ser coerente, mas perde a sua eficácia operativa.

Cabe notar que, por um lado, o uso dos mesmos termos em sistemas semântico-teóricos diferentes pode não estar se referindo ao mesmo fenômeno (o termo "sexualidade", por exemplo, tem sentidos diferentes se enunciado no campo da psicanálise, no campo das teorias comportamentalistas, no campo da sexologia); por outro lado, termos diferentes, em sistemas diferentes, podem estar se referindo aos mesmos fenômenos (por exemplo, o Ego, o Eu, a unidade do sujeito psicológico). Teríamos, nessa direção, que nos ater, com rigor e respeito, a uma *ética da terminologia*, no quadro da qual se espera que, dado um sistema, um termo tenha sempre o mesmo referente e vice-versa, garantindo que a comunicação possa ocorrer.

A posição de Kuhn certamente coloca um problema: cada teoria, então, seria como uma mônada, sem portas e sem janelas? Se sistemas teóricos díspares não se referem propriamente à mesma realidade fenomênica, então, de fato, a comunicação seria impossível. No entanto, também é um fato que as descobertas de uma ciência podem estimular outra ciência e/ou outros saberes no seu desenvolvimento. A pergunta, então, seria: *como isso é possível?*

Creio que a solução desse problema não advém da escolha por uma ou outra posição, e sim de uma terceira via que, respeitando as diferenças epistemológicas entre as diversas teorias (os diversos paradigmas), encontra uma maneira de colocá-las em diálogo, uma maneira de poderem contribuir uma com a outra sem, no entanto, se mesclarem ou se amalgamarem.

O paradoxo da comunhão dos paradigmas incomensuráveis

Se considerarmos que uma teoria, *grosso modo*, é uma descrição resumida da realidade fenomênica, podemos afirmar que os diversos sistemas teóricos procuram, pois, descrever suas realidades. Se, por um lado, toda teoria faz isso, então, teorias com sistemas teórico-semânticos diferentes mostrariam realidades diferentes. Não obstante, o que uma perspectiva teórico-semântica (um paradigma; aqui, resumidamente referido ao termo "uma teoria") pode chamar atenção de uma outra, apontando aspectos da realidade que não teriam sido considerados, obrigando que a "revelação feita" por uma *teoria* tenha de ser incorporada noutra *teoria*, ou seja, esta incorporação implicará a redescrição da realidade (fenômenos ou dinâmicas apresentados) no quadro semântico-teórico da segunda teoria.

Freud parece ter defendido uma solução deste tipo quando se colocou a questão das contribuições que a antropologia e a psicanálise poderiam fazer uma à outra, quando escreveu *Totem e tabu*:

> *É uma falha necessária dos trabalhos que tentam aplicar os pontos de vista da psicanálise aos temas das ciências do espírito a de oferecer tão pouco dos dois ao leitor. Assim se restringem a ter um caráter de incitação; eles fazem ao especialista proposições que ele deverá tomar em consideração no seu trabalho.*[19]

Se, por um lado, cada paradigma se refere a uma realidade específica, por outro, ele também teria a possibilidade de redescrever (na sua linguagem) uma realidade descrita noutro paradigma. Isso constitui, pois, um paradoxo que sobrepõe, de um lado,

---

19 Freud 1912, p. 283.

a impossibilidade de comunicação entre paradigmas e, por outro, no sentido oposto, a sempre possibilidade de redescrever as realidades apresentadas pelos sistemas. Creio que esse paradoxo não deva ser resolvido, dissolvido, mas mantido como se estabelecendo um determinado tipo de relação e comunicação entre os sistemas teórico-semânticos díspares. Não se tratará jamais de fazer uma síntese, mas de incorporar, redescrevendo, realidades, fenômenos, problemas, soluções até então não considerados por um paradigma, mas considerados "incitações" ou "estímulos" apresentados por outros paradigmas (ou teorias) para que sejam considerados e resultem num aumento do poder heurístico de uma determinada perspectiva (assim como analogias e metáforas entre sistemas díspares podem contribuir para o desenvolvimento de cada sistema em específico, ampliando-os e redescrevendo-os).

Assim, ao analisar as diversas propostas de teorias do desenvolvimento, numa análise histórico-crítica, *procuro explicitá-las e analisá-las como os fenômenos descritos por cada perspectiva.*

A descrição feita por uma teoria e/ou paradigma poderá servir, então, como um estímulo para que outro paradigma venha a considerar fenômenos e/ou processos que não tenham até então sido considerados, ainda que venham a ser redescritos noutro quadro paradigmático. A apreensão e a descrição dos fenômenos no quadro de cada paradigma nos servirão, pois, como ponte de acesso para que uma comunicação paradoxal possa ocorrer e, assim, possibilitar que cada sistema se desenvolva, em separado, respeitando-se sua constituição epistemológica e metodológica.[20]

---

20 Cf. uma análise mais ampla desta perspectiva metodológica em Fulgencio 2020a.

Das descobertas de Freud à constituição de uma plena teoria do desenvolvimento?

A psicanálise nasceu como um método de pesquisa dos processos psíquicos inconscientes, como um método de tratamento e como uma ciência que reúne o conjunto de descobertas assim conseguidas. Seu objetivo inicial era fazer alguma coisa pelos neuróticos, fornecer a eles um tipo de cuidado e tratamento e mesmo esperança, quando não havia nenhum tratamento médico para eles, nada efetivo que pudesse ao menos aliviar seus sofrimentos. Na procura da gênese dos sintomas neuróticos, Freud não só identificou que estes tinham origem psicogênica, como também que essa origem deveria ser encontrada na infância do paciente, nos modos como ocorrem suas relações e fantasias com as pessoas que cuidavam dele e que ele amava, descobrindo, nesse cenário, a importância da sexualidade e do complexo de Édipo. Nesse quadro, o tratamento consistia em possibilitar que o paciente retomasse a sua história passada, seus "amores" passados, por excelência os infantis, revivê-los na análise (via processos transferenciais) e, com isso, reorganizar seus pensamentos, sentimentos e seus modos de se relacionar consigo mesmo e com os outros, reorganizar, poder-se-ia dizer mais tecnicamente, seus modos de relação objetais.

Isso levou Freud, necessariamente, a conhecer e a descrever como é o mundo infantil, mais especificamente, como se desenvolvem os modos de relação objetais das crianças (impulsionados pelas pulsões e/ou pressões instintuais). Freud precisou, então, tanto explicar seu método de tratamento como mostrar de que maneira a psicanálise compreendia como eram, de que tipo eram e como se desenvolviam e organizavam-se as relações afetivas que os seres humanos têm consigo mesmos e com os outros, desde os seus inícios. No seu livro *Três ensaios sobre a sexualidade*, ele apresentou uma estrutura básica sobre como se desenvolvem as relações afetivas (as relações de objeto) no processo de desenvolvimento emocional do ser humano, com o objetivo de explicar a natureza e a função dos sintomas de natureza psicogênica, reconhecendo que estes se constituem como fruto da administração da vida instintual (ou pulsional). Ao se referir, pois, a como ocorre o desenvolvimento emocional, Freud considerou duas grandes chaves ou linhas de progresso, ambas associadas às relações objetais impulsionadas pelos investimentos pulsionais: uma que se refere aos tipos de objetos (autoerótico, narcísico, homossexual e heterossexual) e outra que se refere aos modos, ou dinâmicas, das relações objetais (oral, anal, fálica ou genital infantil, e genital adulta).

O tipo de compreensão assim apresentado nos *Três ensaios* não pretendia, como objetivo primeiro, fornecer uma teoria do desenvolvimento, mas acabou fornecendo as bases e/ou a estrutura do que ficou nomeado como "teoria psicanalítica do desenvolvimento psicossexual dos indivíduos".

Anna Freud reconheceu a importância das descrições feitas por seu pai, mas também ressaltou o fato de que havia ainda muitas lacunas a serem preenchidas:

> *Mesmo assim, estas aquisições, como produtos de análise psicoterapêutica [psicanalítica], são mais ou menos fatos isolados, não totalmente relacionados uns com os outros. Além disso, eles são globais e não circunstanciais, abrangendo, assim como as fases libidinais, períodos tão longos quanto de um ano ou mais. Por estas razões, eles não satisfazem nossa necessidade por um quadro ordenado e detalhado do crescimento da personalidade integrada da criança.*[21]

21 A. Freud 1973, p. 62.

Na continuidade deste tipo de desenvolvimento da teoria psicanalítica, Anna Freud dedicou-se a preencher estas lacunas; mais ainda, ela procurou estabelecer e/ou descrever o que ocorre no desenvolvimento normal (ou saudável). Diz Anna Freud, nesse sentido:

> *Além disso, aqueles que se propõem ir na direção sugerida, em direção à norma, se deparam com o fato de que o conhecimento psicanalítico a respeito do desenvolvimento infantil normal é muito mais escasso do que se pensa. Há, certamente, uma riqueza de fatos singulares (ou únicos) descobertos, do início da psicanálise até o presente: a sequência de estágios libidianais como um precursor normal da sexualidade madura; a legitimidade do narcisismo como um precursor e adjunto do objeto de amor; os estágios do desenvolvimento do ego com seus mecanismos, funções e conteúdos; os estágios do impulso agressivo; o impacto generalizado primordial da relação mãe-bebê, etc.*[22]

A teoria do desenvolvimento psicanalítica, assim desdobrada, tem um modelo de homem (uma ontologia) e um *télos* do desenvolvimento, sem que isso implique uma prática de normatização dos indivíduos; ela pode nos oferecer uma explicação sobre a gênese da própria organização psíquica do ser humano, bem como das diversas organizações psicopatológicas de origem psicogênica (seja no quadro das psicoses, seja no das neuroses).

---

22 A. Freud 1973, pp. 61-62.

A proposta de apresentação de uma visão de conjunto das teorias psicanalíticas do desenvolvimento

No campo atual da psicologia do desenvolvimento, por um lado, encontramos a psicanálise como uma das vertentes de compreensão do desenvolvimento socioemocional, ainda que grande parte dos manuais[23] citem *apenas* a teoria do desenvolvimento psicossexual de Freud e a teoria do desenvolvimento psicossocial de Erikson como exemplos. Por outro lado, no campo da psicanálise, temos alguns livros e comentadores referindo-se às teorias psicanalíticas como teorias do desenvolvimento, abarcando aí todas as grandes propostas da psicanálise pós-Freud.[24]

A meu ver, no entanto, nem todas as teorias psicanalíticas e nem todas as contribuições de desenvolvimento da psicanálise pós-Freud poderiam ser denominadas como "teorias plenas do desenvolvimento". Lacan, por exemplo, se coloca até mesmo contra essa ideia desenvolvimentista.

Com essa constatação e afirmação inicial, proponho-me a analisar quais seriam as teorias psicanalíticas do desenvolvimento, explicitando seus modelos ontológicos, seus problemas clínicos de referência, seu *télos* desenvolvimentista, suas fases (enquanto modos de funcionamento específicos, tanto no desenvolvimento saudável como nas organizações psicopatológicas).

Para objetivar minha proposta, quero distinguir, pois, as teorias psicanalíticas que poderiam ser qualificadas como oferecendo teorias plenas do desenvolvimento (Freud, Anna Freud, Spitz, Erikson, Bowlby, Mahler, Winnicott e Stern) e as contribuições psicanalíticas que auxiliaram de outra forma (seja em termos de

23 Ver, por exemplo, Boyd & Bee 2011; Lerner 1976; Miller 1989; Papalia & Feldman 2012; Salkind 2004; Thomas 2005.

24 Ver Golse 2008; Palombo et al. 2010; Tyson & Tyson 1990; Waddell 2002.

compreensão pontuais, seja em termos de explicitação de dinâmicas estruturais), a compreensão dos modos de funcionamento psicoafetivo do ser humano (Klein, Lacan, Bion etc.).

No entanto, antes de descrever o caminho de análise conceitual dessa proposta, é necessário explicitar algumas de minhas diretrizes epistemológicas e metodológicas.

Método para a elaboração deste livro

Sendo uma proposta de análise teórica dessas perspectivas, trato de realizar análises estruturais e conceituais dos textos e autores envolvidos, segundo determinados focos de interesse e/ou determinados problemas que são colocados em evidência. Na literatura dedicada ao método de pesquisa em psicanálise na universidade, apoio-me em algumas propostas gerais, nas quais procurei apresentar, de forma analítico-crítica, os diversos modos de realizar pesquisas no campo da teoria psicanalítica,[25] bem como, de modo mais específico e que interessa neste livro, minha maneira de estabelecer uma comunicação possível entre sistemas teóricos que têm semânticas e referentes díspares.[26]

Este livro propõe uma análise conceitual-estrutural de cada teoria psicanalítica desenvolvimentista. Nesse sentido, procuro apresentar de forma organizada e sistemática os elementos conceituais de cada teoria, suas concepções de homem (suas ontologias), seu *télos* e, mais ainda, ao analisar esses aspectos, os referentes empíricos (fenomenológicos) dos conceitos e das suas propostas e seus operadores conceituais. Com esse trabalho realizado, ao apresentar os sistemas como objeto de uma análise crítica comparativa,

25 Fulgencio, Birman, Kupermann & Cunha 2018; Scorsolini-Comin & Serralha 2013.

26 Fulgencio 2013, 2021; Fulgencio & Barretta 2018; Fulgencio & Coelho 2018.

pretendo colocar a questão da conjunção das descrições feitas e a maneira como cada sistema pode desenvolver-se, ampliar-se, estimulado pelas descobertas de outros sistemas.

Retomo, sinteticamente, minha concepção sobre esse método para tornar a comunicação entre sistemas teóricos díspares da psicanálise possíveis, reafirmando o que já analisei noutro lugar:

1. Os sistemas teóricos díspares na psicanálise não são amalgamáveis num único sistema, não são traduzíveis (ou melhor, são apenas parcialmente traduzíveis) uns pelos outros, e a comunicação de um sistema teórico para outro não corresponde a um processo de importação direta;
2. cada sistema teórico foi construído em função do reconhecimento, enunciação e resolução de determinados problemas. Estes devem ser desenvolvidos mantendo-se no seus limites semântico-teóricos, no quadro de uma ética da terminológica, ética semântica do sistema no qual estão presentes uma ontologia, uma teoria geral aplicável a todos os casos, além de valores teóricos e práticos. Os sistemas teóricos seriam como línguas e, do mesmo modo que não há síntese entre línguas, não há síntese entre sistemas;
3. o desenvolvimento da psicanálise ocorre em função dos problemas que ela pode enunciar e resolver, ou seja, a partir do valor heurístico das suas teorias;
4. ao ensinar e formar psicanalistas, os professores apresentam os sistemas em separado, como paradigmas díspares, que têm um modo de formular problemas e solucioná-los, configurando uma determinado campo semântico-fenomenológico;
5. a compreensão da influência entre autores corresponde, primeiro, a um processo de formação pessoal e intelectual

desses autores e, depois, ao esclarecimento da influência que não ocorre por cópia, projeção ou introjeção, mas como um processo de desenvolvimento de certas ideias, ou ainda por *incitações* feitas a seu pensamento por outros pensadores e pelos fatos e/ou problemas que viram;

6. cada sistema deve ir ao seu limite, no seu quadro semântico-teórico;

7. a constituição de um novo sistema teórico corresponde à necessidade de resolver determinados problemas que não tinham ainda encontrado solução nos sistemas anteriores;

8. uma coisa é a ciência (teoria psicanalítica como ciência), outra coisa é a ciência aplicada (a psicanálise como método de tratamento). Nesse sentido, a coerência teórico-semântica do psicanalista cientista, paradoxalmente, não é condição para a realização dos tratamentos psicoterápicos feitos a partir da teoria psicanalítica;

9. nesse contexto, em cada sistema, deveríamos, dado um determinado problema clínico (por exemplo, a compulsão à repetição), procurar compreender quais foram as soluções teóricas propostas (por exemplo, a pulsão de morte) e quais as consequências em termos do manejo clínico advindas dessas soluções teóricas (por exemplo, evitar que o paciente regrida). Ao fazer este tipo de análise, poder-se-ia, então, perguntar se a maneira como o problema foi enunciado, a solução proposta e o manejo clínico poderiam ou não contribuir para que um outro sistema teórico se desenvolvesse (ou seja, se tornasse mais eficiente) no trato do fato e/ou problema em questão.[27]

27 Fulgencio 2019.

Trata-se, pois, para ser sintético, de buscar, na exposição das teorias psicanalíticas do desenvolvimento, a descrição factual e/ou fenomenológica das suas fases, conquistas, aquisições etc. Com essas descrições, seria possível nos dirigirmos a um determinado sistema teórico e perguntar se é necessário ou possível que tais e tais fenômenos sejam considerados noutros sistemas, na ampliação de determinada teoria.

Plano de análise e de apresentação das teorias psicanalíticas do desenvolvimento

Não busco fazer, propriamente, um manual, reproduzindo estruturalmente o que cada autor ou cada teoria desenvolvimentista propôs, o que, me parece, já foi feito mais de uma vez, mas sim, ressaltando alguns pontos específicos que caracterizam essas propostas, destacar os mesmos pontos na análise de outras propostas, construindo as bases para um trabalho de comunicação, analisando continuidades, rupturas, semelhanças e incomensurabilidades entre esses sistemas.

Não se trata, pois, de fazer uma apresentação escolar retomando as diversas teorias psicanalíticas, mas de propor uma matriz de análise que possa ser aplicada a todas elas, de maneira que seriam analisadas em função dos mesmos itens, dos mesmos problemas, dos mesmos temas etc. A construção dessa matriz deriva da influência que a noção de *matriz paradigmática* de Thomas Kuhn[28] exerceu sobre mim. Não se trata da aplicação dessa noção, como se cada teoria representasse um paradigma (isso não me parece sustentável), e sim do aproveitamento de um dos aspectos de sua proposta: a concepção de que um paradigma apresenta um modo

28 Khun 1970, 1977, 2000.

de ver os fenômenos, enunciar os problemas e propor as suas soluções, dentro de um determinado quadro semântico-teórico, ou seja, constituindo uma realidade especifica. Isso me fez considerar que as teorias do desenvolvimento (sejam as psicanalíticas, sejam as de outros tipos) também pareciam observar e descrever fenômenos díspares,[29] nem sempre compatíveis e/ou complementares, e que a sua apresentação organizada em termos de temas e/ou referentes (sempre do mesmo tipo) poderia nos remeter a campos de problemas similares.

Com isso, teríamos, ao fim, a possibilidade de apreender as diversas perspectivas de um mesmo ponto de vista investigativo, contribuindo para a tarefa de aprimorar os modos de apreensão dos diversos aspectos e determinantes do desenvolvimento e, nesta direção, aumentar o poder heurístico de cada sistema. É neste sentido que proponho analisar criticamente, em cada teoria ou perspectiva psicanalítica do desenvolvimento, os seguintes aspectos:

1. O problema empírico inicial que serviu de base e fenômeno a ser explicado por cada autor ou perspectiva;
2. o problema universal, derivado do problema singular inicial, que se amplia na compreensão de uma determinada perspectiva desenvolvimentista, assim elaborada;
3. o modelo ontológico de homem considerado em cada perspectiva, ou seja, sua ontologia;
4. as variáveis e/ou os parâmetros utilizados para que a descrição, compreensão e explicação dos fenômenos sejam

---

29 André Green já enunciou esta disparidade: "No estado atual do conhecimento, não há acordo sobre a teoria do desenvolvimento. A criança observada por Spitz, Margaret Mahler, Daniel Stern, Esther Bick, Lebovici, Emde ou Winnicott não é a mesma criança, e os resultados são significativamente diferentes de um pesquisador para outro" (Green 2003, p. 42).

feitas, o que implica a explicitação das variáveis teóricos operativas de cada sistema teórico-semântico;

5. o método usado para observação, pesquisa, descrição e agrupamento e sistematização dos fenômenos do desenvolvimento;
6. as fases do desenvolvimento propostas (conceitual e cronologicamente), suas dinâmicas, tarefas, conquistas;
7. a avaliação crítica que foi ou pode ser feita, referindo-a à utilidade, potência e fragilidade de uma determinada perspectiva, a avaliação do seu poder heurístico que pode ou deve ser enunciada criticamente.

Neste sentido, a matriz de análise, a ser aplicada a todas as teorias, para uma análise histórico-crítico-descritiva, é composta dos seguintes elementos:

1. Problema inicial;
2. problema universal;
3. modelo ontológico;
4. variáveis teóricas e empíricas;
5. método utilizado neste tipo de pesquisa;
6. fases, dinâmicas, conquistas;
7. avaliação do seu valor e poder heurístico.

A aplicação dessa matriz busca fornecer, então, a caracterização dos fenômenos e as dinâmicas considerados por cada sistema, abrindo um campo possível para a comunicação frutífera de conhecimento feitos, contribuindo para a ampliação de cada sistema em particular. A visão de conjunto que procuro construir corresponde, pois, muito mais à possibilidade de analisar e compreender todas as propostas, de um mesmo ponto de vista, do que a de fornecer uma visão sintética que a tudo agregaria numa visão unificada da teoria e dos fatos.

Mais ainda, a compreensão teórica e descritiva das diversas teorias psicanalíticas do desenvolvimento emocional poderá fornecer um conjunto de dados sistematicamente organizados que poderão ser usados na comunicação-contribuição com outras teorias do desenvolvimento emocional para além do campo da psicanálise, estabelecendo-se como um interlocutor para os outros sistemas teórico-semânticos das teorias do desenvolvimento. O campo fica organizado e estabelecido para que as efetivas relações, comunicações, semelhanças e problemas possam ser desenvolvidos nas suas especificidades.

Conteúdo do livro

No Volume I, ocupo-me *das origens e da consolidação das teorias psicanalíticas do desenvolvimento*, analisando as propostas desenvolvimentistas de Sigmund Freud, Anna Freud, René Spitz, Erik Erikson e Margaret Mahler, acrescentando uma análise da teoria do desenvolvimento cognitivo, feita por Jean Piaget, para mostrar que minha matriz de análise também pode ser aplicada para a compreensão de outras perspectivas desenvolvimentistas.

No Capítulo 1, explicito a natureza, a função, as características e os problemas que caracterizam o campo das teorias do desenvolvimento, mostrando não só que nem todas as propostas de compreensão da psicologia humana (no campo da filosofia, antropologia, sociologia ou psicologia) podem ser caracterizadas como teorias do desenvolvimento, e também, já no interior do campo da psicanálise, distinguir e justificar as teorias psicanalíticas que poderiam ser caracterizadas como teorias plenas do desenvolvimento.

No Capítulo 2, analiso a primeira teoria psicanalítica do desenvolvimento mostrando a proposta de Freud, com sua *teoria do desenvolvimento psicossexual*, reconhecendo-a como uma proposta inicial plena de lacunas, mas fornecendo um quadro para esse tipo de proposta. Nesse momento, quero mostrar qual é o modelo ontológico de homem adotado por Freud (bem como seu *télos* para o desenvolvimento), considerando, então, a sua referência fundamental à sexualidade (como impulso básico e estruturante do desenvolvimento afetivo do ser humano), assim como indicar descritivamente as fases do desenvolvimento, procurando sempre apresentar os aspectos descritivos das tarefas e conquistas que caracterizam cada uma dessas fases.

No Capítulo 3, mostro como as pesquisas e propostas feitas por Anna Freud consolidam uma teoria psicanalítica do desenvolvimento, preenchendo uma série de lacunas que a proposta inicial de Freud deixava em aberto. Nessa direção, por um lado, teremos o que ela caracterizou como as *linhas do desenvolvimento*, ou seja, modos focais de abordar o desenvolvimento, destacando da complexidade dos acontecimentos os focos temáticos que podem levar à compreensão de fenômenos como: as passagens da dependência à autoconfiança; da unidade inicial com a mãe para a distinção madura do adulto e o mundo; das ações físicas para as ações mentais etc. Essa perspectiva está claramente articulada a uma preocupação geral com o desenvolvimento do Ego, no quadro do que ficou conhecido como a *Psicologia do Ego*.

No Capítulo 4, dedico-me às contribuições desenvolvimentistas de René Spitz, como um autor que fez importantes descobertas no que se refere aos primeiros 2 anos de vida, no mesmo quadro estrutural pensado e estabelecido por Freud, ainda que acrescido de contribuições advindas das propostas de Maria Montessori e da embriologia de seu tempo. Um aspecto importante de sua proposta corresponde ao fato de que ele foi o primeiro psicanalista a introduzir uma observação experimental controlada, fornecendo comprovação factual objetiva para a compreensão do desenvolvimento infantil primitivo. Suas contribuições propiciam um avanço nas práticas de cuidados médicos hospitalares, com ações profiláticas objetivas e executáveis, para evitar quadros de depressão severa em crianças pequenas (separadas de seus pais).

No Capítulo 5, analiso a proposta de Erikson e sua *teoria do desenvolvimento psicossocial* como sendo a primeira grande expansão e modificação do modelo freudiano, com a introdução das determinações sociais, mas também como uma proposta que faz uma modificação de linguagem significativa, modificação semântico-conceitual que descreverá o desenvolvimento não mais em referência a modos de funcionamento associados à biologia (oral, anal, genital), mas usando termos mais propriamente adequados para referir-se a acontecimentos (sentimentos e modos de ação e/ou apreensão) propriamente humanos.

No Capítulo 6, analiso as propostas de Margaret Mahler, com sua *teoria da separação-individuação*, focada na sua preocupação com as fases iniciais e as patologias psicogênicas mais graves, perspectiva desenvolvimentista construída em função de sua preocupação com a gênese e o tratamento das psicoses.

Ao fim deste Volume I, incluí um Apêndice dedicado à teoria do desenvolvimento cognitivo do ponto de vista de Jean Piaget, que representa, junto com a de Freud, as duas primeiras propostas reconhecidas como teorias plenas do desenvolvimento, mostrando que minha matriz é aplicável também para a compreensão de outras perspectivas desenvolvimentistas que não as psicanalíticas. O objetivo desse Apêndice é mostrar que a matriz de análise histórico-crítica é aplicável a outros tipos de teorias do desenvolvimento, estabelecendo, assim, um enquadre comum que facilita a comunicação e a estimulação mútua para o desenvolvimento das teorias desenvolvimentistas, respeitando-se as singularidades, mas colocando-as em relação.

* * *

No Volume II desta obra, na continuidade desse tipo de estudo, ocupar-me-ei das *teorias psicanalíticas desenvolvimentistas atuais*, dedicando-me, então, a analisar as propostas de John Bowlby (a teoria do Apego), Donald Winnicott (com sua teoria do desenvolvimento focada na dependência ou, ainda, no desenvolvimento do Ser) e de Daniel Stern (abordando o desenvolvimento dos sensos do *self*), finalizando meu estudo com uma análise das teorias psicanalíticas do desenvolvimento no campo atual da psicanálise perinatal (referindo-me a Antonio Imbasciati, Bernard Golse e Sylvain Missonier).

No Capítulo 1, analiso a proposta de John Bowlby, Mary Ainsworth e outros (Gerber, Brazelton, Kennel, Klaus), focado, então, na *teoria do apego*. Nesse caminho, será importante marcar algumas influências ou propostas anteriores a Bowlby, por exemplo, as de Fairbairn (em diálogo com Melanie Klein), bem como, retomando certos aspectos das teorias já analisadas, mostrar que elas já se ocupavam do fenômeno central da teoria do apego, que é a relação inicial da criança com a mãe. Procurarei mostrar que o fato de diversos teóricos, antes de Bowlby e depois dele, terem descrito a relação inicial mãe-bebê, explicitando sua importância e suas dinâmicas, não os configura como precursores ou desenvolvimentos posteriores da teoria do apego, dado que este modo específico de compreender a relação mãe-bebê tem uma ontologia neodarwinista que não está presente (ao menos, não com o valor que Bowlby apresenta) noutros teóricos. Ainda que Bowlby não seja caracterizado nos manuais com uma proposta psicanalítica, estou considerando que ele deva ser colocado nessa rubrica, dado que a psicanálise (enquanto teoria que explicita fenômenos do tipo determinações inconscientes, importância da sexualidade, complexo de Édipo, resistência, recalque, transferência, resistência) permanece um dos elementos importantes que fazem parte da teoria do apego. A articulação da teoria do apego com a teoria psicanalítica, sua união harmônica, tem sido objeto e instrumentos de diversas perspectivas atuais, tal qual encontramos em autores como Daniel Stern, Peter Fonagy, Didieu Anzieu, Antonio Imbasciati, Bernard Golse, entre outros.

No desenvolvimento deste capítulo, tive de fazer uma análise histórico-crítica da relação entre a teoria psicanalítica das pulsões e a teoria do apego, mostrando que, inicialmente colocadas em oposição incomensurável, temos hoje propostas de composição, por vezes amálgamas entre elas, gerando o Apêndice 1 do Volume 2 desta obra. Nesse Apêndice, procuro analisar o tema, fazendo a distinção entre os fenômenos observados e as especulações (as hipóteses especulativas, em geral, ontológicas) usadas como construções auxiliares para compreensão dos fenômenos.[30]

No Capítulo 3, dediquei-me à análise da proposta desenvolvimentista de Donald Winnicott, considerando que ela corresponde a um amálgama entre as descobertas empíricas de Freud (bem como suas ampliações e redescrições feitas por Klein) com algumas concepções do existencialismo moderno, configurando-a como uma teoria do desenvolvimento do *ser*, que também pode ser denominada, numa referência descritiva mais direta, como uma *teoria da dependência*. Ao fim deste capítulo, incluí um conjunto de pranchas figurativas dedicadas a essa perspectiva, retomando desenvolvimento que fiz no meu livro *Psicanálise do Ser*,[31]

---

30 Sobre o tema das construções auxiliares especulativas na psicanálise, veja: Fulgencio 2003, 2005, 2006; Fulgencio, Simanke, Imbasciati & Girard, 2018.

31 Fulgencio 2020b.

que fornece material para uma apreensão geral que pode facilitar o trabalho de comunicação e diálogo comparativo com as outras perspectivas psicanalíticas desenvolvimentistas.

No Capítulo 4, apresento a teoria do desenvolvimento dos sensos do *self*, elaborada como uma tentativa de ultrapassar a cisão e/ou distância entre o conhecimento fornecido pelas teorias do desenvolvimento, com a observação objetiva (empírica, controlada e padronizada da observação, com tratamento estatístico mais ou menos acentuado), bem como as descobertas das neurociências, com o conhecimento fornecido pela observação clínica (dependente da subjetividade do paciente e do analista, nas suas construções e reconstruções narrativas de suas históricas). A composição entre os dados referentes ao bebê empírico e o bebê clínico fornece um importante diálogo, que Daniel Stern sintetiza na sua proposta sobre o desenvolvimento do *self*: "o infante da clínica sopra vida subjetiva na criança observada".[32] A perspectiva desenvolvida por Stern e aprofundada, por exemplo, pelos trabalhos de Beatrice Beebe[33] também produz propostas para a reformulação da prática psicoterápica psicanalítica, como apresentada, por exemplo, nos trabalhos do Grupo de Boston.

No Capítulo 5, dedico-me à análise do campo atual da psicanálise perinatal (apoiado nas propostas de Antonio Imbasciati, Bernard Golse e Sylvain Missonnier), que, mesmo não apresentando uma proposta desenvolvimentista, passível de análise no quadro da minha matriz analítico-crítica, pode mostrar como as diversas perspectivas psicanalíticas desenvolvimentistas estão presentes neste campo de cuidado profilático e curativo do desenvolvimento socioemocional do ser humano.

---

32 Stern 1985, p. 11.

33 Beebe, Chen & Lachmann 2016; Beebe, Knoblauch, Rustin & Sorter 2005; Beebe & Lachmann 2002, 2014.

Nas considerações finais, retomo, para análise, em que sentido este leque de compreensões sobre o desenvolvimento pode ajudar no desenvolvimento das teorias do desenvolvimento e no desenvolvimento da própria psicanálise, como método de tratamento.

Como resultado final, espera-se ter uma visão de conjunto tão ampla quanto díspar na sua visibilidade das teorias e dos fenômenos descritos, respeitando-se uma ética da terminologia (na qual se procura sempre saber sobre o que, sobre qual referente uma determinada teoria, narrativa ou conceito, está sendo feita), numa apresentação que abre caminho para que diversos desenvolvimentos possam ser feitos, em cada um dos sistemas, se considerarmos os fenômenos que ficarão, dessa maneira, indicados por minhas análises.

Os capítulos procuram fornecer textos que se sustentem em si mesmos, o que implicará, vez ou outra, uma ou outra repetição de algumas citações e/ou argumentações, o que mantém o plano inicial proposto, bem como dá uma maior independência na possibilidade do uso desse material para fins didáticos. Nesta direção, cabe também explicitar que as análises apresentadas têm dois públicos preferenciais: o dos estudantes de psicologia, psicanálise, educação e medicina, enfim, daqueles que direta ou indiretamente precisam se ocupar dos aspectos do desenvolvimento emocional dos indivíduos; e o profissional clínico, bem como o pesquisador, que precisa de uma visão geral que forneça uma amplitude e uma compreensão sistêmica desses processos desenvolvimentais socioemocionais. Há, por um lado, a necessidade de retomada de informações escolares, recolocando a estrutura e os fundamentos dos modos de pensar aqui analisados, para que o estudante possa entender com clareza as propostas desses autores, o que implica, para os profissionais e pesquisadores, apenas a presentificação daquilo que já conhecem (no entanto, reorganizado em função do objetivo mais amplo, que é o de apresentar de forma organizada e sistêmica, essas teorias do desenvolvimento numa mesma matriz, o que organiza, facilita e torna possíveis apreensões gerais sistêmicas dos processos descritos).

Manuais dedicados às teorias do desenvolvimento

Boyd, D., & Bee, H. (2011). *A criança em crescimento*. Porto Alegre: Artes Médicas.

Crain, W. (2000). *Theories of development: comncepts and applications*. New York: Prentice Hall, 2011.

Hopkins, B., Barr, R. G., Michel, G. F., & Rochat, P. (Eds.). (2005). *The Cambridge encyclopedia of child development*. New York: Cambridge University Press.

Lerner, R. M. (1976). *Concepts and theories of human development*. New York: Lawrence Erlbaum Associates, 2002.

Miller, P. H. (1989). *Theories of developmental psychology* (5. ed.). New York: Worth Publishers, 2011.

Papalia, D. E., & Feldman, R. D. (2012). *Desenvolvimento humano* (12. ed.). Porto Alegre: McGrawHill e Artmed, 2015.

Steinberg, L. B., Marc, H., Vandell, D. L., & Rook, K. S. (2011). *Lifespan development. Infance throught adulthood*. USA: Wadsworth.

Thomas, R. M. (2005). *Comparing theories of child development*. USA: Thomson Wadsworth.

Zelazo, P. D. (2013). Developmental psychology: a new synthesis. In P. D. Zelazo (Ed.), *The Oxford Handbook of Developmental Psychology* (Vol. 1: *Body and Mind*, pp. 3-12). Oxford: Oxford University Press.

Livros dedicados às teorias psicanalíticas do desenvolvimento

Golse, B. (2008). *Le développement affectif et intellectuel de l'enfant: compléments sur l'*émergence du langage. Issy-les-Moulineaux: Elsevier Masson.

Tyson, P., & Tyson, R. L. (1990). *Psychoanalytic theories of development: an integration*. New Haven & London: Yale Universty Press.

Waddell, M. (2002). *Inside lives: Psychoanalysis and the growth of the personality*. London: Karnac.

Referências

Beebe, B., Chen, P., & Lachmann, F. M. (2016). *The Mother-Infant Interaction Picture Book: Origins of attachment*. New York: W. W. Norton.

Beebe, B., Knoblauch, S., Rustin, J., & Sorter, D. (2005). *Forms of intersubjectivity in inafnt research and adult treatment*. New York: Other Press.

Beebe, B., & Lachmann, F. M. (2002). *Infant researche and adult treatment: Co-constructing interations*. New York: The Analytic Press.

Beebe, B., & Lachmann, F. M. (2014). *The origins of attachment. Infant research and adult treatment*. New York: Routledge.

Boyd, D., & Bee, H. (2011). *A criança em crescimento*. Porto Alegre: Artes Médicas.

Cobliner, W. G. (1965). A escola de psicologia genética de Genebra e a psicanálise: paralelos e equivalências. In: R. A. Spitz (Ed.). *O primeiro ano de vida*. São Paulo: Martins Fontes.

Crain, W. (2000). *Theories of development: Concepts and applications*. New York: Prentice Hall, 2011.

Freud, A. (1973). A psychoanalytical view of developmental psychopathologiy. In: *The writings of Anna Freud* (Vol. VIII, pp. 57-74). New York: International Press, 1974.

Freud, S. (1912x). Totem et tabú. In: *Sigmund Freud. Oeuvres complètes (OCF.P)* (Vol. 11, pp. 189-385). Paris: PUF.

Fulgencio, L. (2003). As especulações metapsicológicas de Freud. *Revista de Filosofia e Psicanálise Natureza Humana, 5*(1), 127-164.

Fulgencio, L. (2006). O método analógico em Freud. *Estilos da Clínica, XI*(21), 204-223.

Fulgencio, L. (2013). Metodologia de pesquisa em psicanálise na universidade. In F. Scorsolini-Comin & C. A. Serralha (Eds.), *Psicanálise e universidade: um encontro na pesquisa*. Curitiba: CRV.

Fulgencio, L. (2019). Klein, Ferenczi e Winnicott: criadores além de suas tradições. In E. M. D. U. Cintra & M. F. R. Ribeiro (Eds.), *Melanie Klein na psicanálise contemporânea: teoria, clínica e cultura* (pp. 131-145). São Paulo: Zagodoni.

Fulgencio, L. (2020a). Incommensurability between paradigms, revolutions and common ground in the development of psychoanalysis. *The International Journal of Psychoanalysis, 101*(1), 13-41.

Fulgencio, L. (2020b). *Psicanálise do Ser: a teoria winnicottiana do desenvolvimento emocional como uma psicologia de base fenomenológica*. São Paulo: Edusp-Fapesp.

Fulgencio, L. (2021). Incomensurabilidade entre paradigmas, revoluções e common ground no desenvolvimento da psicanálise. In: *Ensaios sobre a constituição epistemológica do pensamento de Freud* (pp. 213-257). São Paulo: Concern.

Fulgencio, L., & Barretta, J. P. (2018). O problema da comunicação entre sistemas teóricos díspares na psicanálise: propostas metodológicas para sua realização. In: J. Birman, L. Fulgencio, D. Kupermann & E. L. Cunha (Eds.). *Modalidades de pesquisa em psicanálise: métodos e objetivos*. São Paulo: Zagodoni.

Fulgencio, L., Birman, J., Kupermann, D., & Cunha, E. L. (Eds.). (2018). *Modalidades de pesquisa em psicanálise: métodos e objetivos*. São Paulo: Zagodoni.

Fulgencio, L., & Coelho, D. (2018). As relações entre a empiria e a teoria na psicanálise – uma discussão de dois psicanalistas pesquisadores. In J. Birman, L. Fulgencio, D. Kupermann, & E. L. Cunha (Eds.). *Modalidades de pesquisa em psicanálise: métodos e objetivos*. São Paulo: Zagodoni.

Fulgencio, L., Simanke, R., Imbasciati, A., & Girard, M. (Eds.). (2018). *A bruxa metapsicologia e seus destinos*. São Paulo: Blucher.

Golse, B. (Ed.) (2008). *Le développement affectif et intellectuel de l'enfant: Compléments sur l'*émergence du langage. Issy-les-Moulineaux: Elsevier Masson.

Green, A. (2003). The Pluralism of sciences and psychoanalytic thinking. In M. Leuzinger-Bohleber, A. U. Dreher, & J. Canestri (Eds.). *Pluralism and unity? Methods of research in psychoanalysis* (pp. 26-44). London: International Psychoanalytical Association.

Hopkins, B., Barr, R. G., Michel, G. F., & Rochat, P. (Eds.). (2005). *The Cambridge encyclopedia of child development*. New York: Cambridge University Press.

Kuhn, T. S. (1970). *A estrutura das revoluções científicas*. São Paulo: Perspectiva, 1975.

Kuhn, T. S. (1977). *A tensão essencial*. Lisboa: Edições 70.

Kuhn, T. S. (2000). *O caminho desde a estrutura. Ensaios filosóficos, 1970-1993, com uma entrevista autobiográfica*. São Paulo: Editora Unesp, 2006.

Laing, R. D. (1979). *Sobre loucos e sãos. Entrevisa a Vincenzo Caretti*. São Paulo: Brasiliense, 1982.

Lerner, R. M. (1976). *Concepts and theories of human development*. New York: Lawrence Erlbaum Associates, 2002.

Miller, P. H. (1989). *Theories of developmental Psychology* (5. ed.). New York: Worth Publishers, 2011.

Palombo, J., Bendicsen, H. K., & Koch, B. J. (2010). *Guide to psychoanalytic developmental theories*. New York: Springer.

Papalia, D. E., & Feldman, R. D. (2012). *Desenvolvimento humano* (12. ed.). Porto Alegre: McGrawHill e Artmed, 2015.

Parke, R. D. (2004). The Society of Research in child development at 70: progress and promise. *Child Development, 75*, 1-24.

Salkind, N. J. (2004). *An introduction to theories of human development*. Thousand Oaks: Sage Publications.

Scorsolini-Comin, F., & Serralha, C. A. (Eds.). (2013). *Psicanálise e universidade: um encontro na pesquisa*. Curitiba: CRV.

Steinberg, L. B., Marc, H., Vandell, D. L., Rook, K. S. (2011). *Lifespan Development: Infance Throught Adulthood*. USA: Wadsworth.

Stern, D. (1985). *O mundo interpessoal do bebê*. Porto Alegre: Artes Médicas, 1992.

Thomas, R. M. (2005). *Comparing theories of child development*. USA: Thomson Wadsworth.

Tyson, P., & Tyson, R. L. (1990). *Psychoanalytic theories of development: An integration*. New Haven: Yale University Press.

Waddell, M. (2002). *Inside lives: Psychoanalysis and the growth of the personality*. London: Karnac.

Zelazo, P. D. (2013). Developmental psychology: a new synthesis. In P. D. Zelazo (Ed.). *The Oxford handbook of developmental psychology* (Vol. 1: Body and Mind, pp. 3-12). Oxford: Oxford University Press.

1. Teorias do desenvolvimento e teorias psicanalíticas do desenvolvimento: proposta de análise histórico-crítica comparativa

Neste capítulo, dedicar-me-ei a explicitar, em primeiro lugar, as *teorias do desenvolvimento*, sua natureza, as características que as distinguem de outras teorias psicológicas sobre o modo de ser do ser humano, bem como a apresentação do quadro e estrutura geral desta área de estudo e de pesquisa da psicologia dedicada às teorias do desenvolvimento. Nesse sentido, apresentarei os campos e os tipos de teorias geralmente considerados, bem como o fato de que, em geral, nos manuais dedicados a apresentar este campo do conhecimento,[1] a perspectiva psicanalítica é pobremente considerada, reduzindo-se a citar Freud e Erikson, ao que parece, muito mais como um dado do passado do que uma proposta de validade e utilidade atual – com exceção do livro *The Cambridge Encyclopedia of Child Development*,[2] que traz um panorama mais amplo das

1 Ver, por exemplo: Boyd & Bee 2011; Cobliner 1965; Crain 2000; Lerner 1976; Miller 1989; Papalia & Feldman 2012; Steinberg 2011; Thomas 2005; Tyson & Tyson 1990.

2 Hopkins, Barr, Michel & Rochat 2005.

teorias psicanalíticas do desenvolvimento, ainda que reserve um espaço pequeno para a psicanálise.

Neste livro, ocupo-me, por assim dizer, de mostrar uma maior amplitude das contribuições da psicanálise nesta área, seja em termos históricos, seja em termos da sua atualidade e valor heurístico, explicitando suas teorias e suas descrições empírico-factuais dos fatos e dinâmicas do desenvolvimento socioemocional.

Tenho dois objetivos que se complementam: por um lado, explicitar como os psicanalistas entendem o desenvolvimento emocional, seja em termos teóricos, seja em termos descritivo-fenomenológicos; e, por outro, tendo feito esta apresentação de forma sistemática, organizada e padronizada, poder demonstrar as contribuições dos psicanalistas para o campo das ciências ou teoria do desenvolvimento, mostrando que os dados apreendidos pelo método clínico-subjetivo da psicanálise podem se articular, estimular e comunicar-se com os dados apreendidos pelos métodos de observação objetiva de outras perspectivas teórica desenvolvimentistas. Cada um dos capítulos deste livro mostra uma possibilidade de comunicação, uma ponte nos seus alicerces e na sua pavimentação, mas que ainda precisará ser preenchida com as efetivas comunicações e diálogos entre as teorias que podem, agora, usar essa ponte.

1.1 O modo de ser do ser humano e sua condição essencial de ser formador-criador de mundos

Nosso ponto de partida, no entanto, não será a análise das diversas teorias sobre como o homem transforma-se, partindo de um estado inicial ainda inapto e imaturo para estar no mundo a fim de, então, num longo processo, alcançar a possibilidade de ser um cidadão do mundo; será, sim, o fato de que o ser humano *não nasce pronto*, o fato de que o ser humano, enquanto tal, é uma criação propriamente humana. Para indicar, aqui, alguns aspectos dessa maneira de conceber o homem, como forma de pontuar o fato de que o homem, na sua organização emocional-cognitiva, individual e socialmente, é uma criação humana, um efeito de um processo de desenvolvimento que não é redutível nem tem seus principais determinantes na sua constituição biológica, retomarei, ainda que de maneira muito rápida, o ponto de vista de Kierkegaard e Heidegger.[3]

Para Kierkegaard, o homem não é um dado, um móvel pré-fabricado, mas é *o que ele mesmo fizer de si mesmo*. Tendo uma vida mais ou menos autêntica, Kierkegaard remete o homem ao fato de que isso corresponde a uma *decisão* que todo homem é obrigado a tomar, ou seja, que o seu modo de vida, de uma maneira ou de outra, está referido à própria estrutura da existência humana. Ou seja, a *angústia* e o *sentimento de culpa*, que caracterizam o ser humano, derivam da própria estrutura do modo de ser do ser humano, que é responsável pelas suas escolhas, responsável pelo que ele é.

Por sua vez, para Heidegger, o homem – na sua terminologia, para caracterizar, entre os entes, a especificidade e a estrutura do homem, o *Dasein* (o ser-aí), como sendo, pois, o modo de ser específico do ser humano no mundo que o faz ser diferente dos outros entes – tem, como característica essencial, o fato de que ele *cria a si mesmo e o mundo no qual vive*. Heidegger se refere ao *Dasein* caracterizando-o como *ser-como*, *ser-no-mundo*, *ser junto a*, *subsistir-por-si-conjuntamente*, *ser-um-com-o-outro*, *ser-para-a-morte* etc., querendo, com essas expressões, marcar que o homem *só-se-faz-no-mundo-com-outros-homens*, que o homem é o único que tem uma relação de apreensão e compreensão do que é a finitude

3 Cf. Ellenberger 1958, 1961.

ao longo do tempo (passado, presente, futuro) refletida sobre si mesmo, sobre os outros homens e os outros existentes que fazem parte da sua vida. Ao diferenciar o que é o mundo para uma pedra, para os animais e para o homem, Heidegger afirma: "1. A pedra (o material) é *sem-mundo*; 2. o animal é *pobre de mundo*; 3. o homem é *formador de mundo*".[4]

Nesta perspectiva, a biologia pode fornecer uma base material para a existência, mas é a vida com outros homens, a relação humana propriamente dita, que cria os aspectos psicológicos (tanto cognitivos como afetivos e identitários) do ser humano. Esta concepção sobre o que é o homem, a qual poderíamos caracterizar como a do *existencialismo moderno*,[5] pode ser expressa de diversas

---

4 Heidegger 1983, p. 207.

5 Ellenberger, ao agrupar na rubrica *existencialismo moderno* autores como Husserl, Kierkegaard, Jaspers, Heidegger e Sartre, procura fazer uma distinção importante diferenciando o que essa expressão pode significar no campo da filosofia e o que pode significar no campo da ciência (em especial, no campo da prática psiquiátrica e da psicoterápica, referindo-se à fenomenologia psiquiátrica [Minkowski], à psicologia existencialista [edificada sobre a obra de Sartre], e à *Daseinanalyse* [Binswanger]). Diz Ellenberger: "O que é a fenomenologia e a análise existencial do ponto de vista clínico? Talvez seja conveniente começar esclarecendo o que elas não são. Ao contrário de um juízo corrente, não representam uma introdução desconcertante da filosofia no campo da psiquiatria. É verdade que existe uma corrente filosófica denominada Fenomenologia, fundada por Edmund Husserl, e que existe outra corrente filosófica, chamada Existencialismo, cujos principais representantes são Kierkegaard, Jaspers, Heidegger e Sartre. Mas existe um abismo entre a fenomenologia filosófica de Husserl e a fenomenologia psiquiátrica de Minkowski, tal como entre a filosofia existencialista e o método psiquiátrico denominado *análise existencial*. Analogamente, existe um ramo da física que se ocupa da investigação dos raios X, assim como existe um ramo da medicina, a radiologia, que se ocupa da aplicação dos raios X para fins médicos. E, sem dúvida, ninguém considera que a radiologia médica seja uma intromissão desconcertante da física nos domínios da medicina. De modo parecido, os psiquiatras fenomenologistas e os analistas existenciais são psiquiatras que utilizam certos conceitos novos da

maneiras, todas elas marcadas pelo fato (ou máxima existencialista), que considera: *o homem é o que ele fizer de si mesmo; a sua existência precede a sua essência; o homem é o único dos entes que forja a si mesmo; o homem cria a si mesmo, ao mundo em que vive e o outro.*

A organização e a constituição do que é o ser humano, em termos das suas características – inteligência, identidade, genialidade, homossexualidade, heterossexualidade, constituição psicoafetiva de gênero, perversidade, impulsos antissociais, impulsos assassinos, sentimentalidade, falta de afetividade, criatividade etc. –, não são fruto apenas de seus *gens*, fruto das suas determinações biológicas. O ser humano é uma criação afetiva, cultural, e seus modos de ser advêm de sua formação junto com os outros homens, advêm das suas relações com seu meio de sustentação existencial advêm da conjunção entre a sua singularidade e todas as influências e ações do seu meio ambiente inicial, do meio ambiente que o sustenta ao longo do tempo, possibilitando (ou dificultando) seu desenvolvimento.

Esta condição humana, este fato de que o ser humano, o novo membro de uma comunidade, deve ser educado, constituído, para fazer parte daquele grupo, é algo que os diversos tipos de agrupamentos humanos sabem e realizam. Em todos eles, há um processo educativo, um processo formativo, mais ainda, há uma preocupação e uma atitude educacional, com instituições sociais que se ocupam dessa tarefa.[6] No mundo ocidental, com foco em nosso início na Grécia antiga, a educação dos jovens para que venham a

---

filosofia como instrumentos da investigação psiquiátrica" (Ellenberger 1958, p. 92).

6 Althusser (1975) reconheceu estas instituições denominando-as de "aparelhos ideológicos", ainda que as concebendo no quadro das sociedades com Estado, exercendo a tarefa necessária para constituir adequadamente os seus integrantes.

ser cidadãos corresponde a uma preocupação tanto teórica como prática.[7] Se seguimos essa linha de raciocínio, centrada na reflexão e prática da educação, veremos, na história do homem, uma longa série de propostas dedicadas a esta tarefa.

De uma maneira ou de outra, trata-se de acompanhar o desenvolvimento do ser humano, a sua organização cognitiva e afetiva ao longo do tempo, da sua origem à sua infância, adolescência, maturidade, velhice e morte. Neste processo, descrito pelas teorias do desenvolvimento, há alguns pontos ou marcos fundamental-estruturais. Note-se, por exemplo, um comentário de Kant, no seu *Antropologia do ponto de vista pragmático*, apontando o grande acontecimento do desenvolvimento que caracteriza a conquista do Eu:

> *Que o ser humano possa ter o eu em sua representação, eleva-o infinitamente acima de todos os demais seres que vivem na Terra. É por isso que ele é uma* pessoa, *e uma e mesma pessoa em virtude da unidade da consciência em todas as modificações que lhe possam suceder, ou seja, ele é, por sua posição e dignidade, um ser totalmente distinto das* coisas, *tais como os animais irracionais, aos quais se pode mandar à vontade, porque sempre tem o eu no pensamento, mesmo quando ainda não possa expressá-lo, assim como todas as línguas têm de pensá-lo quando falam na primeira pessoa, ainda que não exprimam esse eu por meio de uma palavra especial. Pois essa faculdade (a saber, a de pensar) é o* entendimento. *Mas é notável que a criança que já sabe falar suficientemente bem comece, no entanto, bastante tarde a falar por meio do eu (talvez bem depois de um*

7 Veja Foucault 1976, 1984a, 1984b; Jaeger 1936.

> *ano), tendo até então falado de si na terceira pessoa (Carlos quer comer, andar etc.), e uma luz parece se acender para ela, quando começa a falar por meio do eu: a partir desse dia nunca mais volta a falar daquela outra maneira. — Antes simplesmente* sentia *a si mesma, agora* pensa *em si mesma — A explicação desse fenômeno poderá custar bastante ao antropólogo.*[8]

Seria possível retomar o conjunto de obras e propostas dedicadas à questão da educação e da formação dos indivíduos que comporão e/ou compõem uma determinada sociedade, inclusive com o delineamento de papéis muito específicos (nos seus comportamentos) para que um indivíduo seja caracterizado como louco, excêntrico, bobo, gênio etc. Dado determinado contexto, com papéis sociais estabelecidos, o indivíduo é apreendido e tem seu modo de vida amoldado a estas possibilidades.[9] No entanto, não se trata, aqui, de fazer uma análise da história do desenvolvimento das ideias até o momento em que teríamos chegado à formulação intencional, descritiva e teórica do processo de desenvolvimento do ser humano (físico, cognitivo ou socioemocional), na compreensão das teorias do desenvolvimento como constituindo um campo específico de estudo da psicologia como ciência,[10] mas sim caracterizar a natureza e a organização dinâmica do que são as teorias do desenvolvimento, especificar as primeiras propostas plenas nesse sentido, bem como mostrar o quadro atual dessa área da psicologia.

---

8 Kant 1798, *Antropologia de um ponto de vista pragmático*, p. 27.

9 Os trabalhos de Foucault (1972, 1977, 1988) mostram claramente como há este tipo de formatação dos lugares sociais e dos significados dados aos modos de ser.

10 Para isto há diversos manuais que se ocupam deste tipo de análise: Boyd & Bee 2011; Bremmer e Wachs 2014; Lerner 1976; Miller 1989; Papalia & Feldman 2012; Salkind 2004.

1.2 Quadro geral das teorias do desenvolvimento

A primeira necessidade é saber o que é uma teoria do desenvolvimento e o que a difere de outros tipos de teorias (filosóficas, sociológicas, históricas e psicológicas) que abordam os modos de ser e estar do ser humano no mundo. A preocupação com a caracterização do que é o ser humano, o que ele vive e procura, como passa do mundo infantil para ser um membro de um determinado grupo social, a compreensão de suas capacidades (sua inteligência, memória, percepção, criatividade), seus modos de sofrer, suas possibilidades de amar, de agredir, de acreditar em Deus, de suicidar-se, de produzir o belo e o inominável etc. tem sido objeto dos diversos modos de produzir o conhecimento (na filosofia, na religião, na arte, na ciência, em todos as formas organizadas ou não de produzir o conhecimento). No entanto, a consideração de que há uma linha de desenvolvimento, com fases, etapas, dinâmicas específicas e progressivas (sejam justapostas, sejam se ultrapassando) e de que o processo de compreensão de como o homem progride (na saúde e nos casos de patologia) na aquisição e realização de suas capacidades físicas, cognitivas e socioemocionais corresponde a um campo específico da ciência, um campo da psicologia que visa explicar e descrever o desenvolvimento, ou seja, de modo sintético, o campo das *teorias do conhecimento*.

Uma teoria do desenvolvimento corresponde, pois, a uma compreensão na qual está inserida a tentativa de descrever, em diversas fases que se sucedem, buscando a maior universalidade possível, o processo que leva o ser humano da sua origem até o momento da sua retirada da existência. Ela busca apresentar uma compreensão global, não reduzida nem focada em alguns fenômenos, capacidades ou contextos, específicos, ainda que estes estejam sempre presentes e devam ser levados em conta.

Assim temos, por um lado, a diferença entre teorias focais ou sobre temas pontuais e as teorias que se propõem a pensar na linha geral global do desenvolvimento. Nessa mesma direção, me parece ser importante diferenciar as teorias sobre a *crianças* e as teorias sobre o *sujeito*. Uma *teoria sobre a criança*, por sua vez, parece focar sua atenção em aspectos ou mesmo momentos específicos desse desenvolvimento, ou seja, a uma fase do ciclo de vida (uma fase, estágio ou momento da vida), por oposição a outras (adolescente, adulto, velho). Certamente, uma teoria geral do desenvolvimento deverá levar em conta aquilo que a psicologia da criança tem a dizer, mas deve também, por sua vez, integrar esses conhecimentos numa linha geral do tempo, que segue da origem até a maturidade, com todas as outras fases existenciais (suas especificidades dinâmicas, seus desafios, tarefas, integrações, perturbações) em diversos campos existenciais, em diversas idades, seja em termos individuais, seja sociais. Por sua vez, uma *teoria do sujeito* centrará sua atenção num dos processos específicos do desenvolvimento do ser humano, que é o da constituição da unidade do sujeito psicológico (a constituição e/ou a passagem experiencial de sentir o eu, para ter o eu); este sujeito pode ser tanto o sujeito que conhece ou pode conhecer (seja a si mesmo e aos outros, seja o mundo) como o sujeito que age (intelectiva e afetivamente) no mundo, nos outros e em si mesmo. Essa constituição da unidade do sujeito psicológico tem sido abordada (descrita e teorizada) de diversas maneiras, com semânticas díspares, distinguindo problemas (sociais, culturais, individuais, relacionais etc.). Certamente uma teoria do desenvolvimento no seu sentido pleno deverá levar em conta aquilo que as psicologias do sujeito têm a dizer, com a diferença de que devem integrar esse foco específico e agregá-lo com outros temas do desenvolvimento.

Uma teoria plena do desenvolvimento deveria, pois, fornecer: uma compreensão e descrição das conquistas e dinâmicas de todo o processo de desenvolvimento, fase a fase, focada no que ocorre na saúde ou no chamado desenvolvimento "normal"; uma compreensão dos processos em que há problemas no desenvolvimento, com uma explicação da origem psicogênica das psicopatologias e distúrbios afins, o que implica a compreensão das dinâmicas dos modos de ser patológicos relacionais inter-humanos; a possibilidade de utilizar essas descrições e entendimentos para ações objetivas nesse processo, contribuindo para realizar ações tanto preventivas como curativas; a compreensão teórica e descritiva da vida relacional com o outro, com os grupos, com a vida cultural; teorias sobre a constituição do eu, da inteligência, da relação com a realidade, do processo que leva à diferenciação entre o eu e o mundo, da gênese e do desenvolvimento do pensamento simbólico etc. Evidentemente, nenhuma teoria abarca todos os problemas e tem solução para todos eles; trata-se mais, aqui, de marcar qual seria o horizonte ou *télos* de cada uma das teorias do desenvolvimento.

Assim, ainda que possamos reconhecer ao longo da história uma longa série de estudos (tanto especulativos como descritivos) sobre o que caracteriza o ser humano em suas diversas idades, em seu desenvolvimento, a constituição de teorias que pudessem fornecer uma descrição consistente, sequencial, das fases, tarefas e conquistas do desenvolvimento só surgiram, efetivamente, no início do século XX, com as propostas de Piaget (no campo do desenvolvimento cognitivo) e de Freud (no campo do desenvolvimento afetivo): "A psicologia genética de Piaget é, ao lado da psicanálise, a única psicologia do desenvolvimento que conseguiu construir uma rede coerente de proposições, que expõe o desenvolvimento psicológico e explica o comportamento".[11]

É interessante notar, no entanto, que nem Freud nem Piaget tiveram, inicialmente, a intenção de elaborar teorias do desenvol-

11 Cobliner 1965, p. 265.

vimento; eles estavam interessados em seus problemas específicos: em Piaget, como se desenvolve e organiza-se, passo a passo, a nossa faculdade de conhecer ou inteligência; em Freud, como são gerados os sintomas neuróticos, na história da vida afetiva infantil, considerando-se as pressões instintuais (a sexualidade) e sua administração nas relações interpessoais. Tanto Piaget como Freud foram levados à necessidade de explicar, no acompanhamento da história de desenvolvimento das crianças, como estas chegam à vida adulta e, para isso, ambos acabaram por descrever fases do desenvolvimento (pensando na cognição ou nas relações conflituosas com o outro) que ocorrem desde o início da existência, levando à organização cognitiva e afetiva do ser humano.

Os trabalhos pioneiros de Freud e Piaget tiveram não só seus desenvolvimentos regionais (no campo das teorias cognitivas, no campo das teorias psicanalíticas), mas também abriram caminho para que esse foco na construção de teorias gerais do desenvolvimento fosse dado como um objetivo científico de grande utilidade para a psicologia e suas possibilidades de ação e cuidado com o homem.

Por um lado, as teorias do desenvolvimento têm como objeto, em todas as suas vertentes, os diversos domínios de fenômenos que caracterizam o homem, ou seja, as suas dimensões física, cognitiva e emocional: o domínio *físico* diz respeito ao crescimento do corpo e do cérebro, das capacidades sensoriais, das habilidades motoras e da saúde, nele são abordadas e estudadas as mudanças no tamanho, na forma e nas características corpo; o domínio *cognitivo* se ocupa dos fenômenos da aprendizagem, atenção, memória, linguagem, pensamento, raciocínio, como ocorrem as mudanças no pensamento, na memória, na resolução de problemas e no desenvolvimento de habilidades intelectuais; e, no domínio dos fenômenos psicossociais ou socioemocionais, são abordadas as emoções, a personalidade, as relações sociais, atentando ao fato de que o domínio socioemocional inclui mudanças em variáveis associadas ao relacionamento de um indivíduo consigo mesmo e com os outros.[12] O desenvolvimento global do ser humano, seja lá em que perspectiva teórica este seja abordado, necessariamente tem esses três domínios de fenômenos conjugados, ainda que os focos de análise possam, preferencialmente, estar destacando um ou outro desses domínios. Por outro lado, encontramos uma diversidade de teorias do desenvolvimento, construídas em quadros semântico-teóricos díspares, constituindo tipos de teorias. Nos manuais, *grosso modo*, encontramos quatro tipos de teorias: as psicanalíticas; as que se colocam do ponto de vista comportamentalista, como teorias da aprendizagem; as cognitivas; e as teorias biológicas e ecológicas.

Podemos, a título de visualização de um quadro geral, apresentar os diversos tipos de teorias, seus principais representantes (o que indica ou nomeia a perspectiva teórica no quadro da qual o processo de desenvolvimento é pensado e descrito). Além disso, complementando este tipo de análise, poderíamos explicitar o modelo de homem utilizado em cada uma dessas perspectivas, ainda que de maneira sumária e apenas indicativa, dando a ver que sempre há uma ontologia que serve de fundamento e horizonte para a compreensão do processo de desenvolvimento, em cada uma das suas propostas. Quando estiver apresentando cada uma das teorias psicanalíticas do desenvolvimento, ocupar-me-ei, de forma mais detalhada, de explicitar as especificidades dos seus modelos ontológicos. Assim, teríamos:

12 Cf. Boyd & Bee 2011, p. 32; Papalia & Feldman 2012, p. 37.

Quadro 1.1 – Teorias psicanalíticas do desenvolvimento: especificidades dos seus modelos ontológicos

TIPOS DE TEORIAS	ONTOLOGIAS
Psicanalíticas a) Psicossexual (Freud)	• Metapsicologia freudiana * O homem é considerado um aparelho movido por forças e energias, visto como pertencente ao quadro das ciências da natureza; logo, um elemento (como outros) dessa natureza e sujeito aos tipos de lei de causalidade que regem os fenômenos naturais.
b) Psicossocial (Erikson)	• Metapsicologia freudiana Acrescida das determinações socioculturais; Uso de uma linguagem referindo-se a sentimentos humanos.
Teorias da aprendizagem a) Condicionamento clássico (Pavlov, Watson) b) Condicionamento operante (Skinner) c) Teoria sócio-cognitiva de Bandura (determinismo recíproco)	Condicionamento E-R; o homem como um conjunto de hábitos aprendidos em função de recompensações e/ou punições.
Teorias cognitivas a) Teoria cognitivo-desenvolvimentista de Piaget (epistemologia genética)	* Kantismo genético; foco na gênese da faculdade de conhecer (percepção, julgamento, razão)
b) Teoria sócio-cultural de Vygotsky (sócio-histórica)	Materialismo dialético
c) Teoria do processamento de informações (mente)	O homem pensado no quadro das teorias da comunicação

Teorias biológicas e ecológicas a) etologia (Darwin, Lorentz)	Teoria da evolução das espécies, teoria dos instintos e do *imprint*
b) Teoria do apego (Bowlby)	Determinismo neodarwinista; modos de apego, desenvolvimento de modelos internos de funcionamento
c) Sociobiologia, bioecológia (Bronfenbrenner) (consideração de # contextos)	Desenvolvimento pensado em função de diversos contextos que se sobrepõem, tal como círculos concêntricos, cada vez mais amplos

Nesse contexto, ou seja, no quadro desses manuais, temos também uma apresentação cronológica do que seriam as principais fases do desenvolvimento, marcando, assim, campos específicos para o trabalho analítico destes fenômenos, como se segue:

Quadro 1.2 – Apresentação cronológica das principais fases do desenvolvimento

FASES	CRONOLOGIA
Pré-natal	Da concepção ao nascimento
Primeira Infância (do nascimento ao início do uso da linguagem para se comunicar)	0-3 anos
Segunda Infância (do uso/linguagem até o ingresso da criança na escola ou em algum outro tipo de treinamento social)	3-6 anos
Terceira Infância (meninice)	6-11 anos
Adolescência	11-20 anos aproximadamente
Início da Vida Adulta	20-40 anos
Vida Adulta Intermediária	40-65 anos
Vida Adulta Tardia	65 anos em diante

No quadro 1.1, duas lacunas importantes chamam a atenção: uma no campo das teorias cognitivistas e outra no campo das teorias psicanalíticas do desenvolvimento. Primeiro, a ausência de Henry Wallon, na sua proposta de compreensão de uma *psicogênese da pessoa* como um todo, como uma perspectiva significativa que não foi considerada, mas que tem presença considerável nos pesquisadores que se dedicam ao estudo da educação.[13]

No que se refere a Wallon, ele tem sido autor de grande importância para os educadores e sua ausência é uma questão a ser elucidada: talvez pelo fato de focar sua perspectiva de entendimento da criança e seu desenvolvimento ressaltando os aspectos emocionais, ele não é inserido entre os que estabeleceram perspectivas desenvolvimentistas cognitivistas (como Piaget e Vygotsky), mas tampouco é considerado numa perspectiva do desenvolvimento socioemocional (talvez por não se encaixar noutras perspectivas teóricas, como a psicanálise, a etologia, o comportamentalismo etc.). As considerações mais sociológicas (como o fato de ser militante de esquerda, tendo integrado o Partido Comunista Francês) são mais difíceis de serem tomadas como fatores explicativos dessa inclusão. O problema fica em aberto para ser abordado por outros autores que tenham mais interesse em Wallon ou nos teóricos de referência da psicologia escolar em sua associação com a área da psicologia do desenvolvimento.

No que se refere aos representantes das teorias psicanalíticas do desenvolvimento considerados nestes manuais, é notável o fato de que eles as reduzem às perspectivas de Freud e de Erikson, sem a consideração de um conjunto de autores e conhecimentos

13 Cabe lembrar que Wallon teve uma importância crucial na reestruturação do sistema educacional francês, sendo coautor do plano Langevin-Wallon, que, após a Segunda Guerra Mundial, estabeleceu parte da estrutura educacional de excelência que vigora ainda hoje.

acumulados em quase um século de trabalho por outros psicanalistas, sem considerarem propostas desenvolvimentistas mais evidentes (como as de Margaret Mahler e Donald Winnicott) e, mais ainda, sem a inclusão de uma série de contribuições que têm sido efetuadas nessa área (como as feitas por Melanie Klein, Lacan, Bion, para citar aqui apenas os psicanalistas clássicos pós-Freud). É também interessante notar que, apesar de nunca ter deixado de ser psicanalista, John Bowlby é colocado noutra rubrica, díspar da psicanálise.

Como já citei, temos alguns poucos livros dedicados às teorias psicanalíticas do desenvolvimento,[14] mas nesses livros (que não se colocam em diálogo com esta área da psicologia dedicada às teorias do desenvolvimento) não há uma distinção clara entre as propostas psicanalistas desenvolvimentistas e as que fazem contribuições de outros tipos. Parece-me que estes livros consideram que a psicanálise já é, nela mesma, uma teoria do desenvolvimento e, certamente, a psicanálise fornece compreensões importantes sobre o desenvolvimento, mas, a meu ver, são apenas alguns psicanalistas que se propuseram a apresentar uma teoria plena do desenvolvimento, especificando fases, colocando-as sequencialmente no tempo, articulando e descrevendo o processo (aquisições e tarefas) de uma fase para a outra. Dedico-me, então, agora, a aprofundar a compreensão deste aspecto do problema, para apresentar quais serão as teorias (autores) objeto de meu estudo, seja em termos teóricos, seja em termos fenomenológico-descritivos.

---

14 Golse 2008; Palombo, Bendicsen & Koch 2010; Tyson & Tyson 1990.

1.3 Teorias psicanalíticas do desenvolvimento: distinções e proposta de uma matriz de análise crítico-comparativa

Considerando que uma teoria do desenvolvimento implica a consideração de fases que se sucedem, estabelecendo dinâmicas de forma cada vez mais complexa nos modos de ser-estar-relacionar-se do ser humano, não me parece plausível afirmar que todas as propostas de desenvolvimento teórico e prático da psicanálise possam ser inseridas nessa definição. Depois de Freud, é fato que Karl Abraham ampliou a compreensão do que ocorria na fase oral e anal do desenvolvimento, que Ferenczi enriqueceu a compreensão das fases mais primitivas do desenvolvimento, que Melanie Klein reformulou a compreensão estrutural dos modos de relacionamento objetal (com a proposta das posições esquizoparanoide e depressiva) e que Lacan, ao reformular a metapsicologia psicanalítica, influenciado pelo estruturalismo (de Lévi-Strauss e Saussure), rejeitou o pensamento desenvolvimentista na psicanálise, colocando em evidência o lugar da linguagem e as dimensões existencial-relacionais do Real, do Imaginário e do Simbólico. Isso configura um cenário no qual temos muitos desenvolvimentos da teoria e da prática psicanalítica, mas, ainda que muitos aspectos importantes tenham sido iluminados, nem todos eles poderiam apresentam uma teoria sistêmica dedicada a acompanhar (teórica e descritivamente) o processo que leva um bebê imaturo a chegar a ser um ser humano amadurecido nas suas capacidades cognitivas e afetivas.

Proponho fazer uma lista, seguindo a história do desenvolvimento das ideias na psicanálise, julgando e caracterizando aqueles que efetivamente propuseram teorias do desenvolvimento, aqueles que desenvolveram as perspectivas já dadas e aqueles que, mesmo tendo contribuído de forma profunda (às vezes, estrutural) para a teoria e a prática psicanalítica, não deveriam ser caracterizados como autores de propostas desenvolvimentistas. Assim teríamos, no Quadro 1.3, essas distinções, colocando em negrito aqueles que avalio terem apresentado plenas teorias do desenvolvimento:

Quadro 1.3 – Principais teorias do desenvolvimento (quadro)

S. Freud (1856-1939)	Teoria do desenvolvimento da sexualidade (TDS)
K. Abraham (1877-1925)	Expansões TDS
S. Ferenczi (1873-1933)	Expansões TDS
M. Balint (1896-1970)	Expansões TDS
Anna Freud (1895-1982)	Teoria do Desenvolvimento do Ego *Psicologia do ego* (E. Kris [1900-1957], R. Loewenstein [1898-1976], H. Hartmann [1894-1970], H. Kohut [1913-1981])
René Spitz (1887-1974)	Epistemologia genética Construída com base em Freud, A. Freud, Montessori, embriologia, fornecendo a compreensão de marcos do desenvolvimento do Ego e das relações objetais
E. Erikson (1902-1994)	Teoria do desenvolvimento psicossocial Construída a partir da metapsicologia freudiana, redescrita em função da consideração das determinações culturais e de uma modificação na linguagem e nos fenômenos centrais em cada fase do desenvolvimento, para caracterizá-las em termos mais diretamente ligados a sentimentos humanos, como confiança, vergonha etc.
M. Klein (1882-1960)	Redescrição das fases do desenvolvimento e caracterização de dinâmicas estruturais presentes nas relações-objeto desde o início, com a sua teoria das posições
R. Fairbairn (1889-1964)	Proposta de reformulação dos fundamentos da metapsicologia freudiana, considerando que a libido procura objetos e não propriamente o prazer; aproxima-se, assim, de uma ontologia de perspectiva darwinista

J. Bowlby (1907-1990) e M. Ainsword (1913-1999)	Teoria do apego Reconhecendo deficiências na teoria freudiana que explica as ligações e rupturas de ligação mais primitivas, e influenciado principalmente pelo darwinismo moderno e a teoria do *imprint* (da etologia), modificou a metapsicologia psicanalítica, introduzindo a teoria do apego (que torna a teoria das pulsões uma expressão secundária). Essa perspectiva estabelece uma nova perspectiva desenvolvimentista, focada no modo como o apego se desenvolve.
M. Mahler (1897-1985)	Teoria da individuação-separação Introduz (no quadro da metapsicologia freudiana) uma compreensão do desenvolvimento primitiva diferente da de Freud (com a consideração da fase autista normal e da fase simbiótica). Seus estudos vão na direção da compreensão mais detalhada da origem das psicoses.
D. Winnicott (1896-1971)	Teoria do desenvolvimento do ser focada na questão da dependência Elaborada com foco na compreensão das relações de dependência, com a modificação da explicação das fases e suas dinâmicas (dependência absoluta, relativa etc.) e da inserção da noção de ser na psicanálise, que modificou a ontologia freudiana.
J. Lacan (1901-1981)	Recusa da psicanálise como uma teoria do desenvolvimento (perspectiva estruturalista).
W. Bion (1897-1979)	Desenvolvimento do modelo kleiniano focado em dinâmicas e fenômenos fundamentais.
O. Kernberg (1928-)	Desenvolvimento do modelo Klein-Bion focado na teorização dos afetos como fundamentos.
D. Stern (1934-2012)	Teoria do desenvolvimento dos sensos do self (Psicanálise-Klein-Mahler + teoria do apego + neurociências) Beatrice Beebe (1946-) Stern + *attachement* (mãe-bebê).
Antonio Imbasciati (1936-)	Psicologia clínica perinatal. Psicanálise numa nova metapsicologia que considera as neurociências e a teoria do apego.
Bernard Golse (1950-)	Psicopatologia perinatal (PNN) (Psicanálise + *attachement* + neurociências + antropologia).

Considerada esta linha da história das ideias na psicanálise, posso, efetivamente, destacar e nomear suas principais contribuições desenvolvimentistas dos psicanalistas, indicando quais perspectivas serão objeto de minha análise neste livro, a saber:

- A teoria do desenvolvimento da *sexualidade* de Freud
- a teoria do desenvolvimento do *ego* de Anna Freud
- a teoria do desenvolvimento das *relações de objeto* de René Spitz
- a teoria do desenvolvimento *psicossocial* de Erik Erikson
- a teoria do desenvolvimento da *individuação* de Margaret Mahler
- a teoria do desenvolvimento como uma teoria do *apego* de John Bowlby
- a teoria do desenvolvimento do ser como uma teoria da *dependência* de Donald Winnicott
- a teoria do desenvolvimento dos sensos do *self* elaborada por Daniel Stern
- as contribuições da *psicanálise perinatal* para as teorias atuais do desenvolvimento (Antonio Imbasciati, com a psicologia clínica perinatal na Itália; Bernard Golse, Alvarez, e Sylvain Missonnier, na Franca).

Cabe, ainda, uma ressalva epistemológico-metodológica importante, já comentada anteriormente, mas que deve ser destacada mais uma vez, reafirmando-a no quadro das teorias psicanalíticas do desenvolvimento: não proporei uma síntese ou integração entre as diversas perspectivas. Meu objetivo é apresentá-las de modo a poder ver os fenômenos que tornam possível apreender, compreender e explicar suas dinâmicas e seus determinantes, tendo em vista poder intervir sobre elas ou sobre o que elas geram.

Nessa direção, construí uma matriz de análise histórico-crítica, remetendo, então, todas as teorias do desenvolvimento aos mesmos campos de problemas para responder, então, às mesmas perguntas de modo a fornecer tanto um padrão de análise como uma perspectiva geral que coloca as teorias em diálogo. A matriz é composta das seguintes variáveis, que são também perguntas:

1. Qual é o problema empírico inicial que serviu de base, problema e referência para a pesquisa e a necessidade da elaboração de uma teoria do desenvolvimento?
2. qual é a perspectiva universal que se amplia a partir do problema inicial e que fornece o foco e a tonalidade da teoria do desenvolvimento formulada e descrita?
3. qual é o modelo ontológico presente na base da teoria proposta?
4. quais variáveis e/ou parâmetros são utilizados para a descrição, compreensão e explicação dos fenômenos nessa perspectiva?
5. qual é o método usado nessa perspectiva, para observação, pesquisa e descrição dos fenômenos do desenvolvimento?
6. quais e como são as fases do desenvolvimento, suas dinâmicas, tarefas, conquistas, inclusive datada em termos cronológicos?
7. que avaliação crítica é feita ou pode ser feita desta perspectiva, ou seja, qual seu valor heurístico?

1.4 Referências

Althusser, L. (1975). *Aparelhos ideológicos de Estado*. Rio de Janeiro, 1998: Graal, 1998.

Boyd, D., & Bee, H. (2011). *A criança em crescimento*. Porto Alegre: Artes Médicas.

Bremmer, J. G., & Wachs, T. D. (Eds.). (2014). *The Wiley Blackwell handbook of infant development*. Malden: Wiley Blackwell.

Cobliner, W. G. (1965). A escola de psicologia genética de Genebra e a psicanálise: paralelos e equivalências. In: R. A. Spitz (Ed.). *O primeiro ano de vida*. São Paulo: Martins Fontes.

Crain, W. (2000). *Theories of development: Concepts and applications*. New York: Prentice Hall, 2011.

Ellenberger, H. F. (1958). A clinical introduction to psychiatric phenomenology and existential analysis. In: *Existence. A new dimension in psychiatry and psychology.* (pp. 92-124). New York: Basic Books.

Ellenberger, H. F. (1961). Existencialisme et psychiatrie. In: *Médecines de l'âme: Essais d'histoire de la folie et des guérisons psychiques*. Mesnil-sur-l'Estrée: Fayard, 1995.

Foucault, M. (1972). *História da loucura*. São Paulo: Perspectiva, 1978.

Foucault, M. (1976). *La Volonté de savoir* (Vol. I). Paris: Gallimard.

Foucault, M. (1977). *O nascimento da clínica*. Rio de Janeiro: Forense-Universitária.

Foucault, M. (1984a). *L'usage des plaisirs* (Vol. II). Paris: GAllimard.

Foucault, M. (1984b). *Le souci de soi* (Vol. I). Paris: Gallimard.

Foucault, M. (1988). *Doença mental e psicologia*. Rio de Janeiro: Tempo Brasileiro.

Golse, B. (Ed.) (2008). *Le développement affectif et intellectuel de l'enfant: Compléments sur l'*émergence du langage. Issy-les--Moulineaux: Elsevier Masson.

Heidegger, M. (1983). *Os conceitos fundamentais da metafísica: mundo, finitude, solidão*. Rio de Janeiro: Forense Universitária, 2003.

Hopkins, B., Barr, R. G., Michel, G. F., & Rochat, P. (Eds.). (2005). *The Cambridge encyclopedia of child development*. New York: Cambridge University Press.

Jaeger, W. (1936). *Paidéia: a formação do homem grego*. Brasília: Martins Fontes/Editora da Universidade de Brasília, 1989.

Kant, I. (1798). *Antropologia de um ponto de vista pragmático*. São Paulo: Iluminuras, 2006.

Lerner, R. M. (1976). *Concepts and theories of human development*. New York: Lawrence Erlbaum Associates, 2002.

Miller, P. H. (1989). *Theories of developmental psychology* (5. ed.). New York: Worth Publishers, 2011.

Palombo, J., Bendicsen, H. K., & Koch, B. J. (2010). *Guide to psychoanalytic developmental theories*. New York: Springer.

Papalia, D. E., & Feldman, R. D. (2012). *Desenvolvimento humano* (12. ed.). Porto Alegre: McGrawHill e Artmed, 2015.

Salkind, N. J. (2004). *An introduction to theories of human development*. Thousand Oaks: Sage Publications.

Steinberg, L. B., Marc, H.; Vandell, D. L., Rook, K. S. (2011). *Lifespan Development: Infance Throught Adulthood*. USA: Wadsworth.

Thomas, R. M. (2005). *Comparing theories of child development*. USA: Thomson Wadsworth.

Tyson, P., & Tyson, R. L. (1990). *Psychoanalytic theories of development: An integration*. New Haven: Yale Universty Press.

2. Freud e a teoria do desenvolvimento da sexualidade como o primeiro esboço de uma teoria plena do desenvolvimento emocional

Neste capítulo apresentarei a teoria do desenvolvimento psicossexual (teoria do desenvolvimento emocional) como Freud a esboçou, mesmo reconhecendo que se trata de um trabalho inicial pleno de lacunas. Mais ainda, reiterando o fato de que a teoria desenvolvimentista esboçada por Freud foi feita a partir do trabalho clínico com seus pacientes (logo, dependente da subjetividade tanto dos pacientes como dos analistas). Sabemos que grande parte das teorias atuais do desenvolvimento constrói suas propostas assentadas e fundadas em métodos de apreensão objetiva dos fatos. São duas perspectivas que, se tratadas em comunhão, podem contribuir para o desenvolvimento do campo das ciências do desenvolvimento. Como comentou Daniel Stern, a apreensão objetiva dos fatos não consegue fornecer uma compreensão global sistêmica do desenvolvimento, enquanto a apreensão subjetiva não conseguiria fornecer as realidades descritivas mais objetivas dos fatos, o que exigiria algum tipo de comunhão entre essas perspectivas: "o infante da clínica sopra vida subjetiva na criança observada".[1]

---

1 Stern 1985, p. 11.

Neste sentido, este livro e cada um dos seus capítulos, que podem ser usados separadamente (e por isso comportam algumas repetições que explicitam sua proposta, no início de cada capítulo), têm dois objetivos que se complementam: por um lado, explicitar como os psicanalistas entendem o desenvolvimento emocional, seja em termos teóricos, seja em termos descritivo-fenomenológicos; e, por outro, tendo feito esta apresentação de forma sistemática, organizada e padronizada, poder levar as contribuições dos psicanalistas para o campo das ciências ou teoria do desenvolvimento, mostrando que os dados apreendidos pelo método clínico-subjetivo da psicanálise podem se articular, estimular e comunicar-se com os dados apreendidos pelos métodos de observação objetiva de outras perspectivas teórica desenvolvimentistas. Cada um dos capítulos deste livro mostra uma possibilidade de comunicação, uma ponte nos seus alicerces e na sua pavimentação, mas que ainda precisará ser preenchida com as efetivas comunicações e diálogos entre as teorias que podem, agora, usar esta ponte.

* * *

Freud e Piaget foram os primeiros a fornecer uma proposta de compreensão sistêmica que pode ser considerada uma teoria plena do desenvolvimento, ainda que nenhum deles tenha deliberadamente tido essa intenção. Piaget estava preocupado com a gênese da nossa inteligência, colocando-se na perspectiva de um *kantismo evolutivo*;[2] Freud, por sua vez, estava interessado na compreensão dos

---

2 Piaget 1960. Ou seja, ele tem como objetivo explicar como nasce a nossa faculdade de conhecer (assim como Kant analisou a estrutura na *Crítica da razão pura*). Diz Piaget, explicitando seus propósitos: "Eu estava, de um lado, interessado pela biologia e, de outro, pelos problemas do conhecimento em geral. Considerado biólogo, eu queria compreender como o conhecimento se forma, qual é a sua gênese, o modo de elaboração, e aí o terreno de investigação ideal teria sido o homem pré-histórico, como lhe disse, mas não se sabe nada, ou muito pouco, de suas funções mentais. Então, era preciso fazer como

sintomas neuróticos, sintomas que eram, em última instância, problemas relacionados à história da vida afetiva dos seus pacientes.

Nem toda teoria psicológica corresponde a uma teoria do desenvolvimento, ou seja, há propostas de compreensão de temas ou funções pontuais ou parciais que não fornecem a compreensão global, sistêmica e cronológica do processo que leva o ser humano a desenvolver suas potencialidades. Diz Godfrey Cobliner, procurando caracterizar o que é, especificamente, uma teoria do desenvolvimento:

> *Uma teoria do desenvolvimento do ser humano, seja em que perspectiva e de que ponto de vista se proponha, corresponde a um conjunto de explicações teóricas e descritivas dos diversos processos interativos que levam, etapa por etapa, à situação em que um ser humano*

---

se faz em biologia, quando não se pode reconstituir o passado da filogênese, estuda-se a ontogênese, isto é, o desenvolvimento individual que tem relação com a filogênese, sem nenhuma dúvida. De outro modo, penso como Baldwin, e aliás, como Freud, que a criança é mais primitiva que qualquer pessoa adulta, incluindo o homem pré-histórico, e que a fonte do conhecimento está na ontogênese. Qualquer pessoa adulta, mesmo que seja o homem das cavernas ou Aristóteles, começou sendo criança e utilizou, durante toda sua vida, instrumentos fabricados nos primeiros anos e, por consequência, no domínio do conhecimento – eu não generalizo: pode ser em qualquer domínio –, a ontogênese é fundamental. Ela é, a meu ver, mais primitiva que a filogênese" (apud Piaget, Bringuier 1977, p. 132). Ao dedicar-se, então, ao estudo da criança, ele necessariamente dedicou-se a ver a sua evolução, partindo do estágio inicial, no qual a criança conhece e age sobre e no mundo a partir de seus esquemas sócio-motores, até que chega aos modos mais simbólicos e abstratos de compreensão do mundo pelo intelecto (a razão com sua capacidade de apreensão e explicação do mundo em suas universalidades). No apêndice deste livro, dedicar-me-ei a apresentar a proposta de Piaget seguindo a mesma matriz de análise e exposição que estou aplicando às teorias psicanalíticas do desenvolvimento.

> *chega a realizar as suas potencialidades propriamente humanas. Trata-se de um conjunto no qual as diversas capacidades e conquistas são explicadas e integradas num sistema geral. Num sistema que tem um modelo ontológico de homem, uma compreensão dos impulsos básicos que impulsionam este desenvolvimento, um foco de análise colocando em destaque determinadas capacidades ou faculdades (afetivas, cognitivas), bem como uma explicação da dinâmica que, passo a passo, leva ou dificulta estas conquistas. Ela está interessada na maneira pela qual o comportamento evolui como uma entidade, e não nas funções, órgãos, ou capacidades isoladamente consideradas. Afirma que esse desenvolvimento atravessa estágios distintos, que levam a comportamentos sempre mais complexos; consequentemente a ontogênese é contínua quando atravessa um estágio, e descontínua quando passa de um estágio para o seguinte, mais elevado. Portanto, o efeito da experiência da vida passa a determinar o presente e o futuro.*[3]

Uma teoria do desenvolvimento corresponde, pois, a uma compreensão na qual está inserida a tentativa de descrever, em diversas fases que se sucedem, com maior ou menor universalidade, o processo que leva o ser humano da sua origem até o momento da sua retirada empírica da existência. Ela busca apresentar uma compreensão global, não reduzida a alguns fenômenos específicos, nem por contextos específicos, ainda que estes estejam sempre presentes e devam ser levados em conta.

Uma teoria plena do desenvolvimento deve fornecer: uma compreensão e descrição das conquistas e dinâmicas de todo o

3 Cobliner 1965, p. 265.

processo de desenvolvimento, fase a fase, focado no que ocorre no processo de desenvolvimento saudável; uma compreensão dos processos em que há problemas no desenvolvimento, com uma explicação da origem psicogênica das psicopatologias e distúrbios afins, o que implica na compreensão das dinâmicas dos modos de ser patológicos relacionais inter-humanos; a possibilidade de utilizar estas descrições e entendimentos para ações para o desenvolvimento, contribuindo também para realizar ações tanto preventivas como curativas; a compreensão teórica e descritiva da vida relacional com o outro, com os grupos, com a vida cultural; bem como ter integrado nelas teorias sobre a constituição do eu, da inteligência, da relação com a realidade, do processo que leva à diferenciação entre o eu e o mundo, de gênese e desenvolvimento do pensamento simbólico etc. Evidentemente, nenhuma teoria abarca todos os problemas e tem solução para todos eles, trata-se mais, aqui, de marcar qual seria o horizonte ou *télos* das teorias do desenvolvimento.

Logo, neste contexto, nem toda teoria psicanalítica é uma teoria do desenvolvimento, dado que apenas algumas propostas, desde Freud, tenham se dedicado a teorizar e descrever o processo de constituição e organização da vida psíquica, em termos de fases que se sucedem progressivamente. Assim, poderíamos distinguir as seguintes teorias psicanalíticas do desenvolvimento: a do desenvolvimento *psicossexual* (S. Freud); do *ego* (A. Freud); *psicossocial* (Erikson); do *apego* (Bowlby); da *individuação-separação* (Mahler); da *dependência* ou do *SER* (Winnicott); *do self* (Stern); e a relacionada ao campo atual da *psicopatologia perinatal* (Imbasciati, Golse, Missonnier). Klein, Bion, Lacan, a despeito da importância de suas contribuições, não seriam, pois, autores que pensam em termos desenvolvimentistas.

* * *

Ocupar-me-ei, aqui, de apresentar uma análise crítica descritiva da teoria do desenvolvimento formulada por Freud, mostrando como ele chegou a ela, suas características estruturais, seus fundamentos, seu modelo ontológico, suas fases e dinâmicas, bem como que tipo de problemas Freud procurou resolver com sua proposta. Como quadro organizador e orientador desta tarefa, estou utilizando uma matriz de análise histórico-crítica, ocupando-me das seguintes variáveis, que, por sua vez, são também perguntas a serem respondidas:

1. Qual é o problema empírico inicial que serviu de base, problema e referência para a pesquisa e a necessidade da elaboração de uma teoria do desenvolvimento?
2. qual é a perspectiva universal que se amplia, a partir do problema inicial, e que fornece o foco e a tonalidade da teoria do desenvolvimento formulada e descrita?
3. qual é o modelo ontológico presente na base da teoria proposta?
4. quais variáveis e/ou parâmetros são utilizados para a descrição, compreensão e explicação dos fenômenos nessa perspectiva?
5. qual é o método usado nessa perspectiva, para observação, pesquisa e descrição dos fenômenos do desenvolvimento?
6. quais e como são as fases do desenvolvimento, suas dinâmicas, tarefas, conquistas, inclusive datadas em termos cronológicos?
7. que avaliação crítica é feita ou pode ser feita desta perspectiva, ou seja, qual seu valor heurístico?

2.1. O problema inicial de pesquisa

Freud começou sua vida de formação universitária dividido entre a filosofia e a medicina. Depois de ter seguido os cursos de Brentano na Universidade de Viena (durante 1874 e 1875), ele considerou a possibilidade de fazer um doutorado em filosofia, mas abandonou esse projeto, optando pela carreira médica (logo, ele decidiu ser um *Naturforscher*, literalmente, um explorador da natureza).[4] Na continuidade de sua formação, ingressou no Laboratório de Fisiologia da Universidade de Vienna (1876), sob a direção de Ernst Brücke e, mais tarde (1882), deixando a vida e um futuro como homem de laboratório, seguiu a carreira médica como neurólogo, o que colocou, como problemas desta especialidade médica, as patologias psiquiátricas. Foi para tratar algumas patologias que não tinham abordagem terapêutica eficaz à sua época (como a histeria, a fobia e a neurose obsessiva, agrupáveis na rubrica neuroses de transferência) que ele elaborou um novo método de tratamento que derivava também de uma nova compreensão do que eram as causas e o tratamento dessas neuroses. É neste caminho que ele elaborou a psicanálise como uma ciência da natureza,[5] fiel à sua escolha de tornar-se um *Naturforscher*; ainda que alguns, como Paul Ricoeur, defendam que Freud não teria entendido bem o que ele mesmo propusera (vítima de um autodesconhecimento epistemológico), considerando a psicanálise muito mais como uma hermenêutica (que busca os sentidos dos acontecimentos, fornecendo *entendimento*) do que uma ciência natural (que busca as causas dos acontecimentos, fornecendo *explicações*).[6]

---

4 Cf. as cartas de Freud a Eduard Silberstein de 7 de março de 1875, 11 de abril de 1875 e 1 de abril de 1873 (Freud 1960a).

5 Cf. uma análise do modo como Freud pensava e construía suas formulações teóricas em Fulgencio 2008.

6 Sobre o ponto de vista hermenêutico na psicanálise, veja, por exemplo, os

Em 1877, sob a orientação de Ernst Brücke, Freud publicou seus primeiros trabalhos científicos; entre eles, seu conhecido trabalho sobre o sistema nervoso e reprodutor das enguias dedicado à análise anátomo-fisiológica do sistema nervoso. Na continuidade dessa direção da sua vida de estudante e pesquisador, dedicou-se a uma série de estudos no Laboratório de Fisiologia de Vienna. Foi, no entanto, em 1882 que Brücke interveio, ocupando um lugar paterno, encaminhando Freud para outro lugar na vida (dado que seu futuro no laboratório não era muito promissor: os lugares possíveis, por assim dizer, já estavam ocupados por outros colegas mais velhos e mais experientes do que ele). O próprio Freud comenta o fato:

> *(...) mudança ocorreu em 1882, quando meu professor, que eu venerava acima de tudo, enverga o magnânimo incentivo de meu pai me pedindo com urgência, dada a minha pobre situação material, que abandonasse a carreira teórica. Segui seu conselho, deixei o laboratório de fisiologia e entrei como aspirante no Hospital Geral [de Vienna]. Lá fui promovido a segundo médico assistente (interno) depois de algum tempo trabalhando em vários serviços, dentre outros, mais de seis meses ao lado de Meynert, cuja obra e personalidade tinham, ainda como estudante, me cativado.*[7]

Isso marca a mudança dos problemas com que Freud se ocupava, passando a dedicar-se à neurologia (psiquiatria) clínica. Seguindo seu caminho de formação e desenvolvimento, Freud se

---

comentários de Grünbaum 1984; sobre a diferença entre *entender* (busca dos sentidos) e *explicar* (busca das causas), veja Wrigt 1971.

7 Freud 1925d, p. 11.

depara com um problema controverso: a histeria e seus sintomas. A psiquiatria de seu tempo a tem como um problema que oscila entre ser avaliada ora como um problema do campo da medicina, ora como do campo da moral e dos costumes. Por um lado, os que defendem que a medicina (neurologia) deveria se ocupar de doenças geradas por lesão ou inflamação no sistema nervoso, o que excluiria a histeria (dado que não havia evidências empíricas de que um acontecimento corporal deste tipo teria lugar); por outro, a consideração de que acontecimentos de natureza emocional poderiam afetar pessoas predispostas (ou mais sensíveis) a esses acontecimentos, gerando esses sintomas.[8]

Freud resolve, em 1885, conhecendo as controvérsias entre as escolas austro-húngara (mais próxima a uma avaliação da histeria como um problema moral) e francesa (mais próxima a considerar a histeria um problema médico) de psiquiatria, fazer uma visita de pesquisa a Martin Charcot, no Hospício de Salpêtrière, a fim de avaliar as propostas quanto a essa controvérsia com sua experiência pessoal. Charcot já era mundialmente reconhecido por dedicar-se ao estudo da histeria e também pelo uso da sugestão hipnótica no seu trabalho com estes pacientes. Para ele, que durante anos tinha realizado estudos anatomo-fisiológicos, a histeria era uma psicopatologia que acometia algumas pessoas (com predisposições orgânicas) que, ao sofrerem algum trauma de natureza emocional, não suportavam a situação e sofriam uma "quebra" no seu psiquismo, resultando em que algumas de suas partes ficassem inconscientes (coexistindo ao lado das partes conscientes), de modo que estas partes inconscientes funcionavam por sugestões que um hipnotizador pode inserir na mente de uma pessoa hipnotizada,

8 Para uma apreciação da maneira como a psiquiatria compreende a histeria, antes de Freud, e até mesmo associando-a a perturbações de natureza sexual, veja Ellenberger 1970.

sem que ela tenha consciência disso depois de acordada do transe hipnótico.[9]

O encontro com Charcot é extremamente perturbador para Freud, a ponto de ele escrever à sua noiva:

> *Charcot, que é um dos maiores médicos e cuja razão confirma o gênio, está simplesmente demolindo minhas concepções e meus projetos. Me acontece de sair de seus cursos como se eu saísse de Notre-dame, pleno de novas ideias sobre a perfeição. Mas ele me esgota e, quando eu o deixo, não tenho nenhuma vontade de trabalhar nos meus próprios trabalhos, tão insignificantes; eis três dias inteiros que não tenho nada a fazer, e não sinto nenhum remorso. A semente produzirá seu fruto? Eu ignoro; mas o que sei é que nenhum homem teve tanta influência sobre mim.*[10]

O que Charcot ensina a Freud? Que os sintomas histéricos eram gerados por ideias inconscientes presentes e ativas na vida psíquica destes pacientes, ideias que se tornaram inconscientes em função de um trauma de natureza emocional. Se, por um lado, Charcot descreve a situação como se o psiquismo fosse um sistema que tem uma parte quebrada (lascada) funcionando de forma autônoma, sem ligação com o restante do psiquismo, colocando-se, por assim dizer, num ponto de vista mecânico para explicar a origem dos sintomas histéricos, vemos que Freud discordará da *explicação* dada por Charcot, ainda que reconheça ser correta a descrição dos fenômenos feita por ele.

---

9 Para uma compreensão mais precisa e detalhada da compreensão que Charcot tem da histeria, a ponto de considerar-se que ele "inventou" esta modalidade de psicopatologia psiquiátrica, ver Didi-Huberman 1982.

10 Freud 1960a, p. 197, 24/11/1885.

Freud dirá sobre Charcot que, apesar de ser um gênio da capacidade de observação, "era fácil ver que, no fundo, ele não tinha nenhuma predileção particular para entrar mais profundamente na psicologia das neuroses".[11] Mas o que isso quer dizer? Para Freud, Charcot era hábil para fazer uma descrição dos fatos, mas não para fornecer explicações sobre as determinações causais que geravam esses fenômenos. Pode-se considerar o fato de que Charcot pensa de um ponto de vista mecânico, no qual o psiquismo (assim como uma máquina) pode ser explicado em função de sua coesão ou cisão (o trauma se quebrando, como uma engrenagem de conexão que teria sido danificada, gerando uma parte que funciona de forma autônoma, desconectada do conjunto maior ao qual pertencia); ao passo que Freud pensa, devido à sua formação, de um ponto de vista *dinâmico, no qual todo movimento deve ser referido ao conflito de forças que estaria, assim, na base de todo movimento*. É isso que encontramos no juramento epistemológico de Ernst Brücke e Emil du Bois-Reymond:

> *Brücke e eu nos comprometeremos a impor esta verdade, a saber, que somente as forças físicas e químicas, com exclusão de qualquer outra, agem no organismo. Nos casos em que, até o momento, não é possível explicar referindo-se a essas forças, [o cientista] deve empenhar-se em descobrir o modo específico ou a fonte de sua ação, utilizando o método físico-matemático ou, então, postular a existência de outras forças, equivalentes em dignidade às forças físico-químicas inerentes à matéria, redutíveis à força de atração e repulsão.*[12]

---

11 Freud 1925d, p. 15.

12 Bois-Reymond, citado por Shakow & Rapaport 1964, p. 34.

No quadro dessa perspectiva dinâmica, Freud vai, então, supor forças em conflito (iguais, em dignidade, às de atração e repulsão), o que, empírica e clinicamente falando, o levará a pensar em ideias em conflito: o Eu se deparando com ideias incompatíveis com ele mesmo. Assim, o neurótico, ante conflitos deste tipo e não tendo como eliminá-los, nem retirá-los de si mesmo, acaba se protegendo retirando-os da consciência, mas isso não significa uma amputação, apenas o seu deslocamento ou característica de ser consciente para ser inconsciente, gerando, assim, um conflito interno produzindo sintomas (que nada mais são do que soluções de compromisso entre o EU e as ideias incompatíveis com este EU, em conflito com ele). O sintoma expressaria, de um modo ou de outro, a realização do conflito assim retirado da consciência (ou recalcado).

Para tratar a histeria, era, então, necessário retomar o conflito inconsciente (gerado no passado do paciente, retornar ao trauma tornado inconsciente) e, uma vez tendo chegado ao(s) trauma(s) e aos fatores emocionais a ele(s) associados (que produziram o recalque, que requalificaram as ideias e os conflitos em dados do inconsciente), o paciente poderia dar uma nova solução para o conflito vivido. Esta era a solução para o tratamento da histeria: ter acesso ao passado, tornado inconsciente, revelando e acessando um conflito de natureza moral-emocional, para dar uma nova solução ao conflito vivido.

Mas como fazer isso, qual o caminho ou método adequado para atingir esse objetivo? Primeiramente, Freud usou um método já conhecido para acessar conteúdos psíquicos considerados esquecidos ou inconscientes: a hipnose. Mais ainda, não bastava lembrar como uma atividade reflexiva, era necessário retomar o acontecimento associado com as emoções e os sentimentos que foram a causa da perturbação afetiva. Quando isso ocorria, advinha, via de regra, uma descarga emocional: daí terem denominado este método como *tratamento catártico*.

Freud percebe que este método depende da hipnose e que a hipnose depende do poder de sugestão que o médico tem sobre o paciente (evidentemente, poder que o paciente dá ao médico). Uma vez perturbada a relação médico-paciente, os ganhos conseguidos pelo método catártico regrediam (a esperança, que acaba não se confirmando, é que os sintomas desapareceriam por completo, sem remissiva).

A hipnose acaba mostrando-se a Freud como um método não muito confiável, seja pela dificuldade de hipnotizar os pacientes tão profundamente quanto seria necessário (as de Freud, mas também de outros médicos), seja pelas limitações que a hipnose estabelecia em função de sustentar seus efeitos na "autoridade [emocional] do médico sobre o paciente", efeitos que poderiam ser facilmente perturbados ou mesmo perdidos em função de algum ruído na relação do paciente com o médico. Freud procurou outro instrumento para atingir os mesmos objetivos, substituindo a sugestão hipnótica pela associação livre e a análise da resistência e da transferência (o modo de relação emocional do paciente com o médico, fruto das experiências emocionais da infância do paciente). O trauma, acontecimento que gera ideias (conflitos) tornadas inconsciente, corresponde ao fator patógeno a ser alcançado e modificado pelo caminho da associação livre e da interpretação do analista (tornando o inconsciente consciente).

Ao aplicar, então, o método de tratamento psicanalítico, Freud acompanha seus paciente no relato e revivência de seus passados, sejam os propriamente vividos, sejam os imaginados ou apenas lembrados (dado que nem toda lembrança é a de um fato, podendo ser uma construção psíquica), sempre encontrando conflitos de natureza amorosa com conteúdos eróticos e/ou sexuais; mais ainda, Freud volta a um passado que é anterior ao da puberdade, o que o faz enunciar (ou confirmar) a tese da existência da sexualidade infantil;[13] mais ainda, essa sexualidade infantil é encontrada nos pacientes como algo vivido num cenário específico, com atores e enredo conhecidos, a saber: o mesmo cenário do Édipo, da tragédia grega. Ou seja, a histeria é resultado da administração (mais ou menos bem-sucedida) da administração da vida instintual (sexual, ou pulsional) nas relações interpessoais (no quadro do cenário edípico).[14]

2.2 Do problema singular ao universal

Mas o que Freud descobriu sobre a origem e a dinâmica do funcionamento da histeria seria uma especificidade dessa patologia ou ocorreria noutras; mais ainda, será que essa dinâmica ocorreria noutras situações não patológicas?

Ao procurar entender o que ocorre com pacientes fóbicos e obsessivos, Freud chegou à conclusão de que eles têm a mesma dinâmica daquela que gera o sintoma na histeria (conflito entre o EU e ideias, ou desejos, incompatíveis com o EU, implicando um mecanismo de defesa contra a angústia assim gerada, a repressão, e o retorno do recalcado, solução de compromisso do conflito, em termos de sintomas). Apoiado na ideia de que um conflito (ideias e desejos em conflito) está associado a *quanta* de afeto (como uma quantidade de energia) investido nestes elementos psíquicos, Freud considerou, então, que todas as neuroses de transferência (histeria, neurose obsessiva, fobia) seriam fruto de conflitos (investidos de afeto) recalcados, corresponderia a um processo no qual o conflito e seu *quantum* de afeto teriam sido recalcados, sendo os sintomas

13 Sobre a consideração da existência da sexualidade infantil antes de Freud, veja Simanke 2016.

14 O mesmo poderá ser dito de todas as outras neuroses.

uma expressão (retorno do recalcado) desses conflitos: na histeria, o retorno do recalcado investiria o corpo, produzindo expressões sintomáticas associadas ao corpo; na obsessão, o retorno do recalcado investiria o pensamento, produzindo expressões sintomáticas associadas ao controle pelo pensamento (rituais obsessivos); e, na fobia, o retorno do recalcado investiria o mundo exterior, produzindo expressões sintomáticas associadas à relação com o mundo externo tornado, por esse investimento, perigoso.[15]

Ao aplicar seu método de tratamento, Freud percebeu que os sonhos e os atos falhos teriam a mesma dinâmica de gênese, funcionamento e objetivo: expressar ideias inconscientes mais ou menos em conflito, defendendo, assim, a equação que iguala sintomas, sonhos e atos falhos, ou seja, compreendendo uns e outros como tendo a mesma dinâmica, ele acaba por chegar à conclusão de que atos psíquicos normais e patológicos têm a mesma natureza. Note-se a passagem fundamental realizada por Freud: ele conseguiu explicar atos psíquicos normais com base na compreensão das neuroses. Freud conclui que a organização psíquica neurótica não corresponde propriamente a um desvio ou uma perversão, mas ao próprio processo natural de constituição e organização da vida psíquica. A teoria geral das neuroses mostra-se, para ele, como uma teoria da constituição da vida psíquica. Pierre Fédida, numa feliz síntese, bem freudiana, desta descoberta, afirmou: *o sujeito é o sintoma!*

Quando Freud escreve os *Três ensaios sobre a sexualidade*, retomando o que descobriu no tratamento de seus pacientes neuróticos, retornando ao passado infantil e à gênese sexual e edípica

15 Freud, no seu texto "Neuropsicoses de defesa" (1894a), comenta como chegou a essa teoria geral das neuroses, apoiado na ideia de *quantum* de afeto (que é reconhecida como uma ideia especulativa). Cf. em Fulgencio (2005, 2008) uma análise das especulações na obra de Freud.

de seus sintomas, ele também descobriu o processo de desenvolvimento universal que leva um bebê a tornar-se um ser humano, esclarecendo os diversos modos de relação objetal (relação afetivo-emocional com o outro, com o mundo) pelos quais passa todo ser humano, seja referindo-se aos tipos de objeto (autoerótico, narcísico, homossexual e heterossexual), seja em termos dos modos de relação (oral, anal, fálico, genital adulto). Note-se, já aqui, que há uma sequência no desenvolvimento das relações de objeto.

Freud, à procura da psicogênese dos sintomas neuróticos, foi levado a compreender o passado constituinte e organizador da vida psíquica (seja esta normal ou patológica), reconhecendo a importância da sexualidade e do complexo de Édipo, a ponto de ter escrito:

> *Gostaria de, ao fim desta investigação, condensada ao extremo, enunciar este resultado: no Complexo de Édipo convergem os começos da religião, da moralidade, da sociedade e da arte, em perfeita concordância com o que constata a psicanálise, a saber, que o complexo forma o núcleo de todas as neuroses, tanto quanto elas se deixaram compreender, por nós, até aqui. Aos meus olhos, é uma grande surpresa que os problemas da vida da alma dos povos sejam susceptíveis de serem resolvidos, eles também, a partir de um único ponto concreto, como o da relação com o pai.*

A organização da história do desenvolvimento da sexualidade forneceu, então, a primeira linha do processo de desenvolvimento emocional que podia explicar as psicopatologias e as organizações saudáveis, desenvolvimento que podia explicar a constituição do mundo externo e da possibilidade de reconhecimento da realidade externa, como ocorria a integração e/ou constituição do eu e de todos os processos identificatórios etc.

Da singularidade do sintoma histérico, Freud foi levado à universalidade da gênese psicoafetiva do ser humano; mais ainda, foi levado a descrever o que seriam as suas fases e dinâmicas básicas, estruturais e universais, ou seja, apresentou uma teoria do desenvolvimento socioemocional, denominada, por ter essas características estruturais, de uma "teoria do desenvolvimento psicossexual".

2.3 Ontologia

Para Freud, a vida da alma deve ser considerada um objeto natural e é justamente esta a grande contribuição que a psicanálise teria dado à ciência, ou seja, ter tomado a vida da alma como um objeto (fenômeno) que pode ser explicado da mesma maneira (ou seja, com o mesmo tipo de explicação causal com que são explicados os elementos da natureza): "o espírito e a alma são objetos da pesquisa científica, exatamente da mesma maneira que não importa qual coisa estrangeira ao homem. . . . Sua grande contribuição [da psicanálise] à ciência consiste justamente na extensão da pesquisa ao domínio anímico".[16]

A sua concepção sobre o que é a vida da alma considera o psiquismo como um conjunto de representações em conflito, da mesma forma que Kant o indicara como um dos caminhos para a construção de uma Antropologia (do ponto de vista da natureza ou *Physis*, daí a denominação de fisiológica):

16 Freud 1933a, p. 159.

> *Uma doutrina do conhecimento do ser humano sistematicamente composta (antropologia) pode ser tal do ponto de vista* fisiológico *ou* pragmático. – *O conhecimento fisiológico do ser humano trata de investigar o que a* natureza *faz do homem; o pragmático, o que ele faz de si mesmo, ou pode e deve fazer como ser que age livremente. – Quem medita sobre as causas naturais em que, por exemplo, a faculdade de recordar pode se basear, pode argumentar com sutilezas (seguindo Descartes) sobre os traços deixados no cérebro pelas impressões das sensações sofridas, mas tem de confessar que é mero espectador nesse jogo de suas representações, e que tem de deixar a natureza agir, porque não conhece as fibras e nervos cefálicos, nem sabe manejá-los para seu propósito, ou seja, tem de confessar que nada se ganha com todo raciocínio teórico sobre esse assunto.*[17]

A *antropologia fisiológica* toma o homem como um elemento da natureza, logo, deve ser explicado em termos do conjunto de determinações causais do tipo que rege a natureza, no quadro de um determinismo sem lugar para alguma "escola", seja esta em que nível for. A *antropologia pragmática* diz respeito a uma concepção de homem que o coloca fora deste quadro natural, dado que o homem é justamente aquele ente que pode escolher fazer e deixar que façam, sendo, nesse sentido, um cidadão do mundo que não é um joguete das suas representações.

Freud se coloca na defesa da psicanálise como uma ciência da natureza, a psicanálise como uma psicologia específica (que

---

17 Kant 1798, *Antropologia de um ponto de vista pragmático*, p. 1.

considera a existência de processos psíquicos inconscientes) e que é uma ciência da natureza – "que outra coisa ela poderia ser?", diz Freud no final da vida, em 1939, no seu "Algumas lições elementares de psicanálise". Ele usa um artifício epistemológico-metodológico para caracterizar o seu objeto e diz que considerará a vida psíquica *como se fosse* um aparelho, dado que o uso desta metáfora pode ser útil para conceber a vida da alma como composta por partes díspares agindo com interesses diferentes uma das outras, ainda que não exista, empiricamente falando, um aparelho psíquico: "A psicanálise tem um pressuposto fundamental [a da existência de um aparelho psíquico], cuja discussão é reservada ao pensamento filosófico e cuja justificativa está nos resultados de nossa disciplina".[18]

Mais ainda, esse aparelho psíquico, pensado como um ente da natureza, seria movido por forças e energias psíquicas: as pulsões e a libido. De modo que podemos dizer que, para Freud, a vida da alma, o homem, é pensada no quadro disto que ele denominou metapsicologia, no sentido estrito do termo: "Eu proponho que se fale de uma apresentação metapsicológica quando nós conseguimos descrever um processo psíquico segundo suas relações dinâmicas, tópicas e econômicas".[19]

O homem, para Freud, é concebido no quadro de uma ontologia naturalista, como um aparelho psíquico movido por pulsões (energia psíquica) e pela libido (energia psíquica de natureza sexual).

18 Freud 1940a, p. 144.
19 Freud 1915e, p. 182.

2.4 Variáveis teóricas e empíricas operativas para compreensão da vida psíquica

Ao procurar entender um determinado fenômeno, seja no campo da psicopatologia, seja no da vida normal, Freud tem em mente algumas variáveis a serem consideradas e é a partir delas que ele enuncia o que são os fenômenos importantes a serem considerados, quais são os problemas e quais soluções ou tipo de soluções devem ser procuradas. Não se trata, aqui, de analisar em detalhes quais são estas variáveis, mas tão somente indicá-las, dado que elas estarão presentes no que virá a ser a descrição do desenvolvimento da vida psíquica dos indivíduos, que é o objeto de análise e apresentação deste capítulo.

Ao caracterizar quais são os fundamentos empíricos da psicanálise, Freud escreve:

> *Os Pilares da Teoria Psicanalítica – A hipótese de processos anímicos inconscientes, o reconhecimento da doutrina da resistência e da repressão, o valor dado à sexualidade e ao Complexo de Édipo são os conteúdos principais da psicanálise e os fundamentos de sua teoria, e quem não está em condições de subscrever todos eles, não deveria se contar entre os psicanalistas.*[20]

Noutros momentos de sua obra, procurando indicar quais são os elementos conceituais e empíricos fundamentais da psicanálise, elementos que, se aceitos, podem colocar alguém no campo dos psicanalistas, ele caracteriza os *xiboletes*[21] da psicanálise dessa

20 Freud 1923a, p. 247.

21 *Xibolete* é uma palavra de origem hebraica que significa *espiga* e tem o sentido figurado de uma prova decisiva que se faz para julgar a capacidade de uma

forma: a divisão do psiquismo em consciente e inconsciente como o *primeiro* xibolete da psicanálise;[22] a teoria dos sonhos como *um* deles;[23] e o complexo de Édipo como *o* xibolete da sua ciência.[24]

Todos os três podem ser considerados pertencentes aos dados empíricos da doutrina psicanalítica. Considero, ainda, possível acrescentar mais um xibolete aos supracitados, mesmo que Freud não o tenha nomeado assim – a consideração da transferência e da resistência como dois fatos que ocorrem no decorrer do tratamento analítico:

> *a teoria psicanalítica é uma tentativa de tornar compreensível duas experiências que sobrevêm, de maneira contundente e inesperada, quando se experimenta levar os sintomas mórbidos de uma neurose às fontes de onde eles derivam naquilo que foi vivido [na história de sua vida]: o fato da* transferência *e o fato da* resistência. *Toda orientação de pesquisa que reconhece esses dois fatos e os toma como pontos de partida de seu trabalho está no direito de se nomear psicanálise, mesmo se chegar a outros resultados que não os meus. Mas aquele que se lança a outros aspectos do problema e se afasta dessas duas premissas escapará dificilmente da reprovação de atentado à propriedade por tentativa de cópia fraudulenta, se persiste em nomear-se psicanalista.*[25]

---

pessoa. Cf. uma análise mais detalhada do termo, seu sentido e sua presença na obra de Freud em Fulgencio (2008, p. 207).

22 Freud 1923b, p. 13.

23 Freud 1933a, p. 7.

24 Freud 1905d, p. 227.

25 Freud 1914d, p. 17.

Sendo, então, sintético na apresentação dessas variáveis (tendo aqui apenas fins indicativos e não analíticos-críticos-explicativos), podemos, com essa lista de variáveis, saber quais são os fenômenos a serem observados, quais são valorizados, seja para a compreensão dos fatos, seja para a explicações dos problemas, seja, ainda, para o encaminhamento de suas soluções.

O objetivo, aqui, é fornecer uma compreensão da teoria do desenvolvimento da sexualidade como uma teoria plena do desenvolvimento, o que fizemos traçando o quadro geral deste pensamento, e que continuaremos, agora, detalhando em termos da explicitação das fases do desenvolvimento da sexualidade e das suas dinâmicas correlatas.

2.5 As fases do desenvolvimento e suas dinâmicas

Os tratamentos psíquicos, realizados pelo método psicanalítico, remetem, necessariamente, à história de seus pacientes, a uma história infantil e seu desenvolvimento; mais ainda, Freud apoiou-se (projetando o que ocorria com seus neuróticos) no modo como seus pacientes experienciavam a vida afetiva, a vida do desejo e das relações inter-humanas, para considerar que a vida psíquica (tanto na patologia como na sua normalidade na saúde) poderia ser adequadamente descrita como sendo um conjunto de *relações de objeto*, ou seja, a relação que um indivíduo tem com "algo" que serve como meio para atender a suas necessidades, a seus desejos, a seus impulsos.

Assim, desde o início, já na relação que o bebê teria com o seio materno, esta relação seria pensada em termos de relações de objeto; e todo o desenvolvimento será pensado nesta chave, seja em termos dos tipos de objeto, seja em termos dos modos como se dão essas relações. No que se refere aos tipos, a sequência do desenvolvimento ocorre em termos progressivos, indo das relações autoeróticas, narcísicas, homossexuais até as heterossexuais; enquanto, em termos dos modos, elas vão das relações pré-genitais (modo oral e modo anal) às genitais infantis (modo fálico) e genitais adultas (com apreensão das diferenças entre masculino e feminino).

Retomo, a seguir, uma apresentação gráfica das fases, suas características e dinâmicas. Trata-se, aqui, mais de fornecer algumas referências do que são essas fases, suas dinâmicas, conquistas, cronologia etc. do que nos dedicarmos a descrevê-las e explicá-las nas suas especificidades e complexidades.

Quadro 2.1 Fases do desenvolvimento da sexualidade

Fases pré-genitais	**Fases genitais**
Oral (0-2 anos) • O prazer sexual está ligado de maneira predominante à excitação da cavidade bucal e dos lábios que acompanham a alimentação; • A atividade de nutrição fornece as significações eletivas pelas quais se exprime e se organiza a relação de objeto → COMER/SER-COMIDO; • Protótipo: chupetar; • Nessa fase, não há oposição entre atividade e passividade. **Sádico-anal (2 a 4 anos)** • Caracterizada por uma organização da libido sob a primazia da zona erógena anal; → EXPULSÃO/RETENÇÃO • Há polaridade entre atividade (sadismo) e passividade (erotismo anal).	Fálica • Organização infantil da libido caracterizada por uma unificação das pulsões parciais sob o primado dos órgãos genitais; • Há oposição fálico-castrado. **Latência (6 a 10 anos)** • Tempo de parada na evolução da sexualidade; • Intensificação do recalcamento; identificação com os pais; desenvolvimento da sublimação **Genital adulta** • Retomada do desenvolvimento da libido; momento de uma estabilização no tipo de escolha objetal, compreensão da diferença entre sexos; • Há oposição entre o masculino e o feminino.

Quadro 2.2 – Fases e características dinâmicas do desenvolvimento da sexualidade

Fases	**Idade**	**Foco**	**Tarefas/ conquistas**	**Estágios da organização libidinal**	**Estágios do amor objetal**
Oral	0 → 1,5	Boca Lábios Língua	Relações iniciais (ao fim, desmame)	Oral-precoce (sugar) Oral-tardio (canibalis-mo, morder)	Autoerotismo (sem objeto) (pré-ambiva-lente) Narcisismo (total incorp. objt.) (ambivalência)
Anal	1 → 3	Ânus	Treina-mento higiênico	Sádico-anal precoce Sádico-Oral tardio	Amor-parcial c/ incorpo./ (ambiv.) Amor parcial (ambivalente)
Fálico Uretral/ Narcísico	3+	Genitais	C. Édipo	Genital infantil Fálico	Amor objetal com exclusão dos genitais (ambivalente)
Genital/ Edípico	3 → 5, 6				
Latência	5, 6 → 11-13	Nenhuma identific. c/ pares do mesmo sexo	Desenvol-vimento Mecanis-mos de defesa		
Genital	12+	Genitais	Realiz. da intimidade	Genital adulto	Amor objetal pós-ambivalente

2.6 Matriz analítico-histórico-crítica da teoria do desenvolvimento psicossexual

Ao fim dessa exposição, cabe retomar sinteticamente os elementos de nossa matriz de análise, para apresentar a perspectiva traçada por Freud.

Quadro 2.3 – A teoria do desenvolvimento psicossexual proposta por Sigmund Freud: matriz de análise

1. Problema básico	Histeria (fobia, neurose obsessiva); neuroses de transferência.
2. Problema universal	Organização da vida psíquica como modo de administração da vida instintual nas relações interpessoais.
3. Ontologia	(Como se o homem fosse um) aparelho psíquico movido por forças e energias. Metapsicologia: ponto de vista dinâmico (pulsões), econômico e tópico.
4. Fundamentos operativos	Inconsciente, recalque, sexualidade infantil, Édipo, transferência, resistência.
5. Método	Clínico (pelo método de tratamento psicanalítico).
6. Fases (cronologia, dinâmica)	Desenvolvimento pensado em termos das relações de objeto Tipos: autoerótico, narcísico, homossexual, heterossexual Modos de relação: oral, anal, fálica, genital adulta.

2.7 Valor heurístico e utilidade prática desta perspectiva de entendimento do desenvolvimento emocional

A teoria do desenvolvimento da sexualidade, conforme estruturada e apresentada por Freud nos *Três ensaios*, corresponde a um quadro para compreensão da gênese das neuroses e do processo que leva à organização psicoemocional do ser humano. Ao se referir aos processos psíquicos inconscientes, ao valor dado à sexualidade infantil e ao complexo de Édipo, bem como ao processo de recalcamento e ao de resistência, esta teoria fornece uma série de instrumentos de compreensão e ação sobre os modos de funcionamento neurótico e seu tratamento.

A psicanálise nasceu da necessidade de tratar de pacientes neuróticos e esse *télos* clínico constitui um de seus fundamentos e um de seus objetivos. O próprio Freud explicitou esta característica da psicanálise, bem como cuidou de apontar o que ele sentia como limites da utilidade de seu método de tratamento:

> *A psicanálise é um procedimento médico que tende à cura de certas formas de nervosidade (neuroses) por meio de uma técnica psicológica. Como exemplos de tipos de doenças que são acessíveis à terapia psicanalítica, pode-se nomear as convulsões e os fenômenos de inibição histérica, assim como os inumeráveis sintomas da neurose obsessiva (representações compulsivas, ações compulsivas). Sempre há estados que mostram, pontualmente, uma cura espontânea e são admitidos, de maneira até agora não explicada, como devidos à influência pessoal do médico. Contra formas mais graves de perturbações psíquicas, a psicanálise não tem*

> *efeito terapêutico. Mas seguramente nas psicoses como nas neuroses, ela permite – pela primeira vez na história da medicina – obter um entendimento sobre a origem e o mecanismo dessas doenças.*[26]

A teoria da sexualidade, pensada como uma teoria do desenvolvimento, fornece uma explicação da constituição e do processo de constituição dos modos de o ser humano relacionar-se afetivamente com outros seres humanos. Ela fornece uma compreensão do processo que leva à constituição do eu e da identidade; mais ainda, ela apresenta uma explicação do processo que leva o homem à vida cultural e do que rege a vida social.

Pode-se discutir o quão especulativas ou redutoras são essas explicações, mas isto não desfaz o fato de que ela (a teoria psicanalítica) fornece uma alternativa, tendo, pois, um valor heurístico. Além disso, o conjunto de suas experiências e de suas observações clínicas também oferece um substrato material, fenomenológico, que contribui para que suas explicações possam ser reconhecidas na análise e descrição dos fenômenos.

2.8 Avaliação crítica

Uma das críticas feitas à teoria do desenvolvimento freudiana é o fato de que ela deixou de considerar todos os aspectos da realidade social-cultural externa que determinaria o desenvolvimento dos indivíduos:

> *Existem muitas limitações no modelo de desenvolvimento de Freud. Pode-se afirmar que as contribuições*

26 Freud 1913j, p. 165.

> *pós-freudianas mais importantes foram nos domínios que Freud negligenciou, sobretudo o contexto cultural e social do desenvolvimento; o significado das experiências dos primeiros anos da infância; o significado do real comportamento dos pais reais; o papel da dependência, do apego e da segurança no desenvolvimento paralelamente ao papel das pulsões instintuais; a função sintetizadora do* self*; a importâncias dos aspectos não-conflituosos do desenvolvimento.*[27]

Além disso, caberia colocar a questão de saber se o que Freud descreveu, no que se refere ao desenvolvimento, tem ou não correspondência empírica adequada na realidade fenomênica? Encontramos respostas positivas e negativas a essa pergunta: "o quadro referente às evidências empíricas para os aspectos do desenvolvimento dentro do modelo freudiano não é tão árido quanto muitos críticos pensam".[28] Por exemplo, Drew Westen [29]demonstrou que existe substancial sustentação empírica para o construto essencial de Freud: a de que a consciência humana não pode explicar suas ações inadaptativas. Os trabalhos sobre memória procedimental ou implícita demonstram que agimos de certas maneiras devido à experiência, a despeito de nossa incapacidade para recordar essas experiências[30]. É importante mencionar que os sistemas mnemônicos implícitos se desenvolvem antes do sistema declarativo explícito, deixando aberta a possibilidade de influências da experiência precoce sem conhecimento consciente da natureza dessas experiências. É evidente que a neurociência não comprova todo o espectro das afirmativas desenvolvimentistas de Freud. Por exemplo,

---

27 Fonagy 2005, p. 144.

28 Por exemplo, Crews 1996.

29 Westen 1998.

30 Schachter 1992; Squire & Kandel 1999.

a amnésia infantil, conceito desenvolvimentista fundamental na formulação freudiana do complexo de Édipo, é mais parcimoniosamente explicada pelo atraso na mielinização do hipocampo, o qual só se torna plenamente funcional entre o terceiro e o quarto anos de vida, do que pelo conceito de repressão primal. Existem evidências de que a amnésia infantil ocorre em outros mamíferos, incluindo ratos e macacos.[31]

Não obstante o reconhecimento das contribuições de Freud, bem como das críticas feitas à suas propostas, cabe, aqui, ressaltar onde está colocado o quadro geral de seu pensamento sobre o processo de desenvolvimento. Por um lado, num sentido estrito, a teoria do desenvolvimento da sexualidade é apenas uma linha geral sobre a qual uma teoria do desenvolvimento plena poderá ser consolidada, o que marca sua insuficiência; por outro, é necessário destacar qual é o tipo de ontologia considerada (concebendo o homem como um ser que tem, como fundamento, a tarefa de administrar sua vida instintual) e, ainda, a sua concepção de que as relações inter-humanas podem ser compreendidas a partir da noção de relações de objeto no quadro de uma psicologia naturalista. É importante explicitar essas considerações crítico-descritivas porque, ao longo do desenvolvimento da psicanálise (especialmente com Lacan e Winnicott, ainda que em quadros epistemológicos díspares), somos remetidos a outras ontologias não propriamente naturalistas, e, mais ainda, a própria crítica à noção de relações de objeto, como chave de interpretação do encontro interhumano, será objeto de questionamento. Não cabe nos objetivos deste texto desenvolver essas perspectivas críticas, mas, ao pontuá-las, podemos ter uma visão mais ampla do seu lugar no quadro das teorias psicanalíticas do desenvolvimento, tanto em termos históricos como em termos do seu desenvolvimento.

31 Rudy & Morledge 1994; Fonagy 2005, p. 144.

2.9 Referências

Bringuier, J.-C. (1977). *Conversando com Jean Piaget*. Rio de Janeiro: Difel, 1978.

Cobliner, W. G. (1965). A escola de psicologia genética de Genebra e a psicanálise: paralelos e equivalências. In: R. A. Spitz (Ed.). *O primeiro ano de vida*. São Paulo: Martins Fontes.

Crews, F. (1996). The verdict on Freud. *Psychological Science 7*, 63-67.

Didi-Huberman, G. (1982). *Invention de l'hysterie. Charcot et l'iconographie photographique de la Salpetriere*. Paris: Macula.

Ellenberger, H. F. (1970). *The discovery of the unconscious: The History and Evolution of Dynamic Psychiatry*. New York: Basic Books.

Fonagy, P. (2005). Teoria psicanalítica do desenvolvimento. In E. S. Person, A. M. Cooper, & G. O. Gabbard (Eds.). *Compêndio de psicanálise* (pp. 143-156). Porto Alegre: Artes Médicas, 2007.

Freud, S. (1953-1974). *The Standard Edition of the Complete Psychological Works of Sigmund Freud* – SE (12 vols.). London: Hogarth Press.

Freud, S. (1894a). *The Neuro-psychoses of defence*. SE 3.

Freud, S. (1905d). *Three essays on the theory of sexuality*.SE 7.

Freud, S. 1912x). *Totem and taboo*. SE 13.

Freud, S. (1913j). *The claims of psycho-analysis to scientific interest*. SE 13.

Freud, S. (1914d). *On the history of the psycho-analytic movement*. SE 14.

Freud, S. (1915e). *The unconscious*. SE 14.

Freud, S. (1923a). *Two encyclopaedia articles*. SE 18.

Freud, S. (1923b). *The ego and the id*. SE 19.

Freud, S. (1925d). *An autobiographical study*. SE 20.

Freud, S. (1933a). *New introductory lectures on psycho-analysis*. SE 22.

Freud, S. (1940a). *An outline of psycho-analysis*. SE 23.

Freud, S. 1940b). *Some Elementary Lessons in Psycho-Analysis*. SE 23.

Freud, S. (1960a). *Correspondance 1873-1939*. Paris: Gallimard.

Fulgencio, L. (2005). Freud's metapsychological speculations. *International Journal of Psychoanalysis, 86*(1), 99-123.

Fulgencio, L. (2008). *O método especulativo em Freud*. São Paulo: Educ.

Grünbaum, A. (1984). *The foundations of psychoanalysis*. Berkeley: University of California Press.

Kant, I. (1997 [1787]). *Crítica da razão pura*. 2. ed. (1. ed. 1781). Lisboa: Fundação Calouste Gulbenkian.

Kant, I. (1798). *Antropologia de um ponto de vista pragmático*. São Paulo: Iluminuras, 2006.

Piaget, J. (1960). Les modeles abstraits sont-ils opposés aux interpretations psycho-physiologiques dans l'explication em psychologie? *Revue Suisse de Psychologie Purê et Appliquée, 9*(1), 58-90.

Rudy, J. W., & Morledge, P. (1994). The ontogeny of contextual fear conditioning: implications for consolidation, infantile amnesia, and hipocampal system function. *Behavioral Neuroscience, 108*, 227-234.

Schachter, D. L. (1992). Priming and multiple memory systems: perceptual mechanism of implicit memory. *Journal of Cognitive Neuroscience*, *4*, 244-256.

Shakow, D., & Rapaport, D. (1964). Nineteenth and early twentieth century background. *Psychological Issues*, *14*(1).

Simanke, R. T. (2016). Freud e a sexualidade infantil antes de Freud. In: J. Birman, L. Fulgencio, D. Kupermann & E. L. Cunha (Eds.). *Amar a si mesmo e amar o outro: narcisismo e sexualidade na psicanálise contemporânea.* (pp. 43-63). São Paulo: Zagodoni.

Squire, L. S., & Kandel, E. R. (1999). *Memory: From molecules to memory*. New York: Freeman Press.

Westen, D. (1998). The scientific legacy of Sigmund freud: Toward a psychodynamically informed psychological science. *Psycho Bull*, *124*, 333-371.

Wright, G. H. V. (1971). *Explanantion and Understanding*. Ithaca, New York: Conell University Press.

3. Anna Freud e a consolidação da teoria psicanalítica como uma teoria plena do desenvolvimento

Neste capítulo, apresentarei a teoria do desenvolvimento segundo Anna Freud a desenvolveu, a partir do esboço inicial feito por Sigmund Freud, preenchendo diversas lacunas e estabelecendo, por assim dizer, uma teoria desenvolvimentista mais plena, tanto em termos teóricos como descritivos. Mais ainda, poderei mostrar que as elaborações feitas por Anna Freud derivam tanto do trabalho clínico como da observação de crianças em diversas situações sociais, articulando uma apreensão subjetiva (clínica) da realidade com uma apreensão mais objetiva.

Sabemos que grande parte das teorias atuais do desenvolvimento constrói suas propostas assentadas e fundadas em métodos de apreensão objetiva dos fatos. Nem sempre as contribuições advindas da clínica (subjetivas) e as advindas das informações objetivamente apreendidas são colocadas em comunhão, podendo contribuir para o desenvolvimento do campo das ciências do desenvolvimento. Como comentou Daniel Stern, a apreensão objetiva dos fatos não consegue fornecer uma compreensão global sistêmica do desenvolvimento, enquanto a apreensão subjetiva não conseguiria fornecer as realidades descritivas mais objetivas dos fatos, o que exigiria algum tipo de comunhão entre estas perspectivas: "o infante da clínica sopra vida subjetiva na criança observada".[1]

Neste sentido, este livro e cada um dos seus capítulos, que podem ser usados separadamente (e, por isso, comportam algumas repetições que explicitam sua proposta no início de cada capítulo), têm dois objetivos que se complementam: por um lado, explicitar como os psicanalistas entendem o desenvolvimento emocional, seja em termos teóricos, seja em termos descritivo-fenomenológicos; e, por outro, tendo feito esta apresentação de forma sistemática, organizada e padronizada, poder levar as contribuições dos psicanalistas para o campo das ciências ou teoria do desenvolvimento, mostrando que os dados apreendidos pelo método clínico-subjetivo da psicanálise podem se articular, estimular e comunicar-se com os dados apreendidos pelos métodos de observação objetiva de outras perspectivas teórica desenvolvimentistas. Cada um dos capítulos deste livro mostra uma possibilidade de comunicação, uma ponte nos seus alicerces e na sua pavimentação, mas que ainda precisará ser preenchida com as efetivas comunicações e diálogos entre as teorias que podem, agora, usar esta ponte.

* * *

A obra de Anna Freud pode ser considerada como tendo consolidado a teoria de Freud como uma teoria plena do desenvolvimento emocional, completando muitas lacunas presentes na sua proposta inicial.[2]

Ao retomar a sua proposta, meu objetivo é fazer uma análise crítico-descritiva da sua compreensão do processo de desenvolvimento, explicitando de qual perspectiva e impulsionada por quais

1 Stern 1985, p. 11.

2 Fonagy 2005; Palombo, Bendicsen & Koch 2010.

problemas ela aprofundou teórica e empiricamente a proposta de seu pai, tendo em vista a reapresentação desta teoria do desenvolvimento a partir de uma matriz de análise crítica que, por sua vez, ao ser aplicada na análise crítica de outras teorias do desenvolvimento, oferece parâmetros de comparação e de comunicação entre elas. Essa matriz é composta das seguintes variáveis, que, por sua vez, são também perguntas a serem respondidas:

1. Qual é o problema empírico inicial que serviu de base, problema e referência para a pesquisa e a necessidade da elaboração de uma teoria do desenvolvimento?
2. qual é a perspectiva universal que se amplia a partir do problema inicial e que fornece o foco e a tonalidade da teoria do desenvolvimento formulada e descrita?
3. qual é o modelo ontológico presente na base da teoria proposta?
4. quais variáveis e/ou parâmetros são utilizados para a descrição, compreensão e explicação dos fenômenos nessa perspectiva?
5. qual é o método usado nessa perspectiva, para observação, pesquisa e descrição dos fenômenos do desenvolvimento?
6. quais e como são as fases do desenvolvimento, suas dinâmicas, tarefas, conquistas, inclusive datadas em termos cronológicos?
7. que avaliação crítica é feita ou pode ser feita desta perspectiva, ou seja, qual seu valor heurístico?

Ao fim, podemos apresentar, sinteticamente figurado, um gráfico com os elementos dessa matriz para os apreender de forma sistêmica.

3.1 O problema inicial de pesquisa

Anna Freud cresceu entre os psicanalistas, nos círculos que se formaram ao redor de seu pai. Este não só incentivava sua participação e formação como psicanalista, como cuidou, ele mesmo, numa atitude nada ortodoxa, de analisá-la – uma primeira etapa de 1918 a 1922, e uma segunda de 1924 a 1925[3]. De 1914 a 1920, ela trabalhou numa escola como professora primária; em 1920, associou-se a [August] Aichhorn (em que trabalhava com delinquentes juvenis) e, em 1923, depois de terminada a primeira etapa de sua análise, começou a atender crianças em psicoterapia. Em 1926, publicou uma série de trabalhos dedicados à aplicação do método psicanalítico no tratamento de crianças, reunindo-os no livro *Introdução à técnica de análise infantil.* Em 1927, fundou uma instituição dedicada à educação infantil:

> *Em 1927 e com a ajuda de Burlingham, Rosenfeld e Anna abriram, no distrito de Hietzing de Viena, uma escola especial que operava com os princípios educacionais progressivos de Dewey e com os princípios psicanalíticos. O primeiro professor contratado foi Peter Blos e o segundo foi seu amigo Erik Erikson; ambos foram influenciados por Anna Freud. A maioria das crianças nesta escola estava em análise, muitas vezes com Anna Freud, em conjunto com a frequência na escola. A escola, que permaneceu aberta até 1931, deu a Anna a oportunidade de aplicar princípios psicanalíticos à educação de crianças (Heller 1992). Ela e Burlingham deveriam usar os conhecimentos adquiridos*

3 Young-Breuhl 1988, p. 120.

> *nessa escola nas enfermarias de guerra que mais tarde estabeleceram em Hampstead.*[4]

Vendo a criança do ponto de vista da teoria psicanalítica freudiana, Anna se ocupou, por um lado, dos problemas educacionais e, por outro, dos problemas relativos ao desenvolvimento emocional (especialmente os que foram gerados por ocasião da Segunda Grande Guerra), além de dedicar-se ao desenvolvimento da aplicação da psicanálise ao tratamento psicoterápico de crianças. São esses os tipos de problemas que farão com que ela considere necessário estabelecer uma teoria geral consistente do processo de desenvolvimento *normal*.

Na continuidade de sua vida profissional, Anna Freud aprofundou o ponto de vista de seu pai e tratou de apontar quais seriam as condições para que a psicanálise pudesse ser eficazmente aplicável ao tratamento de crianças.[5] Em 1936, ainda em Vienna, Anna publicou um livro que será uma referência clássica das descobertas psicanalíticas, até hoje citado e utilizado, *O Ego e os mecanismos de defesa*,[6] no qual ela amplia a concepção freudiana referindo-se à organização da vida psíquica (apoiada no modelo estrutural da mente: Id, Ego e Superego). A ênfase que deu à organização do Ego, junto com outros psicanalistas (como Heinz Hartmann, Ernst Kris e Alfred Loewenstein), acabou por desenvolver-se como uma perspectiva específica da psicanálise e da psicologia denominada *Psicologia do Ego*.

---

4 Palombo et al. 2010, p. 63.

5 As suas diferenças com Melanie Klein fizeram história e ficaram conhecidas como *As controvérsias*, opondo perspectivas díspares do que seria o tratamento psicanalítico de crianças.

6 A obra de Anna Freud está reunida em *The writtings of Anna Freud*, publicados em oito volumes pela International Universities Press, entre os anos 1974-1981.

3.2 A passagem do problema inicial para o problema universal

Ainda que Freud tenha traçado as linhas gerais do desenvolvimento emocional do ponto de vista da psicanálise, o que fez com base no que pôde apreender da observação de seus pacientes adultos neuróticos, pode-se dizer que sua proposta encontra ao menos dois tipos de críticas: primeiro, o fato de que esta compreensão teria sido feita a partir da observação de situações marcadas pelas patologias e, segundo, que o que ele propôs era uma compreensão muito parcial, com imensas lacunas na compreensão teórica e descritiva de cada uma das fases do processo que leva à organização psíquica.

Uma teoria psicanalítica do desenvolvimento emocional precisaria, por um lado, fornecer uma descrição e uma compreensão do que ocorre nos processos saudáveis. Anna Freud reconhece claramente este problema:

> *aqueles que se propõem a ir na direção sugerida, em direção à norma, se deparam com a realidade de que o conhecimento analítico a respeito do desenvolvimento infantil normal é muito mais escasso do que se imagina. Há, certamente, uma riqueza de fatos singulares (ou únicos) explicitados atualmente pela psicanálise: a sequência de estágios libidianais como um precursor normal da sexualidade madura; a legitimidade do narcisismo como um precursor e adjunto do objeto de amor; os estágios do desenvolvimento do ego com seus mecanismos, funções e conteúdos; os estágios do impulso agressivo; o impacto geral da relação primordial mãe-bebê, etc.*[7]

7 A. Freud 1973, p. 61.

Havia, pois, muito a ser feito a partir do esboço ou intuição inicial de Freud, com a proposta das fases do desenvolvimento indicadas nos *Três ensaios sobre a sexualidade*, ainda que os trabalhos de outros analistas (especialmente Karl Abraham e Sándor Ferenczi) tenham ampliado significativamente o que Freud esboçou. Nesse sentido, e este é o segundo ponto das críticas feitas a essa perspectiva de Freud, mesmo que o estudo do desenvolvimento emocional dos neuróticos tivesse oferecido certa compreensão do que seria o desenvolvimento saudável, havia lacunas significativas a serem preenchidas para que tivéssemos uma teoria plena do desenvolvimento emocional. Diz Anna Freud, nesse sentido, também ciente desta limitação:

> *Mesmo assim, estas aquisições, como produtos da análise psicoterapêutica, são mais ou menos fatos isolados, não totalmente relacionados uns com os outros. Além disso, eles são globais e não circunstanciais, abrangendo, assim como as fases libidinais, por exemplo, períodos tão longos quanto um ano ou mais. Por estas razões, eles não satisfazem nossa necessidade de um quadro ordenado e detalhado do crescimento da personalidade integrada da criança.*[8]

De 1941 a 1945, Anna Freud e Dorothy Burlingham foram encarregadas (pela Organização Americana do Plano de Pais Adotivos para Crianças da Guerra) de cuidar de três berçários residenciais, para crianças que tinham perdido os pais, ou que não podiam ser cuidadas pelos pais por causa da guerra. Seus relatórios – *War and children* (1943) e *Infants without families: report on the Hampstead nurseries* (1944) – analisam as necessidades psicológicas dessas

8 A. Freud 1973, p. 62.

crianças e o que seus cuidadores precisam oferecer. Anna Freud, em especial, focou sua atenção na análise do desenvolvimento no *apego das crianças aos pais*,[9] bem como no impacto da separação das crianças de seus pais, no que se refere ao desenvolvimento do ego e do superego destas. Esse trabalho forneceu um dos primeiros resumos do que ocorre no primeiro ano de vida,[10] apontando os

---

9 Palombo diz: "Também contido nesses relatórios está um dos primeiros resumos do desenvolvimento das relações durante o primeiro ano de vida; descrevendo como um bebê desenvolve um apego à mãe, que serve como padrão para relacionamentos posteriores. . . . Os relatórios pressagiam o trabalho posterior de Bowlby sobre o apego" (Palombo et al. 2010, p. 65). Creio que há aqui um erro conceitual, nessa aproximação de Anna Freud (referindo-se ao apego descrito por ela nas situações da infância) com John Bowlby (e sua compreensão do que é o apego, proposta pela primeira vez em 1958, "A natureza da ligação da criança com sua mãe", referindo-se a um comportamento cuja origem está num elemento biológico constitutivo da espécie, colocado em função da sobrevivência desta), dado que Anna Freud se oporá à tese de que há, ontologicamente falando, um impulso para o apego (como fundamento da espécie), o que colocaria a teoria das pulsões como um fenômeno secundário. Parece-me epistemológica, histórica e conceitualmente mais correto afirmar que Bowlby redescreveu o que Anna Freud descreveu como apego (na relação bebê-mãe), inserindo a descrição empírica, feita por A. Freud, noutro contexto epistemológico (o apego como um comportamento advindo da herança da evolução das espécies, numa perspectiva etológica) que não é a de Freud e de A. Freud. Ou seja, uma coisa é a descrição de um fato empírico (relacional) denominado *apego*; outra é a consideração de que há comportamentos (ou impulso para eles) que seriam padrões de comportamento específicos da espécie, instintivos e ativados a serviço da sobrevivência, também denomináveis de *apego*. O termo "apego", numa e noutra perspectiva, não tem o mesmo referente, ainda que o referente empírico-descritivo (primeiro sentido supramencionado) possa ser englobado no referente do conceito darwiniamo-etológico de *apego* (segundo sentido supramencionado).

10 Os trabalhos de René Spitz foram apoiados, em grande medida, nos de Anna Freud. Spitz, focado no problema do hospitalismo (crianças separadas dos pais e deixadas em hospitais por longo tempo), dedicou-se a analisar e descrever o desenvolvimento infantil no primeiro e segundo anos de vida, articulando essa perspectiva de Sigmund e Anna Freud com outros aportes

modos de relação que um bebê estabelece com a mãe e como esses *modos* podem ser constituídos como padrões para relacionamentos posteriores, o que levará Anna Freud à compreensão do que é o desenvolvimento afetivo normal:

> *Em geral, esses relatórios contribuíram para fornecer uma maior compreensão do que uma criança precisa desenvolver normalmente. Eles também serviram de base para a teoria detalhada do desenvolvimento de Anna Freud sobre a catexia da criança [o investimento libidinal] em objetos e o papel que o investimento no objeto desempenha no desenvolvimento cognitivo e emocional da personalidade.*[11]

Esta era, então, a tarefa ou proposta de universalização da compreensão dos problemas que Anna Freud encontrara no seu trabalho (seja na tarefa de educar, seja na de cuidar de crianças): a consolidação uma teoria plena do desenvolvimento, tendo como referência o que ocorre na normalidade ou na saúde.

Sua vida foi dedicada, por assim dizer, à consolidação da teoria psicanalítica do desenvolvimento:

> *Após os anos de guerra, Anna Freud ganhou cada vez mais reconhecimento internacional por suas contri-*

---

teóricos (as contribuições de Maria Montessori, e as descobertas da embriologia do seu tempo), bem como um conjunto de observações empíricas objetivamente estabelecidas e interpretadas, mostrando como a criança desenvolve a sua relação com objetos investidos libidinalmente. A análise de suas contribuições, reconhecidas como de acordo e em harmonia com as de Anna Freud, seria objeto de um outro texto que não este, no qual me ocupo de caracterizar a proposta de Anna Freud.

11 Palombo et al. 2010, p. 65.

> *buições para a psicanálise e para a compreensão das necessidades psicológicas das crianças. Em 1952, após a morte de sua mãe, abriu a Clínica Hampstead, que dirigiu até sua aposentadoria. Os pacientes da Clínica Hampstead inspiraram-na a elaborar novas ideias sobre patologia do desenvolvimento. Ela criou um perfil de diagnóstico que foi uma inovação para os psicanalistas. Em 1965, publicou seu livro* Normality and pathology in childhood: assessment of development. *Este descreve de forma abrangente seu ponto de vista do desenvolvimento, incluindo sua ideia de múltiplas linhas de desenvolvimento e sua distinção entre desenvolvimento normal e patológico. Em 1982, Anna Freud sofreu um acidente vascular cerebral. Ela viveu de forma silenciosa nos últimos meses até morrer em 9 de outubro de 1982, aos 87 anos. A Clínica Hampstead acabaria por ser renomeada como o Centro Anna Freud.*[12]

Em 2011, Malberg e Raphael-Leff publicaram uma coletânea com 37 capítulos, *The Anna Freudp tradition: lines of development. Evolution of theory and ractice over the decades*, analisando o pensamento de Anna Freud, seus desenvolvimentos e suas aplicações, tendo em foco os trabalhos ainda hoje em desenvolvimento no Anna Freud National Centre for Children and Families (http://www.annafreud.org); e, em 2012, Rick Midgley publicou *Reading Anna Freud*, analisando a importância ainda atual de suas contribuições.

Midgley comenta essa característica estrutural das contribuições de Anna Freud:

---

12 Palombo et al. 2010, pp. 66-67.

> *Com este trabalho, Anna Freud foi a primeira a trazer uma perspectiva verdadeiramente desenvolvimentista à psicanálise, antecipando e cunhando o termo agora tão amplamente usado de "Psicopatologia do desenvolvimento". Via sua investigação do processo de desenvolvimento, Anna Freud ajudou a transformar a psicanálise "de uma disciplina médica, que se preocupava com doenças, para uma disciplina que estava preocupada com o ambiente saudável, favorável e necessário para o desenvolvimento normal da criança".*[13] *Como disse Anna Freud (embora ela nunca enfatize sua própria originalidade), se a "teoria metapsicológica" foi o coroamento da psicanálise clássica, as descobertas da psicanálise de crianças "pode adicionar a isto algo novo, uma orientada teoria psicanalítica do desenvolvimento da psicologia infantil":*[14] *"Como analistas de criança, podemos, assim, adquirir uma perspectiva sobre [o desenvolvimento médio], o chamado normal, como um pano de fundo sobre o qual pode ser avaliada a Psicopatologia Infantil, enquanto que nas análises de adultos nossos vislumbres de normalidade são vistos sempre e no contexto das manifestações psicopatológicas".*[15,16]

Cabe, ainda, ressaltar o fato de que Anna Freud não construiu sua proposta sozinha, nem mesmo corresponde apenas a um aprofundamento das concepções de seu pai, mas que sua compreensão do desenvolvimento emocional foi uma construção feita tanto nas

---

13 Argelander 1983, p. 40.

14 A. Freud 1978, p. 100.

15 A. Freud 1975, p. X.

16 Midgley 2012, p. 200.

suas experiências e trabalhos clínicos e educacionais como daquilo que pôde apreender de diversos colegas analistas de seu tempo, que também abordaram a questão do desenvolvimento do ponto de vista da psicanálise:

> *Anna Freud foi especialmente influenciada, por exemplo, pelos trabalhos de Spitz (1965) sobre o primeiro ano de vida e o desenvolvimento das relações de objeto, e pelos trabalhos de Mahler sobre os primeiros anos da criança e o processo de separação-individuação (1975), ambos incorporando estudos empíricos de estágios específicos do desenvolvimento com as ideias psicanalíticas. Mas Anna Freud foi cautelosa no que se refere à ênfase que cada um deles deu aos estágios específicos do desenvolvimento (sejan infantis, sejan mais tardios) como centrais para o desenvolvimento da saúde ou doença mental. Ela também se inspirou no trabalho mais teórico de Heinz Hartmann (1939), que apresentou a ideia de que a psicanálise poderia contribuir tanto para a compreensão do desenvolvimento normal quanto do desviante, centrando-se no processo de adaptação, embora ela, mais uma vez, tenha rejeitado o foco específico dado a apenas um aspecto do desenvolvimento – adaptação – considerando um amplo leque determinantes dos processos de desenvolvimento.*[17]

17 Midgley 2012, p. 131.

3.3 O modelo ontológico, modelo de homem, que serve de referência

Anna Freud pensa no quadro da metapsicologia freudiana, marcada pelas distinções do que ficou conhecido como o modelo estrutural da mente, a saber: um aparelho psíquico, subdividido em três partes ou instâncias (Id, Ego, SuperEgo), impulsionado pelas forças estruturais fundamentais que impulsionam a vida psíquica (pulsão de vida e pulsão de morte).

Estamos totalmente no quadro da ontologia freudiana, que concebe o homem, ou melhor, a vida da alma, como um objeto natural, um ente da natureza, que pode ser explicado pelos mesmos tipos de causas (forças num ponto de vista dinâmico) que determinam a objetos da natureza. Freud afirma claramente que a grande contribuição da psicanálise ao mundo foi ter conseguido tratar (compreender) o homem, no que se refere à sua vida emocional (vida da alma), tomando-a como um objeto da natureza: "o espírito e a alma são objetos da pesquisa científica, exatamente da mesma maneira que não importa qual coisa estrangeira ao homem. . . . Sua grande contribuição [da psicanálise] à ciência consiste justamente na extensão da pesquisa ao domínio anímico"[18].

Mais ainda, ao caracterizar as principais variáveis a serem consideradas para explicar e descrever o funcionamento da vida psicoemocional, ele diz:

> *A hipótese de processos anímicos inconscientes, o reconhecimento da doutrina da resistência e do recalcamento, o valor dado à sexualidade e ao complexo de Édipo são os conteúdos principais da psicanálise e os*

18 S. Freud 1933a, p. 159.

> *fundamentos de sua teoria, e quem não está à altura de subscrever a todos não deveria se contar entre os psicanalistas.*[19]

Esses são os fenômenos a serem considerados no processo de desenvolvimento e organização da vida psíquica.

Em 1915, no primeiro dos textos dedicados à metapsicologia, ele ressalta qual é o conceito básico fundamental que está na base do pensamento psicanalítico: "Um tal conceito fundamental convencional, provisoriamente ainda muito obscuro, mas que nós não podemos dispensar em psicologia, é o de pulsão".[20] Esse (*Trieb*, pulsão) conceito corresponde à causa primeira e fundamental, que impulsiona a vida da alma, anterior à qual nenhuma causa anterior deve ser procurada. Ela é, por um lado, uma *convenção* e, por outro, uma necessidade para que possamos ter uma linha causal completa que explique os fenômenos. Nesse texto de 1915, Freud apresenta essa *ideia abstrata* e procura preencher o seu conteúdo com uma série de analogias, mas ciente de que está supondo uma *entidade mítica*,[21] e não um conceito empírico com um referente objetivo na realidade fenomênica.[22]

---

19 S. Freud 1923a, p. 247.

20 S. Freud 1915c, p. 117. Cf. também Fulgencio (2003, 2005) para uma análise da natureza e função do conceito de *Trieb* na obra de Freud.

21 Diz Freud: "As pulsões são seres míticos, grandiosos na sua indeterminação. Nós não podemos, em nosso trabalho, abstrair delas um só instante, todavia nós jamais estamos seguros de vê-las distintamente" (S. Freud 1933a, p. 95); "Talvez você tenha a impressão de que nossas teorias são um tipo de mitologia, no caso presente uma mitologia que nem mesmo é agradável. Mas toda ciência da natureza não volta a um tal tipo de mitologia? Acontece, hoje, de maneira diferente para você, na física?" (S. Freud 1933b, p. 212).

22 Cf. Fulgencio 2003, 2005.

Nesse contexto, o conceito de *aparelho psíquico* – como um modo analógico (*como se*) de referir-se à maneira como pode se compreender a vida psíquica, a organização da vida psíquica – corresponde a uma suposição (ontológica e ôntica) fundamental, ainda que hipotética. Freud estava ciente desses aspectos epistemológicos de sua proposta, tanto que, no início do primeiro capítulo do seu *Compêndio de psicanálise*, intitulado "Aparelho psíquico", ele afirma: "A psicanálise supõe um postulado fundamental que pertence à filosofia discutir, mas cujos resultados justificam o valor".[23] Mais à frente, ele reitera a importância e a utilidade operativa da sua especulação:

> *Admitindo a existência de um aparelho psíquico com extensão espacial, composto por parte adaptadas a seus papéis, desenvolvido pela necessidade da existência e produzindo os fenômenos da consciência somente num ponto particular e dentro de certas condições, nós estamos à altura de estabelecer a psicologia sobre bases análogas às de todas as outras ciências, da física, por exemplo. No nosso domínio científico, como em todos os outros, trata-se de descobrir atrás das propriedades (as qualidades) diretamente percebidos dos objetos, alguma outra coisa que depende menos das particularidades de nossos órgãos sensoriais e que se aproxima sobretudo daquilo que supõe-se ser o estado de coisas real. Certamente, nós não esperamos atingir este último, pois nós somos evidentemente obrigados a traduzir todas as nossas deduções na mesma linguagem das nossas percepções, desvantagem da qual nos é impossível*

23 S. Freud 1940a, p. 144.

> *nos liberar. Mas é justamente aí que se reconhecem a natureza e a limitação de nossa ciência.*[24]

Freud nos deu dois modelos para a compreensão da organização desse aparelho, ambos construídos em função de seu poder heurístico de explicar os fenômenos: o primeiro, apresentado inicialmente no Capítulo 7 da *Interpretação dos sonhos*, em que o psiquismo é composto de três sistemas (Ics, Pcs-cs e a Cs) impulsionados por um par de forças básicas (pulsões de autoconservação e pulsões sexuais), adequado para a compreensão das neuroses; o segundo, proposto em 1920 e 1923,[25] para resolver problemas que o primeiro modelo se mostra inadequado para descrever (as psicoses, sadismo-masoquismo, hipocondria, compulsão a repetição etc.), no qual o aparelho psíquico é composto por outras três instâncias (Id, Ego, Superego) impulsionadas por um par mais amplo de forças psíquicas (as pulsões de vida e a de morte).

É nesse contexto e com essa ontologia que Anna Freud procura descrever o desenvolvimento normal. Ela se refere claramente a esse quadro estrutural da segunda tópica freudiana (para a compreensão da organização e funcionamento do aparelho psíquico) como o seu propósito, sempre articulando os processos (fenômenos) referidos ao desenvolvimento da vida instintual (ou do id) com o desenvolvimento do ego (ou da organização da vida psíquica em termos de um eu), considerando Id e Ego conceitos metapsicológicos (que têm certos conteúdos empíricos, mas que são pensados enquanto supostas instâncias de um suposto aparelho). Trata-se, para ela, de articular o desenvolvimento da vida instintual (pulsional) com o desenvolvimento-organização da unidade do sujeito psicológico, responsável pela ação do indivíduo no mundo,

---

24 S. Freud 1940a, pp. 195-196.

25 S. Freud 1920g, 1923b.

o Ego, referindo-os às fases do desenvolvimento da vida libidinal: "O que estamos procurando são as interações básicas entre o id e o ego e seus vários níveis de desenvolvimento, como também as sequências relacionadas à idade das crianças que, em importância, frequência e regularidade, são comparáveis com a sequência maturacional ou gradual dos estágios libidinais, como desdobramento das funções do ego".[26]

3.4 Descrição crítica das variáveis teóricas e empíricas que são operadores de observação, sistematização e explicação dos fenômenos

Uma das grandes contribuições de Anna Freud, no sentido da consolidação da teoria do desenvolvimento da sexualidade como uma teoria que pudesse apresentar, teórica e descritivamente, o que ocorre no desenvolvimento normal, completando as diversas lacunas deixadas em aberto pelos esforços iniciais de seu pai, foi a proposta de analisar o desenvolvimento focando em diversos de seus aspectos, um de cada vez, dado que as propostas de fases (oral, anal, fálica, genital adulta) eram por demais amplas e genéricas, abarcando períodos de tempo muito extenso e, por isso, um pouco obscuras quanto a uma descrição mais precisa dos acontecimentos específicos do desenvolvimento.

É nesse sentido que ela considera que o desenvolvimento deve ser pensado de maneira mais específica e mais detalhada do que a que encontramos nos *Três ensaios*. É necessário que sejam focados certos aspectos do desenvolvimento – sem desconsiderar as fases cronologicamente descritas por Freud (oral, anal, falida, genital adulta) – que poderiam, então, fornecer descrições não só mais

26 A. Freud 1965a, p. 63.

precisas e mais objetivas, mas também mais operativas e mais úteis para a compreensão e ação sobre o desenvolvimento emocional da criança. Ela propõe, então, que sejam consideradas diversas *linhas do desenvolvimento*, que são como focos temáticos específicos de preocupação fenomenológica. Elas delimitam um determinado tipo de problema, um determinado tipo de organização e de modo de ser e relacionar-se do ser humano, ao longo do tempo, mostrando como estes se constituem e que conquistas e dinâmicas estão aí envolvidas. Para Anna Freud, esta é uma maneira de focar um tema de cada vez no processo de desenvolvimento (complexo demais para ser compreendido de um único ponto de vista ou, ainda, agrupando tudo que ocorre numa única fase e sua dinâmica correspondente): "Longe de serem abstrações teóricas, as linhas de desenvolvimento, no sentido aqui utilizado, são realidades históricas que, quando reunidas, transmitem um quadro convincente das realizações pessoais de uma criança individual ou, por outro lado, de suas falhas no desenvolvimento da personalidade".[27]

Anna Freud percebeu que a caracterização de fases (muito longas) como referidas a uma única (ou hegemônica) dinâmica no processo de desenvolvimento emocional era uma formulação um tanto quanto grosseira e míope, dado que não atendia à necessidade de especificar dinâmicas mais sutis que poderiam, estas sim, servir como parâmetro descritivo mais preciso, a partir do que seria possível agir sobre os fenômenos.[28]

A sua proposta de pensar em linhas do desenvolvimento, focada em fenômenos específicos do processo de desenvolvimento e organização da vida psicoafetiva, vem, pois, ampliar teórica e

27 A. Freud 1965a, p. 64.

28 Esta percepção crítica, avaliando como míope a inclusão numa única fase de uma multiplicidade significativa de fenômenos, também pode ser aplicada ao que Erikson e Mahler propuseram.

fenomenologicamente os processos do desenvolvimento, apenas esboçados por Freud. Além disso, com a proposta de pensar linhas do desenvolvimento, ela também ultrapassa outro problema, que diz respeito à rigidez da cronologia das fases, dado que estas cronologias não são adequadas para a descrição de *todos* os fenômenos.

Anna Freud dedicou-se, assim, a analisar diversas dessas linhas, tomando o cuidado de apresentar, em primeiro lugar, uma delas como um *modelo* a ser seguido para o estudo das outras. É nesse sentido que ela considerou, como protótipo deste tipo de compreensão teórico-descritiva, a linha do desenvolvimento que vai *da dependência à autoconfiança emocional e da dependência às relações com objetos externos (na vida adulta)*.

Podemos também indicar aqui as principais linhas destacadas por ela: do aleitamento à alimentação racional; da falta de controle higiênico (molhar-se, sujar-se, esvaziar a bexiga etc.) ao seu controle; da irresponsabilidade para a responsabilidade consigo e com o outro; do egocentrismo à preocupação com os outros; do corpo para o brinquedo e do brincar para o trabalho.[29]

Em termos gerais, no entanto, afora o foco no Ego e a proposta de linhas do desenvolvimento (que apontam claramente as questões das relações de dependência inicial da criança em relação a seu meio), a sua proposta de desenvolvimento permanece no quadro da teoria do desenvolvimento da sexualidade. Trata-se de uma *teoria do desenvolvimento do ego*, impulsionada pelas pressões instintuais. Cabe, no entanto, ressaltar que Anna Freud não só pôde aprofundar de maneira considerável a descrição dos diversos processos que ocorrem no desenvolvimento da vida emocional-relacional do ser humano, como também esteve atenta e procurou

29 Podemos destacar dois artigos centrais (A. Freud 1963, 1965a) ocupando-se da análise dos aspectos gerais dessas linhas.

incorporar, na compreensão desses processos, algumas das descobertas feitas por outros psicanalistas, como Spitz, Klein, Mahler, Bowlby e Winnicott, entre outros de seu tempo.

3.5 As fases que constituem a teoria do desenvolvimento como um sistema integrado

O ponto de partida de Anna Freud são as fases do desenvolvimento libidinal, tal como Freud as enunciou nos *Três ensaios*. Cabe lembrar que a teoria do desenvolvimento da sexualidade é descrita em referência à noção de relação de objeto, ou seja, trata-se, por um lado, de compreender os *tipos* de objetos com os quais o ser humano, progressivamente, se relaciona (*autoerótico*, *narcísico*, *homossexual* e *heterossexual*) e, por outro, compreender os modos como se relaciona com esses objetos (*oral*, *anal*, *fálico*, *genital adulto*). Trata-se, para ela, de compreender esse progresso associando-o às idades cronológicas do desenvolvimento. Nessa perspectiva, Freud e a psicanálise, até aquele momento, teriam indicado duas grandes perspectivas do desenvolvimento: uma que diz respeito aos modos como os objetos são investidos sexual ou libidinalmente (ou seja, os impulsos amorosos), e outra que se relaciona aos impulsos destrutivos ou agressivos em relação aos objetos.

> *No que se refere ao desenvolvimento do instinto sexual* [pulsão sexual], *por exemplo, possuímos a sequência de fases libidinais (oral, anal, fálica, período de latência, pré-adolescência, genitalidade adolescente) que, apesar de sobreposições consideráveis, correspondem aproximadamente a idades específicas. Com relação ao instinto agressivo já somos menos precisos e geralmente nos contentamos em correlacionar as expressões agressivas*

específicas com as fases libidinais específicas do desenvolvimento (como morder, cuspir, devorar com oralidade; torturar sádico, bater, chutar, destruir com analidade; arrogância, [impulso para] dominar, comportamento enérgico na fase fálica; desconsideração, crueldade mental, explosões dissociais na adolescência, etc.).[30]

Essas duas linhas (dos impulsos amorosos e dos agressivos) são necessariamente articulados com outros aspectos ou conquistas do desenvolvimento: a da organização e constituição do ego, a da constituição da moral (superego) e a do desenvolvimento da inteligência ou da cognição.

Este quadro inicial mostra o contexto e a moldura dos fenômenos que devem e precisam ser descritos no processo de desenvolvimento normal, ainda que, reconhece Anna Freud, as indicações feitas por S. Freud mostrassem também que estamos ante fenômenos muito complexos, que necessitavam, ainda, de um trabalho complementar significativo para que pudéssemos ter uma compreensão mais clara do processo de formação e organização da vida psíquica: "Sem dúvida, precisamos de mais para que nossas avaliações dessas escalas de desenvolvimento selecionadas sejam válidas não só para partes isoladas da personalidade da criança, mas para sua totalidade".[31]

Nessa direção, Anna Freud está procurando descrever como a vida pulsional (sexual e/ou instintiva) é administrada pelo ego no quadro das relações de objeto. É interessante notar que ela introduz temas até então não abordados diretamente, como os da dependência emocional completa do bebê e sua progressiva conquista de autonomia até a relativa independência do adulto (foco de análise

30 A. Freud 1965a, pp. 62-63.

31 A. Freud 1965a, p. 63.

muito enfatizado por Winnicott), a questão da imaturidade em direção à maturidade, a questão da possibilidade ou impossibilidade de cuidado de si mesmo (tanto em termos alimentares como de higiene), a questão do individualismo e da vida social, dos jogos e do brincar infantil e a expressão dessas dinâmicas na vida adulta etc. Todos esses aspectos do desenvolvimento passam a ser objetos de focos de análise específicos, objetivando fenômenos que deveriam, então, ser mais bem e mais detalhadamente descritos, referidos aos modos como as três instâncias do modelo estrutural da mente (Id, ego, Superego) se articulariam entre si, bem como em sua relação com o meio ambiente: "Seja qual for o nível alcançado por qualquer criança em qualquer um desses aspectos, isto representa os resultados da interação entre o desenvolvimento do ego e do superego e sua reação às influências ambientais, ou seja, entre a maturação, a adaptação e a estruturação".[32]

Esses focos de análise específicos, delimitando fenômenos e processos, Anna Freud caracterizou como as *linhas do desenvolvimento*. Elas são propostas de análise e de estudos temáticos para a descrição e compreensão dos fenômenos que caracterizam o desenvolvimento emocional; mais do que um instrumento didático – conforme as *construções auxiliares especulativas* propostas por Freud (como a de aparelho psíquico ou pulsão) –, elas correspondem a modos de apreensão da realidade fenomênica.

Para dar um exemplo objetivo que possibilite compreender o procedimento epistemológico, metodológico e descritivo proposto por Anna Freud, apresentaremos uma dessas linhas, aquela que foi considerada pela própria autora protótipo dessa perspectiva, a linha que vai *da dependência à "autoconfiança emocional" e à conquista da possibilidade de estabelecer relações com objetos do tipo em que os objetos são pessoas*. Diz Anna Freud sobre essa linha: "Esta

32 A. Freud 1965a, p. 64.

é a sequência que leva da 'total dependência do recém-nascido do cuidado materno' à autoconfiança emocional e material do jovem adulto – uma sequência para a qual os estágios sucessivos do desenvolvimento da libido (oral, anal, fálico) fornecem apenas a base inata, maturacional".[33]

O material factual que fundamenta e dá referência descritiva para essa descrição foi obtido de duas maneiras: por um lado, corresponde àquilo que pode ser observado na análise (tratamento pelo método psicanalítico) de adultos e crianças; e, por outro, de avaliações de situações "naturais ou espontâneas" nas quais bebês e crianças puderam ser observados. Anna Freud apresenta a seguinte sequência de dinâmicas, fenômenos e conquistas, para caracterizar o processo de desenvolvimento, incluindo na sua proposta a articulação daquilo que outros psicanalistas teriam compreendido sobre estes momentos do desenvolvimento:

> *(1) A unidade biológica entre o casal mãe-criança, com o narcisismo da mãe se estendendo para a criança, e a criança incluindo a mãe em seu "ambiente narcísico" (Hoffer, 1952) interno, com o período total sendo depois subdivido (segundo Margaret Mahler, 1952) nas fases autista, simbiótica e de separação-individuação, com significativos pontos de perigo para distúrbios de desenvolvimento em cada fase;*
>
> *(2) A relação anaclítica de objeto parcial (Melanie Klein), ou de satisfação da necessidade, que se baseia na urgência das necessidades do corpo da criança, gera derivativos e é intermitente e flutuante, uma vez que a*

33 A. Freud 1965a, pp. 63-64.

catexia é feita sob o impacto de desejos imperativos e também retirada quando a satisfação é atingida;

(3) O estágio de constância do objeto, que permite que seja mantida uma imagem interior positiva do objeto, independentemente da satisfação ou insatisfação;

(4) A relação ambivalente do estágio pré-edipiano, anal-sádico, caracterizado pelas atitudes do ego de agarrar, torturar, dominar e controlar os objetos do amor;

(5) A fase centrada completamente no objeto, fálica-edipiana, caracterizada pela possessividade da criança em relação aos pais dirigida ao sexo oposto (ou vice-versa), e o ciúme e a rivalidade em relação aos pais dirigida ao mesmo sexo, com atitudes de proteção, curiosidade, ofertas de admiração e comportamentos exibicionistas; em meninas, um relacionamento fálico-edipiano (masculino) com a mãe que antecede a relação edipiana com o pai;

(6) O período de latência, ou seja, a diminuição pós-edipiana da urgência instintual e a transferência da libido das figuras dos pais para contemporâneos, grupos comunitários, professores, líderes, ideais impessoais e interesses sublimados, de alvo inibido, com manifestações de fantasia evidenciando a desilusão e o menosprezo pelos pais ("romance familiar", fantasias conjugadas, etc.);

(7) O prelúdio pré-adolescente da "revolta adolescente", ou seja, um retorno às atitudes e comportamentos primitivos, principalmente do tipo das relações de objeto parcial, satisfação de necessidade e ambivalência;

> *(8) A batalha adolescente sobre a negação, reversão, afrouxamento e perda do laço com os objetos infantis, defesa contra a prégenitalidade e, por fim, estabelecendo a supremacia genital, com a catexia libidinal sendo transferida para os objetos do sexo oposto, externos à família.*[34]

Apresentando, agora, essa linha em termos mais sintéticos ou esquemáticos, com a indicação de sua cronologia temporal, distinção dos estágios específicos do desenvolvimento e de suas dinâmicas gerais correlatas, teríamos:

Quadro 3.1 – Estágios específicos do desenvolvimento e suas dinâmicas gerais correlatas

ESTÁGIOS	LINHA DO DESENVOLVIMENTO Da dependência à autonomia emocional e às relações de objetos adultos.
1: 0-7 meses	Este é um período durante o qual existe uma unidade biológica entre a mãe e o bebê.
2: 7-15 meses	Estágio anaclítico; a relação entre crianças e seus cuidadores é de dependência.
3: 15-30 meses	Início da constância do objeto.
4: 30-48 meses	Os sentimentos positivos e negativos das crianças se concentram na mesma pessoa e essa capacidade se torna notável para os outros.
5: 4-7 anos	Esta etapa inclui o estágio fálico-edípico.
6: 7-11 anos	O período de latência.
7: 11-13 anos	"O prelúdio pré-adolescente para a revolta adolescente".
8: 13-18 anos	Adolescência.

34 A. Freud 1965a, pp. 64-65.

* * *

Tendo descrito uma dessas linhas, caberia, agora, nos dedicarmos às outras indicadas por Anna Freud, se nosso objetivo fosse apresentar os resultados de seus esforços tanto descritivos como teóricos. Não é este o meu objetivo, e sim traçar o quadro geral que caracteriza essa perspectiva, bastando, pois, agora, apenas indicar quais seriam essas linhas, marcando seus percursos desenvolvimentistas, a saber, as linhas que vão, pois:

1. da unidade biológica com a mãe para a revolta da adolescência contra a influência dos pais;
2. do ser alimentado para a alimentação racional;
3. do se molhar e sujar-se para o controle do intestino e da bexiga;
4. dos modos físicos para os modos mentais de descarga;
5. dos objetos animados para os inanimados;
6. da irresponsabilidade à culpa.

Além disso, estaríamos também incumbidos da tarefa de articular as diversas propostas de compreensão da vida emocional do ponto de vista da psicanálise, articulando-as com a proposta de construção de uma teoria psicanalítica plena do desenvolvimento emocional, aqui, especificamente, colocando Anna Freud como autor e perspectiva no quadro da qual outras propostas seriam integradas, como, segundo algumas referências feitas por Anna Freud: Bowlby (1960), Mahler (1952), Spitz (1959), Alpert (1959), James (1960), Winnicott (1955). A essas referências, apenas indicativas, feitas por ela, deveríamos, evidentemente, acrescentar outras, de outros psicanalistas que estariam em consonância descritiva, fenomenológica e teórica com ela. No entanto, isso deverá fazer parte de outro foco de análise dos problemas relativos às teorias psicanalíticas do desenvolvimento

3.6 *Matriz analítica para uma visão da teoria do desenvolvimento do ponto de vista de Anna Freud*

Neste item de síntese, pretendo retomar o quadro de nossa matriz analítica, para que possamos ter uma visão geral sistêmica de sua proposta:

Quadro 3.2 – Matriz analítica para uma visão da teoria do desenvolvimento do ponto de vista de Anna Freud

MATRIZ	ANNA FREUD
1. Problema básico	Educação, crianças traumatizadas pela guerra; Psicoterapia psicanalítica de crianças.
2. Problema universal	Compreensão do desenvolvimento normal, tendo como quadro a teoria estrutural da mente (segunda tópica: id, ego, superego), acrescido da consideração das relações com o ambiente
3. Ontologia	Por um lado, a mesma considerada por Freud (como se o homem fosse um aparelho psíquico movido por forças e energias), com uma ênfase na teoria estrutural da mente, expressa na segunda tópica (id, ego, superego).
4. Fundamentos operativos	Os mesmos já indicados por Freud (inconsciente, recalque, sexualidade infantil, Édipo, transferência, resistência) além da ênfase na questão da constituição do Ego, as pressões do Id, as exigências do superego; acrescente-se aí a preocupação com fenômenos como a dependência emociona inicial, seguindo para uma conquista de autonomia, a maturidade e imaturidade do indivíduo, a possibilidade de cuidar de si mesmo, o individualismo, a vida social, a moral, o brincar infantil e adulto.

5. Método	Clínico (pelo método de tratamento psicanalítico); Observação de crianças em situações naturais e/ou espontâneas (escolas, instituições etc.).
6. Fases (cronologia, dinâmica)	Desenvolvimento também pensado em termos das relações de Objeto (tipos: autoerótico, narcísico, homossexual, heterossexual; dinâmicas: oral, anal, fálica, genital adulta), acrescido de focos de análise com as linhas do desenvolvimento (cujo protótipo está na linha que vai da "dependência à autonomia emocional e às relações de objetos adultos"). Outras linhas: • da unidade biológica com a mãe para a revolta da adolescência contra a influência dos pais; • do ser alimentado para a alimentação racional; • do se molhar e sujar-se para o controle do intestino e da bexiga; • dos modos físicos para os modos mentais de descarga; • dos objetos animados para os inanimados; • da irresponsabilidade à culpa.

3.7 Avaliação crítica

A psicanálise nasceu e tem sua razão de ser na sua validade heurística associada à prática clínica, ou seja, como um método de tratamento psicoterápico. Nesse sentido, toda teoria psicanalítica do desenvolvimento tem, necessariamente, de contribuir para a compreensão das psicopatologias, suas gêneses, dinâmicas que explicitam os modos de ser e de se relacionar dos pacientes, bem como, aspecto fundamental, qual a direção do processo de cura.

Por um lado, a obra de Anna Freud fornece um aprofundamento dessas informações e descrições do processo de constituição dos indivíduos, seja na normalidade, seja nas patologias. Por outro, reconhecendo também as preocupações de Anna Freud com a atividade educativa (nas escolas) e seus esforços em compreender (e poder agir sobre) os efeitos da guerra (privações infantis dos mais diversos tipos) no desenvolvimento de certas crianças, a sua teoria do desenvolvimento ultrapassa claramente os limites clínicos (ou psicoterápicos) da teoria psicanalítica, sendo útil tanto para a educação como para atividades de assistência social e de medicina (psiquiatria) preventiva, por assim dizer.

Em primeiro lugar, cabe notar que Anna Freud, apesar de manter-se no quadro paradigmático da psicanálise como Freud estabeleceu, não deu ênfase aos aspectos especulativos (metapsicológicos)[35] dessa perspectiva. A sua maneira de referir-se à vida instintual e aos modos de organizar interna da vida psíquica privilegia muito mais os aspectos descritivos dos conceitos metapsicológicos do que seus aspectos especulativos. É nesse sentido que ela se refere: à vida instintual, mais do que às pulsões; aos modos de funcionamento da mente associada a seus interesses funcionais, referindo ao Ego, Id e Superego, muito mais do que a instâncias de um suposto aparelho psíquico; a fenômenos como a dependência, autonomia, imaturidade, relações com os objetos, a moral, o jogar da criança e do adulto, as relações adultas interpessoais etc. Nesse sentido, a sua teoria do desenvolvimento, ainda que construída sobre a metapsicologia, oferece descrições objetivas e não tanto especulativos sobre o processo de desenvolvimento.

Peter Fonagy, no capítulo "Teoria psicanalítica do desenvolvimento", do *Compêndio de psicanálise* (2005), comenta a importância pioneira de Anna Freud para a consolidação da teoria psicanalítica como uma teoria plena do desenvolvimento:

35 A noção de *Trieb* (pulsões, como forças psíquicas), a de libido como energia psíquica, a de aparelho psíquico e suas instâncias (ou sistemas: Id, Ego, Superego). Cf. Fulgencio, Simanke, Imbasciati & Girard 2018, para uma compreensão mais detalhada do que é a natureza, função e futuro da metapsicologia na psicanálise.

> *Anna Freud também foi uma pioneira na identificação da importância de um equilíbrio entre processos de desenvolvimento e a primeira psicanalista a adotar uma perspectiva de desenvolvimento coerente, utilizando a metáfora das linhas de desenvolvimento para enfatizar a continuidade e o caráter cumulativo do desenvolvimento infantil.*[36]

É também nessa direção de valorização das contribuições de Anna Freud que Peter Fonagy salienta a noção de linhas do desenvolvimento numa concepção que coloca em evidência os processos progressivos e regressivos dos indivíduos, descrevendo modos de funcionamento pessoal e relacional que estes podem acionar (num processo de idas e vindas) a fim de retomar e facilitar o desenvolvimento:

> *Existem dois principais motivos para valorizar a noção de linhas de desenvolvimento. Primeiro, o conceito oferece uma avaliação da etapa de maturação emocional da criança junto aos sintomas psiquiátricos; segundo, a irregularidade do desenvolvimento pode ser considerada como um fator de risco para perturbações psiquiátricas, e assim as linhas de desenvolvimento possuem significado etiológico. O problema de uma criança pode ser compreendido em termos de uma parada ou de regressão ao longo de uma determinada linha de desenvolvimento.*[37]

---

36 Fonagy 2005, p. 146.

37 Fonagy 2005, p. 146.

Essa adesão de Anna Freud à concepção estrutural da mente (id, ego, superego) também será considerada como uma limitação de seu ponto de vista:

> *A insistência de Anna Freud no uso literal do modelo estrutural das pulsões de seu pai limita a utilidade de seu modelo. Ela considerava o equilíbrio entre id, ego e superego fixação pulsional entre outros, como os aspectos mais científicos da contribuição de seu pai e relutou em abandoná-los. Por outro lado, sua revisão do modelo estrutural está oculta por trás de sua modéstia em relação ao significado de suas inovações.*[38]

Um dos aspectos mais importantes das contribuições de Anna Freud talvez seja o fato de que a sua proposta de compreensão do desenvolvimento fornece um instrumento útil para diversos campos de ação e cuidado do ser humano, para além das delimitações que um ou outro saber (psicanalistas, médicos, enfermeiros, educadores etc.) estabelece:

> *Um dos maiores obstáculos para melhorar a vida das crianças, acreditava Anna Freud, era o fato de que o treinamento para aqueles que trabalham com jovens era (e ainda é) muito fragmentado. Já em 1952, ela lamentou o fato de que "com a divisão atual entre ensino profissional, enfermagem, trabalho de orientação infantil, análise infantil e pediatria, há pouca ou mesmo nenhuma chance para que o trabalhador possa exercer sua função, mesmo no papel de observador, em um dos outros serviços para crianças [diferente do que foi*

38 Fonagy 2005, p. 146.

> *treinado]" (A. Freud 1952, pp. 260-261). Quando falava sobre esse trabalho em hospitais, ela revindicava um "treinamento duplo", o qual poderia ajudar aqueles que cuidam do corpo e da mente de crianças doentes (Bergmann & Freud 1965); para aqueles que trabalham nas escolas, ela reivindicava uma conscientização sobre as questões de desenvolvimento, para que pudessem fazer julgamentos informados sobre quais expectativas razoáveis eles poderiam ter das crianças, bem como saber a diferença entre uma regressão temporária e uma perturbação grave em desenvolvimento (A. Freud 1979). Ela reivindicava um treinamento para as pessoas que trabalhavam com crianças, que ajudaria a desenvolver habilidades para observar e oferecer uma "base sólida sobre os fundamentos de uma psicologia infantil do desenvolvimento" (A. Freud 1965b, p. 435). A psicanálise, acreditava ela, poderia contribuir significativamente para o que considerava necessário: um treinamento para "especialistas em crianças", cujo conhecimento seria transversal às tradicionais disciplinas acadêmicas e profissionais.*[39]

No momento atual, em que as obras de outros psicanalistas desenvolvimentistas têm sido colocadas em relevo (como Bowlby, Winnicott, Stern), talvez não tenha sido dada uma atenção mais acentuada e explícita a quanto das teorias atuais está apoiado no que foram as suas descobertas, ainda que seu trabalho tenha constituído um centro importante, e atual, de pesquisas.

---

39 Midgley 2012, pp. 202-203.

3.8 Referências

Obras completas de Anna Freud

Freud, Anna. *The writings of Anna Freud* (8 volumes). New York: International Universities Press, 1974-1981.

Volume l: *Introduction to psychoanalysis: lectures for child analysts and teachers* (1922-1935).

Volume 2: *The ego and the mechanisms of defense* (1936).

Volume 3: *Infants without families: reports on the Hampstead nurseries* (1939-1945).

Volume 4: *Indications for child analysis and other papers* (1945).

Volume 5: *Research at the Hampstead Child-Therapy Clinic and other papers* (1956-1965).

Volume 6: *Normality and pathology in childhood: assessment of development* (1965).

Volume 7: *Problems of psychoanalytic training, diagnosis, and the technique of therapy* (1966-1970).

Volume 8: *Psychoanalytic psychology of normal development* (1970-1980).

Bibliografia geral

Alpert, A. (1959). Reversibility of pathological fixations associated with maternal deprivation in infancy. *The Psychoanalytic Study of the Child, 14*, 169-185.

Argelander, H. (1983). Memorial tribute. *Bulletin of the Hampstead Clinic, 6*(1), 35-43.

Bergmann, T., & Freud, Anna. (1965). *Children in the hospital*. New York: International Universities Press.

Bowlby, John. (1960). Separation anxiety. *International Journal of Psycho-Analysis, 41*, 89-113.

Fonagy, Peter. (2005). Teoria psicanalítica do desenvolvimento. In: E. S. Person, A. M. Cooper & G. O. Gabbard (Eds.). *Compêndio de psicanálise* (pp. 143-156). Porto Alegre: Artes Médicas., 2007.

Freud, Anna. (1962). Assessment of childhood disturbances. *The Psychoanalytic Study of the Child, 17*, 149-158.

Freud, Anna. (1963). The concepts od developmental lines. *The Psychoanalytic Study of the Child, 18*, 245-265.

Freud, Anna. (1965a). The assessment of normality in childhood. *The writings of Anna Freud* (Vol. 6, pp. 54-107). New York: International Press.

Freud, Anna. (1965b). Children in the hospital. *The writings of Anna Freud* (Vol. 5, pp. 419-435). New York: International Universities Press, 1969.

Freud, Anna. (1968 [1952]). The role of bodily ilness in the mental life of children. *The writings of Anna Freud* (Vol. 4, pp. 260-279). New York: International Universities Press.

Freud, Anna. (1974 [1973]). A psychoanalytical view of developmental psychopathologiy. *The writings of Anna Freud* (Vol. 8, pp. 57-74). New York: International Press.

Freud, Anna. (1975). *Foreword studies in child psychoanalysis. Monograph series of psychonalytic study of the child*. New Haven, CT: Yale University Press.

Freud, Anna. (1978). The principal task of child analysis. *The writings of Anna Freud* (Vol. 8, pp. 96-109). New York: International Universities Press, 1981.

Freud, Anna. (1979). Child analysis as the study of mental growth, normal and abnormal. *The writings of Anna Freud* (Vol. 8, pp. 119-136). New York: International Universities Press, 1981.

Freud, S. (1953-1974). *The Standard Edition of the Complete Psychological Works of Sigmund Freud* – SE (12 vols.). London: Hogarth Press.

Freud, S. (1900a). *The interpretation of dreams*. SE 4 e 5.

Freud, S. (1915c). *Instincts and their vicissitudes*. SE 14.

Freud, S. (1920g). *Beyond the pleasure principle*. SE 18.

Freud, S. (1923a). *Two encyclopaedia articles*. SE 18.

Freud, S. (1923b). *The ego and the id*. SE 19.

Freud, S. (1933a). *New introductory lectures on psycho-analysis*. SE 22.

Freud, S. (1940a). *An outline of psycho-analysis*. SE 23.

Fulgencio, Leopoldo. (2003). As especulações metapsicológicas de Freud. *Revista de Filosofia e Psicanálise Natureza Humana*, *5*(1), 127-164.

Fulgencio, Leopoldo. (2005). Freud's metapsychological speculations. *International Journal of Psychoanalysis, 86*(1), 99-123.

Fulgencio, L., Simanke, R., Imbasciati, A., & Girard, M. (Eds.). (2018). *A bruxa metapsicologia e seus destinos*. São Paulo: Blucher.

Heller, P. (1992). *Anna Freud's letters to Eva Rosenfeld*. Connecticut: International Universities Press.

Hoffer, W. (1952). The mutual influences in the development of ego and id: earliest stages. *The Psychoanalytic Study of the Child, 7*, 31-41.

James, Martin. (1960). Premature ego development: some observation upon disturbances in the first three years of life. *International Journal of Psycho-Analysis, 41*, 288-294.

Mahler, Margareth S. (1952). On child psychosis and schizophrenia: autistic and symbiotic infantile psychoses. *The Psychoanalytic Study of the Child, 7*, 286-305.

Malberg , Norka T., & Raphael-Leff, Joan (Eds.). (2011). *The Anna Freud tradition: lines of development. Evolution of theory and practice over the decades*. London: Karnac Books.

Midgley, Nick. (2012). *Reading Anna Freud*. London: Routledge.

Palombo, Joseph, Bendicsen, Harold K., & Koch, Barry J. (2010). Chapter 3. Anna Freud (1895-1982). *Guide to Psychoanalytic Developmental Theories* (pp. 61-80). New York: Springer.

Spitz, René Arpad. (1945). Hospitalism – An inquiry into the genesis of psychiatric conditions in early childhood. *Psychoanalytic Study of the Child, 1*, 53-74.

Spitz, René Arpad. (1954). Infantile depression and the general adaptation syndrome. In P. H. Hoch & J. Zubin (Eds.), *Depression*. New York: Grune and Stratton.

Spitz, René Arpad. (1957). *No and yes*. New York: International Universities Press.

Spitz, René Arpad. (1959). *A genetic field theory of ego formation*. New York: International University Press.

Spitz, René Arpad. (1965). *The first year of life: a psychoanalytic study of nomal and deviant developmemt of object relations*. New York: International University Press.

Winnicott, Donald Woods. (1955). Metapsychological and clinical aspects of regression within the psychoanalytical set-up. *International Journal of Psycho-Analysis*, 16-26.

Young-Breuhl, E. (1988). *Anna Freud: A biography*. New York: Summit Books.

4. A teoria do desenvolvimento das relações de objeto e da organização do Ego do ponto de vista de René Spitz

Neste capítulo, apresentarei as contribuições de René Spitz para a compreensão de uma teoria psicanalítica do desenvolvimento, acentuando o fato de que suas contribuições advieram tanto de apreensões clínicas como de observações objetivas da situação de bebês em regime de hospitalização.

Sabemos que grande parte das teorias atuais do desenvolvimento constrói suas propostas assentadas e fundadas em métodos de apreensão objetiva dos fatos. Nem sempre as contribuições advindas da clínica (subjetivas) e as advindas das informações objetivamente apreendidas são colocadas em comunhão, podendo contribuir para o desenvolvimento do campo das ciências do desenvolvimento. Como comentou Daniel Stern, a apreensão objetiva dos fatos não consegue fornecer uma compreensão global sistêmica do desenvolvimento, enquanto a apreensão subjetiva não consegue fornecer as realidades descritivas mais objetivas dos fatos, o que exigiria algum tipo de comunhão entre essas perspectivas: "o infante da clínica sopra vida subjetiva na criança observada".[1]

---

1 Stern 1985, p. 11.

Neste sentido, este livro e cada um dos seus capítulos, que podem ser usados separadamente (e, por isso, comportam algumas repetições que explicitam sua proposta no início de cada capítulo), têm dois objetivos que se complementam: por um lado, explicitar como os psicanalistas entendem o desenvolvimento emocional, seja em termos teóricos, seja em termos descritivo-fenomenológicos; e, por outro, tendo feito esta apresentação de forma sistemática, organizada e padronizada, poder levar as contribuições dos psicanalistas para o campo das ciências ou teoria do desenvolvimento, mostrando que os dados apreendidos pelo método clínico-subjetivo da psicanálise podem se articular, estimular e comunicar-se com os dados apreendidos pelos métodos de observação objetiva de outras perspectivas teóricas desenvolvimentistas. Cada um dos capítulos deste livro mostra uma possibilidade de comunicação, uma ponte nos seus alicerces e na sua pavimentação, mas que ainda precisará ser preenchida com as efetivas comunicações e diálogos entre as teorias que podem, agora, usar esta ponte.

* * *

René Spitz (1887-1974) contribuiu de forma decisiva para compreendermos os processos de desenvolvimento emocional das crianças no seu período inicial, do primeiro ao segundo ano de vida, oferecendo não apenas dados clínicos advindos do tratamento psicanalítico de pacientes adultos, mas um amplo conjunto de dados e compreensões advindas da observação objetiva de bebês e crianças. Ele demonstrou empírica e teoricamente tanto a situação de imaturidade (biológica e psíquica, cognitiva e emocional) do bebê como as condições e as necessidades de dependência que este tem da mãe e do ambiente familiar, mostrando como se desenvolvem as relações com o outro e como o próprio EU se organiza, pouco a pouco, partindo de uma situação de indiferenciação com a mãe até a possibilidade de relacionar-se com objetos apreendidos como externos a ela. A sua teoria do desenvolvimento, também conhecida como uma *psicologia genética*, pode ser considerada uma teoria do desenvolvimento dos modos como o bebê e a criança dependem da constância afetiva de seus cuidadores e dos modos como ela, pouco a pouco, constitui o EU ou a unidade do sujeito psicológico, ou ainda, numa linguagem mais técnica, própria à semântica psicanalítica, sua proposta é a de uma *teoria do desenvolvimento das relações de objeto* ou, então, uma *teoria do desenvolvimento do Ego*.

Pode-se considerar que Spitz forneceu material (empírico e teórico) que possibilitou consolidar e dar valor mais objetivo e prático às intuições e suposições de Sigmund Freud sobre o desenvolvimento primitivo infantil. Suas contribuições estão construídas no quadro da metapsicologia e da semântica freudiana, ainda que tenham acrescentado a estas conhecimentos advindos de outras áreas do conhecimento (como os aportes de Maria Montesouri e os das neurociências da sua época).

Por um lado, Spitz mostrou, com provas empíricas, os profundos distúrbios que acometem os bebês quando privados severamente de contato afetivo nas fases mais primitivas do desenvolvimento, o que contribuiu para que pudesse teorizar e descrever como ocorre, do ponto de vista da psicanálise, o processo que leva à organização da vida psíquica, da constituição do Eu e dos investimentos afetivos no mundo, principalmente nos seus momentos iniciais (dois primeiros anos). Sua maneira semântico-teórica de pensar e de se referir a esses processos é expressa em termos do desenvolvimento das relações de objeto (relações do bebê com o mundo, com o outro) no que concerne aos investimentos afetivos ou, em termos mais sintéticos, *desenvolvimento do objeto libidinal*.

Por outro, mantendo-se no campo semântico-teórico da psicanálise, também foi alvo da mesma desconfiança vivida em relação à teoria psicanalítica (a metapsicologia psicanalítica), em função de esta ter sido construída a partir dos dados subjetivos obtidos pelos tratamentos clínicos (ou seja, dependentes da subjetividade do paciente e do analista).

É surpreendente que os manuais de teoria do desenvolvimento,[2] em geral, não se referiam às suas contribuições.

Procurarei, no que se segue, fazer uma apresentação crítica das suas contribuições, seguindo minha matriz de análise histórico-crítica, procurando mostrar: a) como ele foi levado, a partir dos efeitos do desamparo infantil em crianças hospitalizadas ou em orfanatos (separadas, pois, de seus pais), a se colocar na tarefa de compreender e descrever como ocorre o desenvolvimento emocional saudável nos dois primeiros anos de vida; b) de que ponto de vista e de que maneira ele procurou apreender essa realidade do processo de desenvolvimento e qual é, então, a sua perspectiva teórica, na qual se articulam concepções da psicanálise com as de outras perspectivas do saber (a perspectiva educacional de Maria Montessori e os avanços feitos pela embriologia de sua época); c) o modelo ontológico de homem que lhe serve de referência; d) suas principais contribuições, teóricas e descritivas, no que se refere a este período do desenvolvimento, seja focado no desenvolvimento das relações de objeto, seja quanto aos organizadores do psiquismo (ou organizadores do ego).

Não se trata de reapresentar todas as suas contribuições, e sim de estabelecer um quadro ou uma perspectiva de análise e compreensão de suas propostas, procurando inseri-la no quadro das teorias psicanalíticas do desenvolvimento e no campo mais amplo das teorias do desenvolvimento em geral.

---

2 Cf., por exemplo, Boyd & Bee 2011; Crain 2000; Hopkins, Barr, Michel & Rochat 2005; Lerner 1976; Miller 1989; Papalia & Feldman 2012; Steinberg 2011; Thomas 2005.

Isso configura e preenche uma matriz de análise histórico-crítica-descritiva para a compreensão das diversas teorias psicanalíticas do desenvolvimento, de maneira que, estabelecendo o mesmo conjunto de elementos (teóricos e empíricos) de referência, seria possível ter uma visão geral mais propícia para o entendimento e para a comunicação entre as diversas propostas, seja em termos teóricos, seja em termos fenomenológicos. Como aponto em cada capítulo deste livro, essa matriz é composta pelos seguintes elementos-perguntas:

1. qual é o problema empírico inicial que serviu de base, problema e referência para a pesquisa e a necessidade da elaboração de uma teoria do desenvolvimento?
2. qual é a perspectiva universal que se amplia a partir do problema inicial e que fornece o foco e a tonalidade da teoria do desenvolvimento formulada e descrita?
3. qual é o modelo ontológico presente na base da teoria proposta?
4. quais as variáveis e/ou parâmetros são utilizados para a descrição, compreensão e explicação dos fenômenos nessa perspectiva?
5. qual é o método usado nessa perspectiva, para observação, pesquisa e descrição dos fenômenos do desenvolvimento?
6. quais e como são as fases do desenvolvimento, suas dinâmicas, tarefas, conquistas, inclusive datadas em termos cronológicos?
7. que avaliação crítica é feita ou pode ser feita desta perspectiva, ou seja, qual seu valor heurístico?

4.1 Do hospitalismo ao desenvolvimento normal das relações de objeto

René Arpad Spitz (1887-1974), vindo de uma família judaico-húngara, formou-se em medicina na Universidade de Budapeste, em 1910. Aconselhado por Sándor Ferenczi, procurou Freud, em 1911, e acabou por se tornar psicanalista, sendo o primeiro a se formar com o uso do que ficou conhecido como a "análise didática", conduzida pelo próprio Freud. Homem de princípios éticos e intelectuais bem fundados, serviu durante a Primeira Grande Guerra nas Forças Armadas Austríacas e, com a ascensão do nazismo, lutou contra ele e deu suporte pessoal e financeiro a muitos perseguidos, colocando-se, evidentemente, em risco. Foi membro da Sociedade Psicanalítica de Vienna (1926), sociedade que mais tarde se torna a Sociedade Germânica de Psicanálise (1930), da qual também foi membro; de 1932 a 1938, deu aula de Psicanálise e Desenvolvimento da Criança, na Escola Normal Superior, em Paris, além de proferir, nesse mesmo período, diversas conferências na Sociedade Psicanalítica de Paris. Em 1938, migrou para os Estados Unidos, tendo se estabelecido como psicanalista, primeiro em Nova York, e depois se fixou em Denver, no Colorado, onde, como comentam Roudinesco & Plon: "desenvolve suas pesquisas de medicina preventiva inspirada pelos trabalhos de Anna Freud e Maria Montesouri".[3]

Nesse cenário de preocupações científicas, dedicado à compreensão do desenvolvimento infantil, Spitz deparou-se com um problema grave: as crianças, separadas de seus pais (seja pela internação hospitalar, seja porque são colocadas num orfanato) por períodos prolongados, têm intensos sintomas de depressão e de deteriorização dos interesses pelo mundo, com diminuição do

3 Roudinesco & Plon 1998, p. 1006.

próprio tônus vital, não raro, levando-as ao óbito. Spitz percebeu que a perda do objeto amado (especialmente os pais, que são os objetos amados de referência) corresponde a uma intensa privação emocional que gera um tipo específico de depressão, à qual denominou "depressão anaclítica". Se o objeto perdido é devolvido dentro de um período de 3 a 5 meses, a recuperação é rápida; mas se a privação é mais prolongada, os sintomas são cada vez mais graves e até mesmo irreversíveis. A esse tipo de privação, comum, então, nos hospitais, ele chamou de "hospitalismo".

Além do foco nesse tipo de fenômeno, Spitz fez a observação direta de crianças (uma observação que difere, pois, da que ocorre nos consultórios de psicoterapia), construindo um método de observação experimental, organizado, objetivo e planificado. Ele chegou a gravar suas pesquisas e suas observações empíricas, apresentando-as no filme *A doença psicogênica na infância* (1952), procurando mostrar os efeitos da privação emocional e da privação materna prolongados. Nesse filme, temos cenas que sensibilizaram a sociedade, mostrando o impacto da privação sobre o desenvolvimento da criança, a ponto de Spitz ter sido criticado por expor ao mundo algo tão indigesto. Desse seu trabalho, resultou não só a compreensão desse tipo de sintoma, mas também uma série de mudanças sociais e institucionais visando atitudes profiláticas frente a essas situações e suas patologias correspondentes.

Do estudo das situações patológicas, com o conhecimento dos efeitos da privação materna em crianças no início do desenvolvimento, surgem também a possibilidade e a necessidade de descrever como é o processo normal do desenvolvimento. O próprio Spitz esclarece seu objetivo, no início de seu livro *O primeiro ano de vida*: "estudaremos essas relações recíprocas e tentaremos apreender o que acontece entre mãe e filho. Baseando-nos em observações diretas e experimentos com crianças, pretendemos apresentar nossos resultados e ideias sobre as relações objetais – início, desenvolvimento, estágios e algumas anomalias".[4]

Seu foco de atenção e objetivo é descrever como se desenvolvem as relações da criança com o mundo, com o outro, a que ele se referiu como, na esteira da semântica psicanalítica freudiana, as *relações de objeto* e, junto com este desenvolvimento, como ocorre a organização e/ou a integração do sujeito psicológico, naquilo que ele mesmo denominou, no quadro do pensamento psicanalítico, de Ego. Spitz especifica o que entende por *relações de objeto* e apresenta a sua proposta desenvolvimentista:

> *Relações objetais são relações entre um sujeito e um objeto. Em nosso caso particular, o recém-nascido é o sujeito. Como já mencionei, no início o recém-nascido está em estado de não-diferenciação. Até o momento, não pode ser demonstrada a existência de psique ou de funcionamento psíquico em recém-nascidos. De acordo com nossa definição, não há objeto nem relações objetais no universo do recém-nascido. Ambos desenvolver-se-ão progressivamente, passo a passo, no decorrer do primeiro ano, na última parte do qual o próprio objeto libidinal será estabelecido. Distingui três estágios neste desenvolvimento, que denominei:*
>
> *1. O estágio pré-objetal ou "sem objeto";*
>
> *2. O estágio do precursor do objeto;*
>
> *3. O estágio do próprio objeto libidinal.*[5]

4 Spitz 1965, p. 23.

5 Spitz 1965, pp. 32-33.

Foi nessa direção de pesquisa que ele descreveu o processo de desenvolvimento chamado normal, especialmente nos dois primeiros anos de vida, mostrando que cada período ou fase do desenvolvimento tem uma estrutura específica, resultante dos seus estados precedentes.

4.2 A perspectiva teórica: ontologia e fundamentos empíricos e teóricos

Sabemos que não há observação sem teoria prévia; esta última diz o que deve ser observado, apreendido e, depois, organizado, agrupado, e colocado em sistemas. A teoria, no seu sentido mais estrito, deveria ser nada mais do que uma apresentação sucinta da realidade, no entanto, é ela, em termos prévios (antes da observação), que possibilita que determinados fenômenos sejam vistos e apreendidos.[6]

Qual é, pois, a perspectiva teórica a partir da qual Spitz fez suas observações, descrições e compreensões do processo de desenvolvimento da criança? Ele está inserido e bem estabelecido (como também delimitado) no quadro da metapsicologia freudiana, e isso deveria ser já suficiente para estabelecer a moldura que enquadra a realidade que ele observa, mas retomarei, com mais detalhes, as caracterizações que ele mesmo fez de seus pontos de partida ou fundamentos teóricos, bem como de sua compreensão da situação inicial do bebê.

Ao caracterizar os fundamentos psicanalíticos freudianos de seu modo de pensar, Spitz diz: “Minhas considerações baseiam-se

---

6 Tanto Karl Popper (1957) como Thomas Kuhn (1970), dois dos mais importantes epistemólogos da ciência do século XX, reiteram a necessidade de, sempre, considerar este fato.

em três proposições específicas, quais sejam, as colocações de Freud: acerca da natureza da energia psíquica, acerca das sequências das fases libidinais, e sobre a formação da estrutura psíquica".[7] Ele toma, pois, como pressuposto: a) que o ser humano é como uma parelho movido por forças e energias (ambas referidas às pressões e/ou excitações advindas do corpo, expressão da vida sexual ou libidinal do ser humano); b) que o desenvolvimento do ser humano se dá em função da administração dessas pressões internas (referidas à sexualidade) associadas às relações objetais – estas, por sua vez, caracterizando os tipos de objeto (autoerótico, narcísico, homossexual e heterossexual) e os modos de relação com os objetos (oral, anal, fálico, genital adulto) – tomando essas relações, sempre, como expressão de investimentos libidinais dos indivíduos; c) que a vida psíquica – vida da alma ou, ainda, numa linguagem metapsicológica, o aparelho psíquico – está estruturada em instâncias, como as do primeiro modelo, ou primeira tópica (Ics, Pcs-Cs), ou as do segundo modelo, ou segunda tópica freudianas (Id, Ego, Superego). Sinteticamente, ele diz: "Meu próprio pensamento baseia-se no conceito que Freud tinha do recém-nascido como um organismo psicologicamente indiferenciado, nascido com um equipamento congênito e certas *Anlagen* (tendências)".[8] Nessa citação, ele afirma sua concepção do que é o início, para o bebê, em termos da sua imaturidade e impossibilidade de diferenciação entre ele e o mundo, bem como remete àquilo que seriam os motores fundamentais da existência, certas *Anlagen* (tendências), que podemos considerar como a teoria das pulsões de Freud.

Ainda nessa mesma direção – que visa esclarecer os fundamentos de seu modo de pensar e apreender a realidade do bebê, do ambiente que o sustenta, e do que impulsiona o desenvolvimento

7 Spitz 1959, p. 9.

8 Spitz 1965, pp. 23-25.

psíquico do ser humano –, quero retomar as proposições psicanalíticas estruturais que lhe servem de referência. Para ele:

1. Há dos princípios reguladores básicos do funcionamento psíquico:
    a. princípio do Nirvana (princípio de constância);
    b. princípio do prazer-desprazer.
2. Deve-se considerar haver uma divisão descritiva da psique em consciente e inconsciente.
3. A metapsicologia freudiana – com seus três pontos de vista estruturais para compreensão do modo de funcionamento geral do psiquismo – deve ser considerada um modo de apreender como a vida da alma (o psiquismo) se organiza. Ou seja, dirige-se para a observação e a compreensão do psiquismo considerando:
    a. o ponto de vista dinâmico (conflito entre forças, conflito entre pulsões);
    b. o ponto de vista econômico (há investimentos libidinais, amorosos, sexuais, nos objetos e/ou pessoas);
    c. o ponto de vista tópico, que expressa a "arquitetura" do psiquismo (numa lógica metafórica, como se o psiquismo fosse um aparelho que subdivide em instâncias): com seu primeiro modelo, ou primeira tópica (Ics, PCs, Cs), ou seu segundo modelo, ou segunda tópica (Id, Ego, SuperEgo).
4. Todos os processos têm sua origem causal localizável e descritível, o que configura, então, um ponto de vista ou uma perspectiva genética para a pesquisa e a compreensão dos fenômenos.

5. O desenvolvimento emocional é considerado impulsionado e determinado pelos investimentos libidimais no indivíduo como um todo, nas suas partes (zonas erógenas), e no outro (ou no mundo externo). Isso nada mais significa do que a aplicação do ponto de vista genético dos investimentos afetivos (libidinais) na compreensão do modo de as relações (encontros humanos) ocorrerem (ou são gerados, daí, genéticos) ou, ainda, noutros termos, no quadro de uma teoria do desenvolvimento da sexualidade. Isso implica, pois, o uso da teoria freudiana do desenvolvimento da sexualidade, considerando suas fases, compreendidas em termos dos tipos de objeto, ou dos modos de relação com os objetos investidos libidinalmente.

6. A explicação genética deve também considerar a ideia de séries complementares: na qual a etiologia das neuroses considera tanto um fator experiencial (psicológico) como um fator congênito que interagem entre si.

7. Que há, no ser humano, um constante processo adaptativo, um ponto de vista adaptativo, no qual se considera que as forças psíquicas (tendências, pulsões) devem sempre ser consideradas junto com a relação destas com o ambiente. Ele retoma uma afirmação de Rapaport & Gil (1959), nesse sentido: "O ponto de vista adaptativo requer que a explicação psicanalítica de qualquer fenômeno psicológico inclua proposições que se refiram a seu relacionamento com o ambiente".[9]

9 Cf. Spitz 1965, pp.25-28.

4.3 Principais contribuições teóricas e descritivas de René Spitz

Estou considerando que as contribuições de Spitz devem ser inseridas no quadro da teoria do desenvolvimento da sexualidade como uma teoria plena do desenvolvimento, iniciada por Freud e consolidada por Anna Freud (apoiada nos seus esforços e num amplo conjunto de pesquisas psicanalíticas sobre o desenvolvimento normal e patológico da vida emocional-relacional do ser humano). Spitz especifica o quadro de suas pesquisas e o foco dos seus interesses desenvolvimentistas no início do seu livro *O primeiro ano de vida*, referindo-se a um campo do desenvolvimento da psicanálise caracterizado por ter o Ego como foco de seu interesse: "Desde que a psicologia do ego se tornou assunto de investigação psicanalítica, o objeto libidinal tem sido um ponto de grande interesse. ... nas páginas seguintes, estudaremos essas relações recíprocas e tentaremos apreender o que acontece entre mãe e filho".[10]

O que Spitz tentou descrever é, justamente, como se dão as relações da criança com a mãe (ou mãe/ambiente) no seu início e, mais ainda, quais são as suas conquistas fundamentais pensadas em termos dos modos como ela *se relaciona* com o mundo. *Se relaciona* aqui é sinônimo de *investe libidinalmente*, dado que são os impulsos sexuais (pulsionais) os que estão na base da compreensão do que é fundamento da vida emocional e da procura de objetos. Trata-se de compreender e descrever como a criança se relaciona, como se integra ou se organiza psiquicamente, ou seja, compreender a maneira como ela pode apreender a si mesma e ao outro. Nesse sentido, Spitz pode ser considerado um psicanalista que se dedicou a descrever e teorizar o desenvolvimento das *relações de*

10 Spitz 1965, p. 23

objeto, foco central e organizador do modo de pensar de Freud sobre o que é a vida emocional, relacional, do ser humano.

É nesta direção que ele descreverá, por um lado, os estágios de desenvolvimento dos modos de estabelecer relações de objeto e, por outro, os organizadores da psique. Trata-se, agora, de destacar as dinâmicas básicas que caracterizam cada um desses estágios e cada um desses organizadores, fenômenos que se inter-relacionam e sobrepõem-se em termos de determinação recíproca, com o intuído de apontar os fenômenos (e não tanto de descrevê-los no detalhe, conforme encontramos na obra de Spitz, a qual se deve acessar para uma descrição mais ampla e detalhada).

4.4 Os estágios do desenvolvimento das relações objetais e os organizadores da psique

No início da existência pós-natal, o bebê não está, ainda, diferenciado da mãe, ele compõe com ela uma unidade (evidentemente, do ponto de vista do bebê). O bebê não pode, então, estabelecer relações de objeto, dado que não pode ainda apreender objetos como sendo externos a ele:

> *no mundo do recém-nascido não existe objeto, nem relação objetal. . . . Neste estágio o recém-nascido não consegui distinguir uma "coisa" de outra; não consegue distinguir uma coisa (externa) de seu próprio corpo e não percebe o que o rodeia como sendo separado dele mesmo. Portanto, ele também percebe o seio materno, que satisfaz suas exigências e fornece-lhe comida, como parte de si mesmo – se é que percebe*

> *o seio materno.*[11] *Além do mais, o recém-nascido em si mesmo não é diferenciado nem organizado, mesmo em aspectos fundamentais como a relação entre centros neurais distintos, de um lado, e seus órgãos efetores musculares, de outro; apenas pouquíssimas áreas privilegiadas parecem estar separadas em unidades funcionais (Tilney & Kubie 1931).*[12]

Spitz considera que, nesse início, o bebê está dedicado a sobreviver: "A maior parte do primeiro ano de vida é dedicada ao esforço de sobrevivência e à formação e elaboração dos instrumentos de adaptação necessários a esse objetivo".[13] Em termos metapsicológicos freudianos, o bebê é um organismo que funciona igual a um sistema termodinâmico que visa o menor nível de diferença de potencial possível, o menor nível energético (como diria Freud), o que Spitz enuncia compreendendo o bebê como se este funcionasse de acordo com o princípio do Nirvana, segundo o qual o objetivo do bebê (do aparelho psíquico, da vida da alma, do sujeito) é a redução de toda a atenção por uma descarga (que ocorreria com o encontro dos objetos adequados às excitações pulsionais).

O bebê tem uma série de necessidades (relacionadas à sua própria sobrevivência) e é incapaz de atendê-las sozinho. É justamente o cuidado humano (materno ou de alguém que faz esta função) que fornecerá ao bebê os objetos de que necessita para sobreviver: "O que falta a uma criança é compensado e fornecido pela mãe. Esta propicia a satisfação de todas as suas necessidades. O

---

11 Nesse momento, Spitz cita Freud, reiterando sua afirmação: "um bebê de peito não distingue ainda seu ego do mundo externo, como sendo fonte das sensações que afluem sobre ele" (S. Freud, 1930a, pp. 66 e seguintes).

12 Spitz 1965, p. 49.

13 Spitz 1965, p. 23.

resultado é uma relação complementar, uma díade".[14] A imaturidade emocional e cognitiva do bebê está, coerentemente, relacionada também com uma imaturidade do sistema nervoso, cujos desenvolvimentos criarão, pouco a pouco, a possibilidade de apreender e reconhecer objetos externos (que interessam às necessidades dos bebês) e, no futuro, constituir a possibilidade de reconhecer e relacionar-se com objetos investidos libidinalmente (ou seja, que têm interesse para o bebê ou criança). Neste momento inicial, do ponto de vista do bebê, não há objeto e estamos, pois, num estado de relações em que não há objetos,[15] daí Spitz ter caracterizado este estágio como a *fase sem objeto* (do nascimento até 10 a 12 semanas de vida).

Será a adaptação do ambiente (às necessidades do bebê) que não só tornará possível o amadurecimento das capacidades relacionais dos bebês, como também será uma catástrofe caso o bebê seja abandonado (ou parcialmente abandonado) nesse período. O reconhecimento da *depressão anaclítica*, relacionada a esse período mais inicial, mostrou como isso pode levar a um tipo de perturbação que, por vezes, torna a própria vida sem interesse.

Em termos de dinâmica de funcionamento, podemos dizer que, com o suporte da pessoa que cuida e atende as necessidades da criança (em geral, a mãe) nesse primeiro ano de vida, a criança desenvolve suas potencialidades e pode, então, tornar-se mais independente do ambiente ou dos cuidados ambientais. Spitz ocupou-se em analisar uma série de acontecimentos presentes e constituintes dos indivíduos, nesse período inicial: a) a experiência do

---

14 Spitz, 1965, p. 23.

15 Cabe, aqui, apontar o fato de que o reconhecimento deste tipo de dependência e de imaturidade inicial do bebê, que estabelece uma impossibilidade estrutural de ter relações objetais, será também reconhecido, descrito e reafirmado por Margaret Mahler, Donald Winnicott e Daniel Stern, cada um à sua maneira.

nascimento (e se esta pode ou não ser considerada uma situação ou vivência traumática); b) as primeiras reações cognitivas, as bases neurológicas do comportamento; e, c), situação fundamental, de que maneira o comportamento da criança muda em função das experiências relacionais que vivencia (a de ser cuidada, a de ser ou não atendida nas suas necessidades). Cabe ressaltar que as descrições que Spitz faz desse período advêm não só de suas concepções teóricas ou dedutivas, mas também do fato de que ele apoia suas hipóteses num amplo conjunto de observações (planejadas, estruturadas e objetivas) das diversas situações, ou momentos, que caracterizam o desenvolvimento. Note-se, por exemplo, sua postura de pesquisa no que se refere ao tema ou problema de saber se o nascimento é ou não vivido como um trauma pelo bebê:

> *Em vista do retorno periódico desta controvérsia [se o nascimento é ou não traumático], decidi realizar várias observações diretas para obter registros objetivos do comportamento de bebês, ao nascer, em seus mais amplos pormenores. Com este propósito, acompanhei e registrei cuidadosamente 35 partos realizados sem anestésicos ou sedativos. Em 29 destes casos, o comportamento do recém-nascido foi filmado durante o período de expulsão ou imediatamente após o parto. Continuamos a observar os recém-nascidos durante duas semanas seguintes e filmamos seu comportamento repetidamente durante as mamadas e também suas reações a uma série de estímulos padronizados.*
>
> *Estes registros mostram que a reação do recém-nascido ao nascer, dificilmente pode ser chamada de traumática.*[16]

16 Spitz 1965, p. 51.

Com as dinâmicas de cuidado (mãe-bebê) funcionando adequadamente, ou seja, com o bebê sendo atendido em suas necessidades e com uma constância da presença atuante destes cuidados (em geral, a mãe), ocorrem diversos desenvolvimentos tanto cognitivos como emocionais (evidentemente facilitados pelo comportamento adequado do meio), e a criança começa a ter outras capacidades, como o início do reconhecimento (perceptivo, cognitivo e afetivo) de objetos externos a ela.

No terceiro mês, ocorre um fenômeno que mostra claramente que um desenvolvimento cognitivo e emocional importante, referido às relações de objeto, está em curso: *a criança sorri intencionalmente para determinadas pessoas*:

> *No início do segundo mês, a face humana torna-se um privilegiado objeto de percepção visual, preferido a todas as outras "coisas" do ambiente do bebê. Ele investe nela sua completa e prolongada atenção. No terceiro mês, este "voltar-se para", em resposta ao estímulo da face humana, culmina em uma resposta nova, claramente definida, e específica da espécie. Nessa ocasião, o progresso da maturação física e o desenvolvimento psicológico do bebê permite-lhe coordenar pelo menos uma parte de seu equipamento somático e usá-lo para a expressão de uma experiência psicológica; ele agora responderá à face adulta com um sorriso.*[17]

O sorriso intencional corresponde a um primeiro reconhecimento de que há objetos (que interessam ao bebê) no mundo exterior; trata-se de uma passagem que altera tanto a apreensão do mundo externo como a percepção de si mesmo:

---

17 Spitz 1965, p. 89.

> *Excetuando-se o ato de o bebê seguir com os olhos a face humana no segundo mês, este sorriso é a primeira manifestação comportamental, ativa, dirigida e intencional, o primeiro indicador da transição de completa passividade do bebê para o início do comportamento ativo que, de agora em diante, desempenhará um papel cada vez mais importante.*[18]

Daí o fato de Spitz caracterizar essa fase como a que resultará, ao seu fim, no reconhecimento de objetos que têm interesse libidinal (amoroso) do bebê e que são externos a ele, a fase do *estabelecimento do objeto libidinal* (3 a 12-15 meses).

Nesse momento inicial do estabelecimento do objeto libidinal, ou fase na qual há um *precursor* do objeto libidinal com o comportamento de sorrir intencionalmente, Spitz aponta para o que considera ser uma série de conquistas do desenvolvimento:

> *a. É este o estágio no qual o bebê passa do que denominei* recepção *de estímulos vindos de dentro para a* percepção *de estímulos vindos de fora.*
>
> *b. Esta transição é possível quando o bebê atinge a capacidade de suspender temporariamente o funcionamento incondicional do princípio do prazer-desprazer, que mobiliza toda a sua atenção para os estímulos que vêm de dentro. Ele pode agora suspender esta solicitação tempo o suficiente para que a apresentação dos estímulos externos transmitidos pelo sensório possa ser investida com catexia. Em resumo, o princípio de realidade começa a funcionar.*

---

18 Spitz 1965, p. 89.

c. O fato de que o bebê é agora capaz de reconhecer a face humana e indicar isso através da reação de sorriso mostra que foram estabelecidos traços de memória. Isso significa que ocorreu uma divisão no aparelho psíquico. Chamamos suas partes constituintes de Cs., Pcs., Ics. Em outras palavras, podemos agora começar a aplicar o ponto de vista tópico.

d. Isso mostra também que o bebê se tornou capaz de deslocar cargas de catexia de uma função psíquica para outra, de um traço de memória para o seguinte. O reconhecimento do sinal gestáltico implica uma mudança de investimento da apresentação sensorial do percepto (face humana no presente) para o traço de memória do percepto equivalente (face humana percebida no passado).

e. A capacidade de transferir a catexia de um traço de memória para outro traço de memória (comparando "O que está registrado no interior como imagem, com aquilo que é percebido extremamente" [Freud 1925h]) corresponde à definição de Freud do processo do pensamento.

f. Este desenvolvimento total também marca o início de um ego rudimentar. Ocorreu uma estruturação na somatopsique. Ego e id separam-se e o ego rudimentar começa a funcionar. As ações desajeitadas, na maioria das vezes malsucedidas, ainda que manifestamente dirigidas e intencionais, que a criança começa a desempenhar são indicadores deste funcionamento. Desde o início elas servem para dominar e defender. A operação de direção do ego rudimentar reflete-se na crescente coordenação e direção da atividade muscular. Freud

> *(1923b) denominou este ego rudimentar de* ego corporal. *Isto vai tornar-se parte do que Hartmann (1939) chamou "a esfera livre de conflito do ego".*[19]

Cabe notar, nessa citação, não só o fato de que Spitz se apoia na autoridade e nas concepções de Freud, mas também que ele está anexando, articulando, essas descobertas e descrições dos fenômenos com aquilo que outros psicanalistas também estavam tentando compreender (no que se refere aos modos de organização e desenvolvimento da psique, seja em termos do desenvolvimento saudável, seja em termos patológicos ou sintomáticos).

Ainda nessa fase do estabelecimento do objeto libidinal, por volta do oitavo mês, com o desenvolvimento-amadurecimento da criança quanto às suas capacidades para estabelecer relações (o que implica, necessariamente, integrações pessoais em termos da contínua, paulatina e, ainda, não completa constituição do Ego como uma unidade separada do mundo externo), a criança começa a "estranhar" pessoas e colos de pessoas. Spitz denomina esse fenômeno de *angústia dos oito meses.* Isso significa que a criança já faz a distinção entre ela e os outros, entre os outros e eles mesmos, ou seja, ela tem a capacidade de manter internamente a representação e o reconhecimento daqueles que já conhece e, mais ainda, pode associar a essas representações certas qualidades associadas àquilo, ou àqueles, que atendem às suas necessidades. Diz Spitz, sobre esse acontecimento do processo de desenvolvimento:

> *Uma mudança decisiva no comportamento do bebê em seu relacionamento com os outros ocorre entre o sexto e o oitavo meses. Já não responderá com um sorriso quando uma visita ocasional se aproxima de seu berço,*

---

19 Spitz 1965, p. 102.

> *sorrindo ou balançando a cabeça. Por volta desta idade, a capacidade para a diferenciação perceptiva diacrítica já está bem desenvolvida. Nesse momento, a criança distingue claramente um amigo de um estranho. Se um estranho se aproxima dela, isso provocará na criança um comportamento inconfundível, característico e típico; ela apresenta intensidades variáveis de apreensão ou ansiedade e rejeita o estranho. Além disso, o comportamento individual da criança varia em torno de uma amplitude maior. Ela pode abaixar seus olhos "timidamente", pode cobri-los com as mãos, levantar o vestido para cobrir o rosto, atirar-se de bruços em seu berço e esconder o rosto nos cobertores, pode chorar ou gritar. O denominador comum é uma recusa de contato, uma rejeição, com um tom, mais ou menos carregado, de ansiedade. Podemos supor que as diferenças de comportamento individual estão de alguma forma ligadas ao clima afetivo no qual a criança foi criada? Inúmeros padrões de comportamento observáveis foram apresentados no filme* Anxiety: Its Phenomenology in the First Year of Life *(1953a). Denominei este padrão de ansiedade do oitavo mês e considero-o a primeira manifestação de ansiedade propriamente dita.*[20]

Esta conquista do processo de desenvolvimento torna possível à criança reconhecer ao outro e a si mesma, não ainda de uma maneira plena, mas de forma a ter estabelecido uma diferenciação entre ela e os outros e, com isso, ela pode, então, estabelecer relações com objetos (diferenciados) investidos libidinalmente, colocando em andamento uma série de mecanismos projetivos e introjetivos

---

20 Spitz 1965, p. 148.

que constituirão não só a sua identidade, mas como também a qualificação ou adjetivação dos outros e da realidade. Ao dar esse passo do desenvolvimento, a criança tem, agora, a capacidade de reconhecer o outro de maneira que este tem as suas singularidades específicas, os outros são também, por sua vez, diferentes entre si, o que capacita a criança não só a formar vínculos específicos, como a aprofundá-los, estabelecendo tanto a si mesma como ao outro modos de apreensão de si e do outros nas relações interpessoais. Esse é o início pleno da possibilidade de estabelecer relações de objeto, com um sujeito e um objeto separados e distintos. Spitz comenta a importância dessa conquista, referindo-se a diversos tipos de amadurecimento em andamento nesse momento:

> *Resumirei outras mudanças acarretadas pelo estabelecimento do segundo organizador [da psique, a angústia dos oito meses]:*
>
> *1. Na* esfera somática, *a mielinização das vias neurais está agora suficientemente desenvolvida para tornar possível o funcionamento diacrítico do mecanismo sensorial; para alcançar a coordenação dos órgãos efetores; para colocar os grupos de músculos do esqueleto a serviço de sequências de ação dirigida e permitir ajustamentos de postura e equilíbrio que servem como base para a ação muscular.*
>
> *2. No* sistema mental, *um número crescente de traços de memória foi armazenado, de maneira que possam ser efetuadas operações de complexidade crescente. Estas operações mentais, por sua vez, permitem o desempenho de um número crescente de sequências de ação dirigidas e cada vez mais diversificadas. A ativação de operações mentais e as sequências de ação resultantes*

> *propiciam uma das condições que tornam possível o funcionamento dos mecanismos do ego.*
>
> *3. Finalmente, na* organização psíquica, *maturação e desenvolvimento do equipamento congênito tornaram possível colocar os órgãos efetores a serviço de sequências de ações dirigidas. Estas sequências de ações permitem ao bebê descarregar tensão afetiva de uma maneira intencional, dirigida, isto é, voluntária. Estas descargas dirigidas diminuem o nível de tensões no sistema psíquico; consegue-se uma distribuição melhorada na economia psíquica, facilitando sua função reguladora e permitindo não somente uma satisfação mais eficiente das necessidades, como também a realização voluntária e dirigida da obtenção de prazer. Neste momento, a organização do ego será enriquecida a partir de várias fontes; ele torna-se estruturado e são estabelecidos limites entre ego e id, por um lado, e ego e mundo exterior, por outro. O enriquecimento do ego é atingido à medida que cada vez mais mecanismos do ego se tornam unidades em funcionamento. Esta ativação é desencadeada por trocas de ação, investidas afetivamente, entre o bebê e o nascente objeto libidinal. Na primeira infância, muito do que imprecisamente chamamos de relações objetais, ocorre nestas trocas de ação com múltiplos efeitos, entre os quais está a criação de fronteiras entre o ego e o id, entre o ego e a realidade, entre o EU* (I) *e o não-EU* (non-I)*, entre o* self *e o* nonself.[21]

Na continuidade do processo de desenvolvimento, com o advento deste segundo organizador da psique, ocorrem também

21 Spitz 1965, pp. 150-151.

outros processos ou aquisições maturacionais, entre eles, uma maior capacidade de locomoção e de interação, e o surgimento de movimentações intencionais da cabeça como "o primeiro gesto semântico do bebê", a possibilidade de imitar e de *negar*. Este é, para Spitz, o terceiro organizador da psique, a possibilidade de dizer *Não*: "O domínio do 'Não' (gesto e palavra) é um fato que tem consequências de longo alcance para o desenvolvimento mental e emocional da criança: supõe que ela adquiriu a primeira capacidade de julgamento e de negação".[22]

É sempre notável e importante comentar o fato de que Spitz procurou associar as descrições que observou no campo da psique com o desenvolvimento e/ou amadurecimento que estaria acontecendo no campo do corpo, de modo que, por exemplo, nesse caso da possibilidade de expressar-se semanticamente afirmando ou negando (o "sim" e o "não"), ele também se refere às *origens biológicas e neurológicas do meneio negativo de cabeça*, seja em termos ontogenéticos, seja filogenéticos.[23]

A capacidade de expressar *Sim e Não*, inicialmente pelo gesto, é seguida pela possibilidade de *dizer* "sim" ou "não", o que implica a aquisição da possibilidade de fazer representações discursivas (por meio do discurso, por intermédio da palavra), ainda que de forma muito inicial. Aí está aquilo que Freud teria descrito como a passagem da representação-de-coisa para a representação-por-meio-da-palavra, ou seja, o início do pensamento simbólico e da linguagem como instrumento expressivo, mas também como constituidores dos indivíduos e organizadores da vida psíquica.

É esse momento, em direção a uma ampliação dessa capacidade (simbólica, discursiva), que Spitz caracteriza como o *começo da*

22 Spitz 1965, pp. 172-173
23 Cf. Spitz 1965, pp. 174-176.

comunicação humana (a partir dos 15 meses), na qual, junto com o reconhecimento do objeto externo, há o reconhecimento de si mesmo (a unidade do sujeito psicológico, o eu ou o Ego, que vem se afirmando) e a aquisição (cada vez mais complexa) deste instrumento do pensamento e de comunicação que é a possibilidade do uso das palavras. Capacidade que amadurece e se consolida com a aquisição plena do pensamento simbólico e da linguagem, a serviço da apreensão de si mesmo e do outro, a serviço das ações e das relações inter-humanas.

O trabalho de Spitz articulou, na sua compreensão desses processos e aquisições do desenvolvimento das relações de objeto e da constituição do Ego, não só uma série extensa de observações que caracterizam dinâmicas específicas percorrendo diversos momentos do desenvolvimento, mas também a consideração do conjunto de desenvolvimentos sensório-motores, desenvolvimentos da percepção, aos quais ele se refere como os amadurecimentos do corpo, utilizando-se daquilo que a embriologia de seu tempo lhe oferecia.[24]

Com certeza, as apresentações extremamente sucintas das descobertas e dos resultados das pesquisas de Spitz, aqui retomadas, não fazem juz à variedade, à complexidade e aos detalhamentos rigorosos destes fenômenos, segundo os encontramos nos seus textos, e a apreensão e mesmo o uso operativo de suas contribuições (para a compreensão do desenvolvimento da criança) exigem que o leitor e/ou pesquisador remeta-se ao estudo mais detalhado e rigoroso da sua obra. O objetivo desta apresentação, no entanto, não é mostrar o processo de desenvolvimento psicológico em seus detalhes fenomenológicos e dinâmicos, e sim, tendo compreendido

24 Seria interessante retomar o conjunto das descrições feitas por Spitz articulando-as com as descobertas atuais das neurociências, mas não é esse o objetivo dessa exposição.

a proposta de Spitz, saber como ela se insere no quadro das teorias psicanalíticas do desenvolvimento, visando um trabalho que pretende estabelecer critérios e possibilidades de comunicação e de contribuição entre elas. Isso também possibilita que essas teorias psicanalíticas, assim compreendidas, venham a ser consideradas uma das perspectivas consistentes e úteis no quadro mais geral do campo das teorias do desenvolvimento.

Com este conjunto de esclarecimentos, trata-se, agora, no fim dessa análise, de retomar sinteticamente a matriz analítica que serve de orientadora do tipo de estudo que estou propondo, matriz que prepara (empírica e teoricamente) o material para um trabalho de comunicação analítico-crítica das diversas teorias psicanalíticas do desenvolvimento.

4.5 Matriz analítica para uma visão da teoria do desenvolvimento do ponto de vista de René Spitz

Quadro 4.1 – Matriz analítica: visão da teoria do desenvolvimento do ponto de vista de René Spitz

Matriz de análise	**René Spitz**
Problema básico	*Hospitalismo*, depressão de bebês, depressão anaclítica, Separação mãe-bebê nas fases iniciais do desenvolvimento.
Problema universal	O desenvolvimento das relações de objeto e do Ego; Os padrões do processo de desenvolvimento em função das relações de objeto e da organização ego.
Fundamentos operativos	Os mesmos estabelecidos na teoria do desenvolvimento da sexualidade, como fundamento da organização psíquica (inconsciente, recalque, sexualidade infantil, Édipo, transferência, resistência), acrescidos do reconhecimento da situação de imaturidade e de indiferenciação do recém-nascido, a importância real do ambiente (mãe), bem como a associação desses fenômenos de natureza psíquica com o amadurecimento do corpo.

Ontologia	O homem tomado como (como se o homem fosse um) aparelho psíquico movido por forças e energias; Metapsicologia: ponto de vista dinâmico (pulsões), econômico e tópico; Ponto de vista adaptativo.
Método	Clínico (pelo método de tratamento psicanalítico); Experimental (pela observação organizada de situações naturais).
Fases (cronologia, dinâmica)	Estágios do desenvolvimento das relações de objeto: 1. O estágio pré-objetal ou "sem objeto"; 2. O estágio do precursor do objeto; 3. O estágio do próprio objeto libidinal; Organizadores da psique 1. Sorriso intencional (3º mês); 2. Angústia do 8º mês; 3. O sim e o não (início no 12º-15º mês).

4.6 *Avaliação crítica*

Freud apontou claramente o fato de que a psicanálise é, ao mesmo tempo, um procedimento de investigação, um método de tratamento e uma ciência. O seu valor como método de tratamento é, pois, um de seus fundamentos. Mas o que dizer do valor das contribuições de Spitz (especialmente referidas ao bebê e à criança, do nascimento até seus 2 anos)? Pode haver tratamento psicanalítico de crianças, mas não há tratamento psicanalítico de bebês, mesmo que a compreensão psicanalítica da situação dos bebês possa ser útil para algum tipo de trabalho psicoterápico com os cuidadores dos bebês! A compreensão que Spitz fez desse período inicial, no entanto, mostrou que os bebês, necessariamente, precisam de determinados tipos de cuidado, alterando de forma significativa aquilo que se faz em relação ao ambiente necessário ao cuidado de bebês. Essas consequências em termos de medicina preventiva, no que se refere ao ambiente hospitalar para o cuidado de bebê, correspondem a um ganho profilático estabelecido, em maior ou menor grau, no mundo inteiro. Um tipo de ganho similar deveria ter ocorrido também noutras instituições de cuidado com os bebês, como abrigos e orfanatos, mas o avanço da melhoria das condições de cuidado nessas instituições ainda não teve o mesmo resultado positivo como o que houve no caso dos hospitais.

Não deveria haver prática de cuidado com crianças, nessa faixa etária do nascimento até os 2 anos, que não se apoiasse na compreensão desse período formulada e descrita por Spitz, seja esta realizada ou não do ponto de vista da compreensão que a psicanálise tem do desenvolvimento e dos determinantes do comportamento humano.

Parece também não haver dúvida que acontecimentos de valor emocional nesse período deixam marcas profundas e podem estabelecer padrões de reação ou de comportamento, e uma parte significativa dos psicólogos (para além da perspectiva psicanalítica) credita a esse período uma importância significativa no que concerne à gênese dos distúrbios psicopatológicos mais graves. As propostas de Bowlby, Mahler, Winnicott, Stern e Golse, ainda que em perspectivas díspares, concordam com essa hipótese e, cada um desses autores, à sua maneira, também se dedicou a descrever esse período. Nesse sentido, o valor descritivo daquilo que Spitz conseguiu apresentar corresponde a um material impossível de ser recusado ou, melhor, um material que forneceu um avanço de entendimento sobre o desenvolvimento.

Assim, além do evidente valor heurístico para o trabalho clínico psicoterápico de base psicanalítica, a obra de Spitz é, inegavelmente, importante e bem-sucedida no que era seu objetivo principal, o de fornecer práticas reais objetivas no campo da medicina preventiva.

Anna Freud comentou a importância e as características das contribuições de Spitz:

> *Spitz, em seu estudo sobre o primeiro ano de vida, não se contentou em mostrar o relacionamento mãe-bebê por um lado e o desenvolvimento do ego de outro, mas demonstra passo a passo todos os avanços no funcionamento egoico e a consciência é posta a serviço do processo libidinal do infante para alterar seu formato, ambos, libido e ego, interagem ao mesmo tempo com as respostas da mãe.*[25]

Spitz teve a capacidade de mostrar, descrever e teorizar – com base na teoria psicanalítica, na clínica psicanalítica, mas também apoiado numa série de observações estruturadas e bem controladas, inclusive documentadas com filmagens – um conjunto amplo, complexo e coerente do processo de desenvolvimento da vida psíquica, especialmente nos dois primeiros anos de vida. Ele colocou em evidência a situação inicial de dependência do lactente e como ele (do ponto de vista do bebê) constituía uma unidade com a mãe-ambiente, e, mais ainda, que essa dependência da mãe-ambiente constituía a base fundamental a partir da qual o desenvolvimento saudável podia ocorrer, colocando, pois, em evidência a real presença da mãe (ou quem faz as vezes da mãe) no processo de organização da vida psíquica, o que significa, para ele, no processo de organização do EU, os modos como o indivíduo estabelece relações com o outros (os objetos, a realidade externa etc.). Nessa direção, cabe ressaltar o fato de que Spitz reconheceu a importância e a determinação fundamental do ambiente no processo de organização psíquica, tirando, por assim dizer, a primazia das pulsões. Palombo comentou este aspecto de suas contribuições: "Spitz foi contra a visão predominante de que as pulsões determinam a direção do

25 A. Freud 1973, p. 62.

desenvolvimento de uma criança documentando os efeitos da privação ambiental sobre o desenvolvimento de uma criança".[26]

A sua obra é a primeira proposta de apresentação do processo de desenvolvimento emocional (ou da vida psíquica) que apresentou seus resultados (construídos e reiterados) apoiada num trabalho de observação controlada da realidade, especialmente a observação direta de bebês (que resultou, inclusive, em diversos filmes).

Nessa direção, por um lado, a sua compreensão do que ocorre nos dois primeiros anos de vida corresponde a um trabalho sempre atual e necessariamente a ser considerado em toda teoria do desenvolvimento emocional. As consequências sociais e institucionais no cuidado dos bebês e crianças muito novas foram um ganho no cuidado com a saúde que se instalaram em todos os países desenvolvidos e mesmo para além deles. Por outro, trata-se de dirigir a ele a mesma crítica feita a Freud quanto ao uso de conceitos por demais especulativos (pulsões, energia psíquica, libido, instâncias de um suposto aparelho psíquico) que jamais teriam um referente adequado na realidade fenomênica, bem como ao fato de que o modelo ontológico de Spitz é o mesmo de Freud (o homem como um ente da natureza, como se fosse um aparelho movido por forças e energias). Não obstante, a maneira como Spitz utiliza as especulações freudianas (por exemplo, id, ego, superego, catexia, libido etc.), apesar de manter essa terminologia que alguns criticam por considerá-las inadequadas para descrever os fenômenos humanos (por exemplo, George Klein e Roy Schafer), as toma não tanto como especulações, mas como conceitos que ele procura preencher com conteúdos empíricos observáveis e descritíveis empiricamente. Mais ainda, e aqui me parece encontrarmos uma contribuição que não estava bem indicada na obra de Freud, nem

26 Palombo, Bendicsen & Koch 2010, p. 91.

tão detalhada nas propostas de Anna Freud com as linhas do desenvolvimento, que se refere à caracterização da situação de imaturidade e indiferenciação do bebê e o estado de dependência deste da mãe real (mãe-ambiente, ou quem faça esta função), sem a qual não ocorre o desenvolvimento da organização da vida psíquica.

Spitz corresponde também ao primeiro psicanalista a articular, de maneira coerente e útil, descobertas da embriologia e daquilo que chamamos hoje de "neurociências", para a compreensão dos fenômenos e dinâmicas do modo de ser, estar e relacionar-se do ser humano, pensando no complexo e multifacetado processo de desenvolvimento.

Caberia perguntar por que seu nome ficou relativamente esquecido. Suponho dois fatores: primeiro, a inserção do trabalho de observação empírica controlada, em situação distinta da do *setting* analítico clássico, não agradava aos psicanalistas que (por dificuldade pessoal, falta de formação ou ainda uma convicção de que a psicanálise deveria manter-se delimitada a seu *setting* inicial) acabaram não se interessando pelo desenvolvimento de seu horizonte de trabalho e pesquisa; segundo, a diminuição de crédito e de interesse da sociedade americana pela psicanálise também acabou por afastar sua perspectiva de trabalho nas universidades e centros de pesquisa. Spitz não criou uma escola, por assim dizer, nem criou uma instituição que pudesse sediar e dar continuidade ao modo de pesquisa que ele realizou. Nessa direção, o desenvolvimento da teoria do apego de John Bowlby acabou por se sobrepor, como quadro de pesquisa, às suas propostas, talvez porque Bowlby tenha colocado o apego como algo cujo fundamento pode ser encontrado na biologia, e Spitz tenha mantido esse "motor fundamental do que busca o ser humano" como quadro da metapsicologia freudiana.

4.7 Referências

Principais livros de René Spitz

Spitz, R. A. (1959). *A genetic field theory of ego formation: its implication for pathology.* New York: International Universities Press.

Spitz, R. (1957). *No and yes: On the genesis of human communication.* New York: International Universities Press.

Spitz, R. A. (1965). *The first year of life: a psychoanalytic study of normal and deviant development of object relations.* Madison, CT: IUP, Inc.

Principais filmes de René Spitz

Spitz, R. A. (1947). *Grief, a peril in infancy.* New York: University Film Library.

Spitz, R. A. (1948a). *The smilling response.* New York: University Film Library.

Spitz, R. A. (1948b). *Autoerotism in infancy.* New York: University Film Library.

Spitz, R. A. (1953a). *Anxiety: its phenomenology in the first year of life.* New York: University Film Library.

Spitz, R. A. (1953b). *Shaping the personality.* New York: University Film Library.

Outros trabalhos importantes de René Spitz

Spitz, R. A. (1945a). Diacritic and coenesthetic organization: The psychiatric significance of a functional division of the nervous system into a sensory and emotive part. *The Psychoanalytic Review, 32*, 146-160.

Spitz, R. A. (1945b). Hospitalism: an inquiry into the genesis of psychiatric conditions in early childhood. *Psychoanalytic Study of the Child, 1*, 53-74.

Spitz, R. A. (1946). Anaclitic depression. *Psychoanalytic Study of the Child, 2*, 313-342.

Spitz, R. A. & Wolf, K.M. (1946). The smiling response: a contribution to the ontogenesis of social relations. *Genetic Psychology Monographs, 34*, 57-125.

Spitz, R. A. (1951). The psychogenic diseases in infancy – An attempt at their etiologic classification. *Psychoanalytic Study of the Child, 6*, 255-275.

Spitz, R. A. (1955). The primal cavity: a contribution to the genesis of perception and its role for psychoanalytic theory. *Psychoanalytic Study of the Child, 10*, 215-240.

Spitz, R. A. (1958). On the genesis of superego components. *Psychoanalytic Study of the Child, 13*, 375-404.

Spitz, R. A. (1961). Early prototype of ego defenses. *Journal of the American Psychoanalytic Association, 9*, 626-651.

Spitz, R. A. (1962). Autoerotism re-examined. *The Psychoanalytic Study of the Child, 17*, 283-315.

Spitz, R.A. (1964). The derailment of dialogue: stimulus overload, action cycles, and the completion gradient. *Journal of the American Psychoanalytic Association, 12*, 752-774.

Spitz, R. (1972). Bridges: on anticipation, duration, and meaning. *Journal of the American Psychoanalytic Association*, *20*, 721-735.

Literatura secundária sobre René Spitz

Emde, R. N. (1983). *Rene A. Spitz: dialogues from infancy*. New York: International Universities Press.

Emde, R. N. (1992). Individual meaning and increasing complexity: contributions of Sigmund Freud and Rene Spitz to developmental psychology. *Developmental Psychology*, *28*(3), 347-359.

Gaskill, H. S. (1976). Rene A. Spitz – 1887-1974. *Psychoanalytic Study of the Child*, *31*, 1-3.

Goliath, M. V., & Simanke, R. T. (2022). Pluralismo metodológico e interdisciplinaridade nas pesquisas psicanalíticas de René Spitz: fundamentos e estratégias. *Memorandum, 39*. doi:10.35699/1676-1669.2022.36326

Mitchell, S. A. & Black, M. (1995). *Freud and beyond: a history of modern psychoanalytic thought*. New York: Basic Books 1887.

Palombo, J. (2010). Cap. 4. René Spitz (1887–1974). Publishing Era (1945-1974). In J. Palombo, H. K. Bendicsen & B. J. Koch (pp. 81-94). *Guide to Psychoanalytic Developmental Theories*. New York: Springer.

Steele, B. F. (1975). Rene A. Spitz, M.D. 1887-1974. *Psychoanalytic Quarterly 44*, 3-4.

Bibliografia geral

Boyd, D., & Bee, H. (2011). *A criança em crescimento*. Porto Alegre: Artes Médicas.

Crain, W. (2000). *Theories of development. Concepts and applications*. New York: Prentice Hall, 2011.

Freud, A. (1973). A psychoanalytical view of developmental psychopathologiy. In: *The writings of Anna Freud* (Vol. VIII, pp. 57-74). New York: International Press.

Freud, S. (1953-1974). *The Standard Edition of the Complete Psychological Works of Sigmund Freud* – SE (12 vols.). London: Hogarth Press.

Freud, S. (1925h). Negation. SE 19.

Freud, S. (1923b). *The ego and the id*. SE 19.

Freud, S. (1930a). Civilization and its discontents. SE 21.

Hartmann, H. (1939). *Ego psychology and the Problem of Adaptation*. New York: International University Press, 1958.

Hopkins, B., Barr, R. G., Michel, G. F., & Rochat, P. (Eds.). (2005). *The Cambridge encyclopedia of child development*. New York: Cambridge University Press.

Kuhn, T. S. (1970). *A estrutura das revoluções científicas*. São Paulo: Perspectiva, 1975.

Lerner, R. M. (1976). *Concepts and theories of human development*. New York: Lawrence Erlbaum Associates.

Miller, P. H. (1989). *Theories of developmental psychology* (5. ed.). New York: Worth Publishers.

Palombo, J., Bendicsen, H. K., & Koch, B. J. (2010). Chapter 4. Rene Spitz (1887-1974). In *Guide to psychoanalytic developmental theories* (pp. 81-94). New York: Springer.

Papalia, D. E., & Feldman, R. D. (2012). *Desenvolvimento humano* (12. ed.). Porto Alegre: McGrawHill e Artmed, 2015.

Popper, K. R. (1957). Ciência: conjecturas e refutações. In *Conjecturas e refutações*. Brasília: Universidade de Brasília.

Rapaport, D., & Gill, M. (1959). The points of view and assumptions of metapsycholog. *International Journal of Psychoanalysis, 40.*

Roudinesco, E., & Plon, M. (1998). *Dicionário de psicanálise.* Rio de Janeiro: Jorge Zahar Editor.

Spitz, R. A. (1959). *A formação do Ego: uma teoria genética e de campo.* São Paulo: Martins Fontes, 1979.

Spitz, R. A. (1965). *O primeiro ano de vida.* São Paulo: Matins Fontes, 1979.

Steinberg, L. B., Marc, H.; Vandell, D. L.; Rook, K. S. (2011). *Lifespan development. infance throught adulthood.* USA: Wadsworth.

Thomas, R. M. (2005). *Comparing theories of child development.* USA: Thomson Wadsworth.

Tilney, F., & Kubie, L. S. (1931). Behavior and its relation to the development of brain. *Bulletin of the Neurological Institute of New York, I*(1).

5. A teoria do desenvolvimento psicossocial de Erik Erikson

Neste capítulo, apresentarei a teoria do desenvolvimento psicossocial de Erik Erikson, como, por um lado, a ampliação da teoria da sexualidade (esboçada por Sigmund Freud e consolidada por Anna Freud) com a inclusão das determinações sociais, numa crítica a uma visão freudiana por demais centrada no indivíduo (e no seu mundo interno); e, por outro, realizando uma mudança terminológica significativa, usando termos mais próximos e mais de acordo com os fenômenos propriamente humanos (e não, como fez Freud, referindo-se a uma terminologia biológica, como apreende-se quando se refere às fases oral, anal e genital). Cabe, ainda, ressaltar o fato de que Erikson retira seus dados tanto da sua prática clínica como de seus estudos e observações antropológicas e biográficas.

Sabemos que grande parte das teorias atuais do desenvolvimento constrói suas propostas assentadas e fundadas em métodos de apreensão objetiva dos fatos. Nem sempre as contribuições advindas da clínica (subjetivas) ou das observações antropológicas e biográficas e as informações advindas das informações objetivamente apreendidas são colocadas em comunhão, podendo contribuir para o desenvolvimento do campo das ciências do desenvolvimento. Como comentou Daniel Stern, a apreensão objetiva dos fatos não consegue fornecer uma compreensão global sistêmica do desenvolvimento, enquanto a apreensão subjetiva não conseguiria fornecer as realidades descritivas mais objetivas dos fatos, o que exigiria algum tipo de comunhão entre essas perspectivas: "o infante da clínica sopra vida subjetiva na criança observada".[1]

Neste sentido, este livro e cada um dos seus capítulos, que podem ser usados separadamente (e, por isso, comportam algumas repetições que explicitam sua proposta no início de cada capítulo) têm dois objetivos que se complementam: por um lado, explicitar como os psicanalistas entendem o desenvolvimento emocional, seja em termos teóricos, seja em termos descritivo-fenomenológicos; e, por outro, tendo feito esta apresentação de forma sistemática, organizada e padronizada, poder levar as contribuições dos psicanalistas para o campo das ciências ou teoria do desenvolvimento, mostrando que os dados apreendidos pelo método clínico-subjetivo da psicanálise podem se articular, estimular e comunicar-se com os dados apreendidos pelos métodos de observação objetiva de outras perspectivas teórica desenvolvimentistas. Cada um dos capítulos deste livro mostra uma possibilidade de comunicação, uma ponte nos seus alicerces e na sua pavimentação, mas que ainda precisará ser preenchida com as efetivas comunicações e diálogos entre as teorias que podem, agora, usar esta ponte.

* * *

Nos manuais de psicologia do desenvolvimento, Erik Erikson tem sido caracterizado como aquele que ofereceu a segunda opção de uma perspectiva psicanalítica para compreensão do

1 Stern 1985, p. 11.

desenvolvimento emocional,[2] a primeira sendo a intuição inicial apresentada por Freud nos seus *Três ensaios sobre a sexualidade* e, mais tarde, consolidada como uma teoria plena do desenvolvimento, por Anna Freud. Erikson teria reformulado esta perspectiva freudiana, ainda que se apoiando nela, acrescentado-lhes a consideração das determinações sócio-culturais e redescrevendo as fases do desenvolvimento não mais em termos análogos a funcionamentos biológicos (oral, anal, genital infantil, genital adulta), mas em termos de conflitos (crises) existenciais relacionais descrevendo-as e teorizando-as numa linguagem que se refere a fenômenos propriamente humanos (como segurança, insegurança, confiança, autonomia, vergonha, culpa, posição ativa na realização das coisas, sentimento de inferioridade, identidade, crise, intimidade, isolamento, estagnação, desespero, integridade). Daí a sua teoria poder ser caracterizada como uma teoria psicossocial do desenvolvimento, como uma teoria construída numa semântica mais adequada aos fenômenos, experiências e vivências humanas (sem recurso a analogias com a biologia ou a sistemas termodinâmicos, como os que temos na natureza) e, nesse sentido, uma teoria psicanalítica humanista do processo de desenvolvimento emocional.

A sua proposta de compreensão do desenvolvimento busca ultrapassar o que ele considera uma limitação da proposta freudiana (o fato de pensar o indivíduo por demais separado do seu meio), com a inserção das determinações socioculturais que constituiriam a organização dos indivíduos, nas diversas formas de organização histórico-culturais.

Vamos retomar, a seguir, seu modo de compreender o desenvolvimento, para, ao fim, tecermos algumas considerações críticas

---

2 Cf. por exemplo, Boyd & Bee 2011; Crain 2000; Hopkins, Barr, Michel & Rochat 2005; Lerner 1976; Miller 1989; Papalia & Feldman 2012; Steinberg 2011; Thomas 2005.

sobre sua proposta e seu valor heurístico. Seguindo como método o uso de uma matriz de análise histórico-crítica, que temos aplicado a todas as teorias do desenvolvimento, dedicar-nos-emos a colocar em evidência:

1. o problema empírico inicial que serviu de base e o problema a ser explicado pelo autor;
2. a perspectiva mais universal, derivada do problema singular inicial que se amplia da compreensão de problemas iniciais aos problemas mais gerais, levando à necessidade de construir uma teoria do desenvolvimento;
3. as variáveis e/ou os parâmetros utilizados para a descrição, compreensão e explicação dos fenômenos e dinâmicas do processo do desenvolvimento, respeitando-se sua sequência temporal;
4. o modelo ontológico de homem considerado;
5. o método (ou os métodos) usado para elaborar essa construção teórica e essa descrição empírica;
6. as fases do desenvolvimento assim propostas, suas dinâmicas, tarefas, conquistas etc.;
7. e, por fim, uma avaliação crítica referindo a proposta ao quadro das teorias do desenvolvimento.

Esse modo de compreender a proposta de desenvolvimento de Erik Erikson permitirá uma visão geral do desenvolvimento emocional passível de colocação em diálogo com outras perspectiva, bem como uma apreensão empírico-descritiva desse processo e de suas dinâmicas.

5.1 Dos problemas empíricos ao problema universal

Há um tipo de problema ou questão que permeia a vida de Erikson, presente e elaborada também na sua teoria do desenvolvimento, que é o problema da constituição da identidade, da filiação, da inserção e da pertinência a determinado grupo social, a uma pátria etc., enquanto um fenômeno conflituoso que estaria presente ao longo de toda a existência de qualquer ser humano, expresso de modo e com dinâmicas diferentes (saudáveis e patológicas) e caracterizando os diversos momentos ou fases da existência.

Erikson pensou todo o processo de desenvolvimento, por um lado, baseado na teoria psicanalítica (de Freud e Anna Freud, em que teoria do desenvolvimento da sexualidade e suas fases esteve sempre presente como um ponto de apoio do seu pensamento) e, por outro, preocupado com a importância da vida cultural (pouco reconhecida como causa significativa para a organização da vida psíquica, até então, pela psicanálise).

A retomada da sua história pessoal, ainda que de forma apenas indicativa, pode ajudar a compreender o foco de suas preocupações. Não se trata, no entanto, de reduzir um pensamento àquilo que o autor viveu em termos dos seus conflitos pessoais. Mesmo que isso tenha importância, o pensamento e a apreensão da realidade de um determinado ponto de vista pessoal têm, necessariamente, de ultrapassar a *doxa* para ser expressão da compreensão universal da realidade (*episteme*). Alguns autores, no entanto, têm uma tal articulação entre sua história de vida (entre seus conflitos e suas questões emocionais) e sua teoria que sua compreensão contribui para esclarecer seu pensamento e sua maneira de compreender a realidade: este é o caso de Erik Salmonsen Hamburger Erikson (1902-1994).[3]

Seu próprio nome, modificado diversas vezes ao longo da sua vida, é um índice importante das suas preocupações. Seu nome de nascimento é Erik Salmonsen, nascido em 1902, filho de Karla Abrahamsen, numa família de origem judaica (mas sem que o judaísmo tenha uma importância muito grande; eles, por exemplo, nem falavam iídiche), e de um desconhecido que se supõe chamar-se Erik. Karla tivera um casamento com Valdemar Salmonsen, em 1898, que não durou uma noite, tendo o pai de Karla a buscado na própria noite de núpcias, ao que tudo indica sem que o casamento tivesse se consumado. Valdemar Salmonsen, logo depois, acaba fugindo repentinamente para o México, em função de negócios escusos. O sobrenome Hamburger vem de seu pai adotivo, que, estando com sua mãe desde quando Erik tinha 2 anos, agora na Alemanha, demorou para adotá-lo (só o fazendo em 1911, quando Erikson tinha 9 anos). A mãe de Erik, Karla, morando na Alemanha durante a Primeira Guerra Mundial, exibia sua dupla nacionalidade:

> *Enquanto Erik frequentava o Ginásio, entre 1914 e 1918, a Primeira Guerra Mundial consumiu toda a Europa no terrível massacre de toda uma geração de homens. Durante este tempo, a mãe de Erik manteve-se atenta ao respeito estrito dos costumes judaicos e alemães, ao mesmo tempo que continuava a falar dinamarquês e a ler Kierkegaard. Ela insistiu em estiar as bandeiras alemã e dinamarquesa na casa. Isso serviu para ampliar os sentimentos de confusão de identidade de Erik tanto na*

3 Para uma compreensão mais ampla e detalhada da história de Erikson, veja Coles (1970), Friedman (1999) e Palombo, Benducsen & Koch (2010).

escola como na Sinagoga, já que ele sentia que ele não pertencia inteiramente a nenhum dos lados.[4]

Em 1921, terminada sua formação básica e tendo viajado (como um jovem mochileiro pela Europa durante o ano de 1920), Erik matriculou-se numa escola de arte, escolhendo uma direção de vida em conflito com o que esperava seu pai adotivo, numa atitude que indicava um afastamento do cenário e expectativas da família, que esperava que ele seguisse os negócios desta. Erikson segue seu próprio caminho, começando uma carreira como artista, até que retorna, em 1927, para Karlsruhe, sua cidade natal, para ser professor de arte. Nesse mesmo ano, recebe um convite de seu amigo de ginásio, Peter Blos, para ajudá-lo na criação de uma escola, em Viena, que funcionaria segundo princípios psicanalíticos: a Heitzing School, fundada por Anna Freud e Dorothy Tiffany Burlingham.

Erikson foi acolhido na escola e por suas fundadoras, trabalhando ali até 1932, quando a escola encerra suas atividades, depois de 5 anos de funcionamento. Nesse período, fez análise com Anna Freud (que lhe cobrava um preço apenas simbólico), estudou com Paul Federn e fez supervisão com August Aichhorn, consolidando sua formação como psicanalista e sua atuação como educador. Casou-se em 1933 com Joan Serson, uma jovem de origem canadense-americana que conheceu na escola. No final de 1933, a convite de Hans Sacks, migrou com a família para os Estados Unidos, sendo calorosamente recebido em Nova York e, logo depois, mudou-se para Boston, onde obteve um posto de trabalho e pesquisa na Harvard Medical School e no Massachusetts General Hospital.

4 Palombo, Bendicsen & Koch 2010, p. 199.

Nesse cenário, Erik, que se manteve como psicanalista, ensinando e clinicando, começou a desenvolver um projeto de pesquisa sobre a formação da personalidade, estudando um grupo de universitários. O interesse nesse tipo de pesquisa acabou por abrir-lhe a possibilidade, em 1936, de ingresso no Instituto de Relações Humanas da Universidade de Yale.

Em 1939, aprofundando seu processo de americanização, no cenário do desenvolvimento da Segunda Grande Guerra, Erik mudou oficialmente seu nome da família, numa atitude que também visava evitar certa reação negativa em relação a seu sobrenome alemão (Hamburger), para Erikson, tornando-se um cidadão americano: Erik Erikson (Erik filho-de-Erik).

Em 1939, com o desenvolvimento de seus projetos de pesquisa, Erikson pôde observar crianças indígenas *sioux* que viviam na reserva Pine Ridge, em Dakota do Sul. Dessa pesquisa resultou, em 1939, a publicação do artigo "Observations on Sioux education", que chamou a atenção de outros pesquisadores, psicólogos e antropólogos, fazendo-o conhecido. Com o incentivo de Scudder Mekeel, Erikson mudou-se para a Califórnia:

> *Em Berkeley, ele aceitou uma posição no Instituto de Bem-Estar da Criança da Universidade da Califórnia e se juntou a um estudo geracional sobre o progresso de crianças normais, liderado por Jean Macfarlane. Em San Francisco, ele se juntou com Alfred Kroeber, o decano de antropólogos americanos, para estudar os índios Yurok perto de Klamath, Oregon.*[5]

5 Palombo et al. 2010, p. 203.

Durante os anos da Segunda Grande Guerra, Erikson escreveu, entre outros trabalhos, *On submarine psychology. Written for the Committee on National Morale for the coordinator of information* (1940) e *Hitler's imagery and German youth* (1942), além de trabalhar com traumatizados da guerra que voltavam para reabilitação nos Estados Unidos, numa atitude que reiterava sua recente cidadania americana.

Erikson também se dedicou a fazer o estudo de biografia de grandes personagens da história, como a de Martinho Lutero (1958b), Bernard Shaw (1968, cap. 4) e de Mahatma Gandhi (1969), ocupando-se da questão da passagem da infância para a vida adulta, inclusive colheu depoimentos, especialmente sobre a história de Gandhi. A publicação de *Gandhi's Truth* deu a Erikson o Prêmio Pulitzer e o Prêmio Nacional de Livros.

Este conjunto de interesses dirigidos à questão da constituição da identidade, do processo histórico, pessoal e social, que leva um homem a ser o que é, a passar da infância para a maturidade, leva Erikson a formular uma teoria sobre o processo de desenvolvimento socioemocional. Em 1950, ele publicou o livro *Childhood and society*, no qual apresentou sua maneira de compreender o ciclo da vida:

> *A publicação trouxe a Erikson aclamação imediata. Seu esquema de desenvolvimento tornou-se imensamente popular nos círculos profissionais que lidavam com crianças, em particular educadores da primeira infância, professores, trabalhadores de puericultura e outros. Incluídas no volume estão observações sobre os* sioux, *no Yurok, e formas de jogos de crianças. Erikson deliberadamente evitou usar a terminologia psicanalítica para explicar hábitos, costumes e as trajetórias*

> *particulares do ciclo de vida de vários povos. Este volume, que foi rapidamente reconhecido como um feito monumental, integrou pela primeira vez a psicanálise com a história e a antropologia. Em contraste com o elogio que recebeu desses círculos, a comunidade psicanalítica foi muito menos receptiva a sua proposta. Considerou sua ênfase na contribuição do ambiente como inconsistente com a ênfase nas forças internas que impulsionam o desenvolvimento.*[6]

5.2 Fundamentos operativos de seu pensamento

A teoria do desenvolvimento de Erikson é conhecida e caracterizada como tendo inserido o conjunto de determinações sociais no processo de organização da vida psíquica. A sua proposta é uma articulação entre a teoria do desenvolvimento da sexualidade – descrita em termos dos modos de relações com os objetos, as fases do desenvolvimento sexual, na forma como Freud e Anna Freud consideraram (fase oral, anal, genital infantil, latência, adolescência e idade madura), especialmente no que se refere à constituição e funcionamento do Ego – e a consideração de que o ambiente externo cultural determina a construção de si mesmo e dos modos de relação com o outro: "na apresentação das fases do desenvolvimento da personalidade, empregamos um diagrama epigenético análogo ao utilizado em *Infância e sociedade* para uma análise das fases psicossexuais freudianas. Com efeito, é um propósito implícito desta apresentação estabelecer a ligação entre a teoria da sexualidade infantil (sem repeti-la aqui em detalhes) e

6 Palombo et al. 2010, p. 203.

o nosso conhecimento do crescimento físico e social da criança"[7]. Por princípio epigenético, entenda-se um plano de desenvolvimento estrutural:

> *Sempre que tentamos compreender o crescimento, vale a pena recordar o* princípio epigenético *que é derivado do crescimento de indivíduos* in útero. *Algo generalizado, esse princípio afirma que tudo o que cresce tem um plano básico e é a partir desse plano básico que se erguem as partes ou peças componentes, tendo cada uma delas o seu tempo de ascensão especial, até que todas tenham sido levadas para formar então um todo em funcionamento.*[8]

Ao fazer essa proposta, Erikson *redescreve* as fases e as dinâmicas do processo de desenvolvimento, de constituição de si mesmo (em termos da conquista de uma identidade), enfocando as relações, os sentimentos e os comportamentos do ser humano. Uma das características centrais de sua maneira de compreender o desenvolvimento é a consideração de que cada uma das suas fases deve ser caracterizada por um conflito ou crise que estrutura o conjunto de comportamento, dos modos de sentir a si mesmo e do relacionamento com o outro:

> *Apresentarei o crescimento humano do ponto de vista dos conflitos, internos e externos, que a personalidade vital suporta, ressurgindo de cada crise com um sentimento maior de unidade interior, um aumento de bom juízo e um incremento na capacidade de "agir bem", de*

---

7 E. H. Erikson 1968, p. 92.

8 E. H. Erikson 1968, p. 91.

> *acordo com os seus próprios padrões e aqueles padrões adotados pelas pessoas que são significativas para ela.*[9]

Palombo comenta esta característica das suas propostas: "Cada fase do desenvolvimento caracteriza-se por uma polaridade dinâmica ou uma crise do ego psicossocial normativo, entendida melhor como *tensões dialécticas com estados de desequilíbrios* do que posições alternativas em conflito".[10]

As fases do desenvolvimento psicossexual (oral, anal, genital infantil, genital adulta) são, então, redescritas e reformuladas noutros termos, com enfoque noutros tipos de dinâmicas, do que as que tinham sido descritas pela psicanálise até então. As fases ou estágios redescritos são: *infância* (do nascimento ao 18º mês), *criança pequena* (18º mês a 3-4 anos), *idade do brincar* (3-4 anos a 5-6 anos), *idade escolar* (5-6 a 11-12 anos), *adolescência* (9-12 a 25 anos), *adulto* (25 a 40 anos), *maturidade* (40 a 65 anos), *velhice* (65 anos até a morte). A cronologia aqui indicada não aparece dessa forma e com essa objetividade quando Erikson apresenta as fases do desenvolvimento (1968), dado que as variações são muito grandes de indivíduo para indivíduo, impossibilitando uma divisão precisa em termos cronológicos. No entanto, Palombo et al. (2010) indicam essas divisões temporais, que apresento aqui apenas como indicadores imprecisos, dado que o importante são os fenômenos e as dinâmicas aí especificadas. Às vezes, Erickson também se refere aos estágios como sendo as *idades do homem*, numa referência às *sete idades do homem* descritas por Shakespeare[11]. Erikson apresenta inicialmente oito idades, como as supramencionadas, mas estas vão receber uma nona, apresentada num texto póstumo,

---

9 E. H. Erikson 1968, pp. 90-91.

10 Palombo et al. 2010, p. 207.

11 Shakespeare, na comédia *Como gostais*, Ato II, Cena 7.

como o estágio final no qual se fecha o ciclo da vida, o estágio da *Gerotranscendence* (90 anos até a morte).

A mudança de linguagem aponta comportamentos e modos de sentir a si mesmo e a relação com os outros, mais de acordo com termos referidos aos comportamentos e sentimentos humanos, afastando-se, então, sua concepção do modo de pensar analógico (por analogia aos processos biológicos) e especulativos de Freud, o que encontra na sociedade americana uma expressão teórica muito mais de acordo com seu modo de apreender e pensar a psicologia e o comportamento humano. Daí o fato de que Erikson foi não só aclamado como tendo fornecido uma contribuição importante para compreender o desenvolvimento emocional, como também incluído, então, como a segunda opção de uma teoria psicanalítica do desenvolvimento no campo da psicologia do desenvolvimento, uma vez que a psicanálise sofria e ainda sofre de uma dificuldade em se afirmar e caracterizar-se como uma ciência, especialmente no cenário intelectual dos Estados Unidos.

Retomemos as fases, uma a uma, para explicitar qual é a realidade fenomênica que Erikson procura descrever, mostrando seu modo de apreender o desenvolvimento, tendo em mente a necessidade de explicitarmos: a correspondência entre cada fase do desenvolvimento psicossexual com os estágios designados por Erikson; o conflito básico, pessoal e psicossocial, estruturante de cada um dos estágios, referindo-se a sentimentos e modos de ser propriamente humanos; o foco das relações emocionais, as figuras de referência, que dão o cenário e a cena central, onde se dão as relações e os conflitos mais importantes de cada estágio; os sentimentos e as ações que dão a característica e a tonalidade existencial de cada período; e, por fim, relacionar cada estágio com determinados princípios de organização social. Ao fim, apresentamos também um quadro sintético reunindo todas estas características, pontuadas em cada fase, para que uma visão geral possa ser apreendida.

Há quase uma sobreposição entre o estágio da *infância* (*infancy*) e a fase oral descrita por Freud. Nesta fase do desenvolvimento psicossexual, o bebê, devindo criança, tem na boca o órgão que dá seu modo de relacionamento com o mundo (ao qual Freud associa comportamentos como chupar e morder), momento em que a criança tem na mãe (ou no seio) seu objeto de relação afetiva. Também para Erikson, a figura central para o bebê é a mãe; no entanto, o que fica colocado como central, nesse momento, não é tanto a fome, a boca, a incorporação, mas a *dependência* do bebê. Será o comportamento adequado da mãe, no atendimento às necessidades do bebê, que instaura no bebê o sentimento de *esperança* e *confiança* no mundo, em si mesmo, no fato de que as suas necessidades serão atendidas, confiança de que ele encontrará no mundo aquilo que precisa. Evidentemente, quando as coisas não vão bem neste período, o sentimento de desconfiança e de falta de esperanças básicas têm lugar. Erikson redenominará, então, a fase oral como a primeira idade do homem, na qual haveria um conflito central experimentado entre a *confiança básica versus* a *desconfiança básica*, em que a *esperança* ou a sua falta, enquanto sentimento fundamental, dão a tonalidade existencial. É neste cenário que se estabelece a ordem do mundo, uma *ordem cósmica* identificada e delimitada com o mundo mãe-bebê.

O segundo estágio é o da *criança pequena* (*early childhood*), concebido também em correspondência com a *fase anal* descrita por Freud, período no qual a criança começa a ter o controle das funções excretoras (urinar e defecar), no qual a possibilidade de reter e expulsar começa a ser tomada como um modo de relação com o mundo. Trata-se de um momento no qual a criança começa a experimentar seus primeiros comportamentos de atividade e controle, em relação aos quais ela pode ser bem-sucedida (o que aumenta a sua confiança) ou fracassar, o que lhe geraria dúvida e vergonha (de não ser autônoma ou potente o suficiente para o controle). É nesse contexto, referido a esses sentimentos, que *Erikson* considera haver um conflito central sendo vivenciado, entre a experiência de *autonomia versus* a da dúvida e da *vergonha*, ambas centradas na questão do *querer* (como atividade fundamental). A figura central de referência relacional passa a ser o pai, este é também o representante da *lei* e da *ordem*, ainda que de forma muito inicial.

O terceiro estágio tem na *fase fálica* ou *genital infantil* a sua correspondência com o desenvolvimento psicossexual, na qual a criança se integra, inicialmente reconhecendo a diferença anatômica entre os sexos, mas negando essa diferença. É nessa fase do desenvolvimento libidinal que Freud descreve a experiência fundamental, organizadora da vida psíquica, que é o complexo de Édipo (e seu corolário, o complexo ou angústia de castração), nas suas vivências de amor e ódio, projeções e introjeções, identificações e rejeições, em relação às figuras e imagos paterna e materna. Esta fase psicossexual é nomeada *fálica* porque, para a criança, existiria um único sexo, o masculino, sendo o falo a referência presente ou ausente, diferenciando meninos e meninas. Para Erikson, este é o momento em que a criança também experimenta seus impulsos amorosos e destrutivos, momento em que experimenta ter as suas próprias iniciativas, tanto amorosas como agressivas, tanto inclusivas como exclusivas, experimentando, então, suas próprias iniciativas e os resultados destas. Ele caracterizará esta fase não tanto em função da questão real ou metafórica de ter ou não ter o falo, mas em função da atividade na qual a criança passa a agir/interagir no mundo, a atividade de brincar. É por isso que *Erikson redenominará, então, a fase genital infantil como a idade do brincar,* a terceira idade do homem, na qual haveria um conflito central sendo experimentado entre a *iniciativa* (em direção ao mundo) *versus* o sentimento de *culpa* pelos efeitos dessa iniciativa, centrado na questão do *propósito* e dos resultados da iniciativa. As relações mais significativas da criança se ampliam, agora, para a família e os grupos sociais mais próximos, aos quais ela pertence e em relação aos quais ela construirá sua identidade. Trata-se de um momento no qual suas ações e sentimentos fundamentais estão centrados no que são os *propósitos* da criança, tendo nos *protótipos* e *ideais* os princípios de organização social.

Segue-se, então, o período de *latência* que Erikson denomina de estágio ou *idade escolar*. Para a psicanálise, é um período no qual, em consequência de um fenômeno endocrinológico, com o adiamento da maturidade sexual e da potência genital, a criança é temporariamente aliviada das pressões instintual-sexuais, na administração da sua relação com os outros. Para Erikson, o mundo se amplia da família para círculos mais amplos, *a vizinhança e a escola*, sendo esta a figura de referência para o indivíduo nesta fase. Para Erikson, a figura central de referência ou foco existencial se expande da família para a vizinhança, a escola, sem deixar de ter na família um ponto de apoio fundamental. A criança experimentaria, por um lado, a possibilidade de *ser engenhosa* (*industry*) e, por outro, o reconhecimento, ainda, de que não tem todas as potências e habilidades, gerando-lhe um sentimento de *inferioridade*. Assim, o conflito central experimentado, característico deste estágio, é a oposição entre sua *engenhosidade versus* sua *inferioridade*, ambas centradas na questão da *competência*, com sentimento e ação fundamentais que caracterizam esse período.

Na adolescência, muito pouco abordada até então pela psicanálise, a não ser como um tipo de *videotape* dos conflitos que animaram a fase genital infantil, teríamos, para Freud, a retomada das pressões sexuais, agora com a maturidade sexual plena, a revivência dos conflitos edípicos e a consolidação da escolha preferencial do tipo de objeto amoroso (homossexual, heterossexual etc.). Para Erikson, esse estágio, assim também denominado, ocorre num processo de ampliação disso que estamos considerando como a figura de referência ou das relações mais significativas, com a constituição de uma nova configuração existencial de referência, agora com a aliança aos pares, a pertinência ou não aos grupos expandidos (em relação aos do estágio anterior), grupos nos quais há certas lideranças ou modelos de liderança. É este o cenário existencial do adolescente e seus grupos, nos quais ele vive o conflito de ser igual e diferente, à procura de ser igual e diferente. Para Erikson, esta é uma fase central, pois é nela que o adolescente vive uma *crise de identidade* por excelência; ela é, justamente, o centro dos seus conflitos e da sua experiência existencial. Trata-se de um momento de diferenciação radical em relação aos pais, ao grupo familiar e aos diversos grupos sociais. Erikson considerará que o conflito central experimentado é a oposição entre a experiência de *identidade versus* a de *confusão de identidade*, centrado na questão da experiência e do sentimento de *fidelidade*. Erikson analisa a adolescência como um momento em que, estando já em posse de suas capacidades cognitivas e afetivas, ocorre um período de *moratória*, imposto pela sociedade, na qual o indivíduo terá de esperar para realizar aquilo para o que já se sente capaz (como um indivíduo adulto).

O próximo estágio é o do *jovem adulto* (*young adult*), a sexta idade do homem, que, na psicanálise, corresponde ao estágio *genital adulto*, na verdade (do ponto de vista da psicanálise) já iniciado na adolescência, em que se consolida certa estabilidade da identidade e das escolhas dos tipos de objetos de preferência libidinal (especialmente no que se refere à homossexualidade e à heterossexualidade). Para Erikson, esse estágio tem na questão das *parcerias* (amizade, amor), nas atividades de *cooperação* e de *competição*, suas experiências de referência. O conflito essencial que anima este período da existência ocorre entre as experiências de *intimidade versus* a de *isolamento*, centradas na questão do *amor* e da *rejeição*. Em termos sociais ou de organização social, trata-se do estabelecimento e experimentação dos padrões de *cooperação* e *competição*.

As fases seguintes não têm formulação similar na psicanálise. A sétima idade do homem é o estágio do *adulto* (*adulthood*), associada à característica psicossexual, que é a capacidade mais claramente realizável da *procriação*. Erikson considera que as relações mais significativas (as experiências de referência) ocorrem focadas nas atividades de *trabalho compartilhado* e da *moradia*. O conflito essencial, que anima este período da existência, ocorre entre as experiências de *gênese ativa versus* a de *estagnação*, ambas referidas às ações do *cuidado* (consigo mesmo, com o outro, com as coisas, com o *socius* etc.); os princípios de ordem social estão referidos à *educação* e à *tradição*.

A oitava idade do homem é o estágio da *maturidade* (*maturity*), que, do ponto de vista dos funcionamentos psicossexuais, diria respeito à generalização ou à sublimação dos modos sensuais de ser ampliadas para os outros de modo mais geral. Para Erikson, esse estágio tem na questão da pertinência e da reflexão-ativa do homem, no que concerne à *humanidade* e à *própria espécie*, suas experiências de referência. O conflito essencial que anima este período final da existência ocorre entre as experiências de *integridade versus* a de *desespero*, centradas na questão da *sabedoria*, como tônus da ação individual e social, *sabedoria* que também se referiria aos princípios da ordem social.

Três anos após a morte de Erikson, Joan Erikson publica um texto, *The life cycle completed* (1997), em que há o acréscimo de uma nona idade do homem: *Gerotranscendence*. É interessante que, no prefácio deste pequeno livro, Joan Erikson retome o fato de que foi inspirado em Shakespeare, numa passagem da comédia *Como gostais* em que ele descreve as sete idades do homem, que

Erikson tenha pensado para conceber uma divisão das fases do desenvolvimento afetivo. Diz Shakespeare:

> DUQUE – *Como estais vendo, não somos os únicos infelizes. Este vasto e universal teatro apresenta mais espetáculos de lito do que a cena onde nós somos atores.*
>
> JACQUES – *O mundo inteiro é um palco, todos os homens e mulheres não passam de atores. Têm suas entradas e saídas e um homem em seu tempo representa muitos papéis e sete idades têm seus atos. Primeiro, é o infante que dá vagidos e vomita nos braços da ama; depois, é o escolar chorão com a pasta e a reluzente cara de aurora que, semelhante a um caracol, se arrasta de má vontade para a escola. Em seguida, é o apaixonado, suspirando como um forno, com uma balada triste composta para as sobrancelhas de sua amada. Depois, é um soldado, cheio de estranhos juramentos e barbado como um leopardo, zeloso pela própria honra, pronto e atrevido na querela, procurando a bolha de ar da reputação até na boca dos canhões. Mais tarde, é o juiz, com o belo ventre arredondado, repleto com um bom capão, os olhos severos e a barba formalista, cheio de frases graves e de lugares comuns. E, assim, representa seu papel. A sexta nos transforma no personagem do magro e ardiloso Pantalão, com óculos no nariz e a bolsa do lado. As calças de sua juventude, que conservou cuidadosamente, seriam um mundo largo demais para as magras canelas e a forte voz viril, convertida novamente em falsete infantil, emite agora sons agudos e assoviados. Finalmente, a cena derradeira, a que termina esta estranha história cheia de acontecimentos, é*

> *a segunda infância e o total esquecimento, sem dentes, sem olhos, sem paladar, sem coisa alguma.*[12]

Joan Erikson ressalta que ela e Erikson, conversando numa viagem, viram que Shakespeare tinha negligenciado uma idade fundamental, a *idade do brincar*, como um fato central do desenvolvimento humano:

> *o grande Shakespeare tinha escrito o seu* Sete Idades do Homem, *mas havia negligenciado totalmente incluir – entre todas elas – o estágio do brincar, a terceira fase incluída no nosso modelo. Que paradoxo fascinante! Talvez ele tenha tido uma cegueira no que se refere ao papel do brincar na vida da criança e do adulto. Nós achamos isto inteligente e divertido.*[13]

Além da inclusão da *idade do brincar*, havia ainda, comenta Joan Erikson, mais uma idade a ser incluída para completar o ciclo da vida, a que se refere ao seu encerramento, quando o envelhecimento ainda dá condições para este tipo de experiência:

> *Dando continuidade à vida, tratava-se de comentar como se seguia envelhecendo, como as pessoas enfrentam a deterioração de seus corpos e de suas faculdades, levando-as a usar a palavra "transcendência", para descrever um determinado estado que algumas pessoas desenvolviam e retiam.*[14]

---

12 Shakespeare, *Como gostais* (Sete Idades do Homem), Ato II, Cena 7, pp. 526-527.

13 Joan Erikson 1997, p. 2.

14 Joan Erikson 1997, p. 105.

Erikson denomina esse estágio como o da *transcendência geriátrica* (*gerotranscendence*). Trata-se, nesse período da vida, de uma mudança na perspectiva da meta a ser alcançada. O conflito pessoa-psicossocial que caracteriza esta idade confronta duas experiências em relação ao fim da existência: a *dissolução envolvente versus* o *agarrar-se*, o *retroceder reativo*. O foco das relações se dirige, então, para o *Cosmos*, via ações do tipo *retirar-se*, *redefinir-se*, *recompor a própria história*, com ou sem o sentimento de paz de espírito. Em termos dos princípios de organização social, caminha-se em direção à *comunhão cósmica com o espírito do universo*.

Cabe agora retomar, em termos de uma apresentação geral esquemática, os estágios e suas características.

Quadro 5.1 As fases do desenvolvimento, as nove idades do homem, suas características, experiências, telos e dinâmicas

Fases Estágios Idades	**Estágios psicossexuais**	**Crises pessoal-psicossocias**	**Foco das relações mais significativas**	**Sentimentos e ações fundamentais**	**Princípios de Social**
1. Infância (Nascimento até 18 meses)	Oral-respiratório Cinestésico (modos incorporativos)	Confiança básica *versus* Desconfiança básica	Figura materna	Esperança	Ordem cósmica
2. Criança pequena (18 meses a 3-4 anos)	Anal Uretral muscular (retenção-eliminação)	Autonomia *versus* Vergonha, dúvida	Figura paterna	Querer	Lei e ordem

3. Idade do brincar (3-4 anos a 5-6 anos)	Genital infamtil locomoção (intrusivo, exclusivo)	Iniciativa *versus* Culpa	Família	Propósito	Protótipos ideais
4. Idade escolar (5-6 a 11-12 anos)	Latência	Engenhosidade *versus* inferioridade	Vizinhança, Escola	Competência	Ordem tecnológica
5. Adolescência (9-12 anos a 18 anos)	Puberdade	Identidade *versus* Confusão Identidade	Grupos pares Grupos expandidos Modelos de liderança	Fidelidade	Visão de mundo ideológica
6. Jovem adulto (18 a 25 anos)	Genitalidade	Intimidade *versus* Isolamento	Parceiros em Amizade, sexo competição e cooperação	Amor	Padrões de cooperação e de competição
7. Adulto (25 a 40 anos)	Procriação	Gênese Ativa *versus* Estagnação	Trabalho Compartilhado e Moradia	Cuidado	Correntes de educação e tradição
8. Maturidade (40 a 65 anos)	Generalização de modos sensuais	Integridade *versus* desespero	Humanidade e Minha espécie	Sabedoria	Sabedoria
9. Transcendência Geriátrica (90 anos →)	Diminuição das capacidades físicas	Dissolução envolvente *versus* agarrar-se, retroceder	Cosmos	Paz de espírito Retirada Redefinição de Si-mesmo	Comunhão cósmica com o espírito do universo

5.3 Modelo ontológico de homem considerado por Erikson

A mudança de linguagem, o uso mais alusivo e metafórico (às vezes poético) do que o uso comum da prática científica (com suas definições claras e distintas dos conceitos e seus referentes), marca uma mudança epistemológica e ontológica na proposta de compreensão do desenvolvimento: "Erikson usa muitos termos e conceitos de uma maneira idiossincrática, poética e metafórica. Em vez de definir esses termos, ele passa muitas páginas ilustrando seus significados".[15] Erikson tem um modo de ser e de pensar que conjuga, pois, a objetividade científica com a subjetividade artística, configurando, pois, uma perspectiva mista que caracteriza e dá uma certa tonalidade semântico-teórica às suas proposições, às vezes difíceis de serem apresentadas com a clareza e a delimitação que encontramos no modo de conceituar freudiano.

Mas qual o modelo ontológico usado por Erikson? A resposta não é objetiva, nem única, dado que ele mistura ontologias: a freudiana, naturalista e referida aos processos e dinâmicas biológicas de funcionamento, com uma perspectiva humanista, referindo-se a modos de ser, sentir e agir, difícil de ser objetivada, mas que reúne a necessidade e o problema da identidade, pessoal e social, que só tem sentido num quadro social de interações humanas. Mesmo não tendo se dedicado a escrever explicitamente sobre qual é o seu modelo de homem, fica evidente que, apesar de reconhecer os processos biológicos e os processos psicossexuais (na perspectiva naturalista freudiana), Erikson considera, essencialmente, o homem como um ente sociocultural, o homem se faz com outros homens num cenário existencial-semântico referido à especificidade e à

---

15 Palombo et al. 2010, p. 208.

singularidade do modo de ser do homem, jamais redutível (nem objetiva nem metaforicamente) aos entes naturais.

5.4 Fases, estágios e idades do desenvolvimento: dinâmicas, tarefas, conquistas

A teoria do desenvolvimento psicossocial de Erikson corresponde a um modelo que está fundado e fundamentado numa compreensão sistemática, compondo organicamente um todo que articula conquistas e dinâmicas, fase a fase, num progresso paulatino de complexidades; ela fornece, pois, uma compreensão *epigenética*. Esse termo advém da embriologia e tanto Erikson como Spitz o tomam como um modo de pensar necessário: "Para Erikson, a epigênese refere-se ao processo através do qual uma sucessão de potencialidades, cada uma tendo seu tempo de ascendência de forma hierárquica, tem as anteriores como base para montar as estruturas biológicas e psicológicas da pessoa"[16]. Para Erikson, nesse sentido, três sistemas complementares contribuem e determinam o processo de desenvolvimento:

1. o que se refere aos processos desenvolvimentos biológicos;
2. o que se refere ao desenvolvimento psíquico, em que pesam as pressões instintuais-sexuais e a constituição do Ego, como unidade do sujeito psicológico; e
3. o processo de determinação da vida cultural considerando tanto o sistema social como a interdependência das pessoas nesse contexto.

---

16 Palombo et al. 2010, p. 207.

A determinação pulsional, tida como eixo de referência para pensar o desenvolvimento (os fatores intrapsíquicos), segundo Freud enunciara, foi colocada ao lado de outros determinantes, considerados, então, tão importantes quanto as pulsões: as forças comunitários e culturais, bem como as determinações biológicas quanto aos fatores intrapsíquicos e biológicos.

O conjunto das análises feitas até agora torna possível apresentar a matriz analítica proposta inicialmente como guia metodológico deste estudo, visando colocar em foco alguns fenômenos e dinâmicas que poderão ser, assim, apreendidos numa visão geral que fornece parâmetros para comparar e comunicar esta perspectiva com outras teorias psicanalíticas do desenvolvimento.

5.5 Matriz analítica para uma visão da teoria do desenvolvimento do ponto de vista de Erik Erikson

Quadro 5.2 – Matriz analítica: visão da teoria do desenvolvimento do ponto de vista de Erik Erikson

Matriz	**Erik Erikson – Teoria do desenvolvimento psicossocial**
Problema básico	Identidade, inserção/determinação social
Problema universal	Desenvolvimento psicossocial
Fundamentos operativos	• Fases do desenvolvimento psicossexual; • Modos de ser-estar socioemocionais; • Sentimentos, modos de ser-estar-agir propriamente humanos (segurança, insegurança, confiança, autonomia, vergonha, culpa, posição ativa na realização das coisas, sentimento de inferioridade, identidade, crise, intimidade, isolamento, estagnação, desespero, integridade, dissolução envolvente, agarrar-se), caracterização da adolescência como um período de *moratória* e de crise de identidade.

Ontologia	Compondo perspectivas díspares (o naturalismo de Freud, com a teoria das pulsões, ainda que em menor medida; uma perspectiva antropológica, na qual o homem é fruto da cultura e da ordem social; uma perspectiva humanista referida a modos de ser-estar no mundo, característica do modo de ser humano), o homem é, essencialmente, um ente sociocultural que tem um modo de ser próprio a esta sua singularidade existencial, não redutível à biologia e/ou às dinâmicas naturalistas.
Método	Por um lado, Erikson sempre se manteve como um psicanalista, no desenvolvimento de curas psicanalíticas (processos psicoterápicos), especialmente com crianças; por outro, fez observações antropológicas (outras culturas); além da análise de biografias de personagens importantes da história.
Fases – Estágios – Idades Conflito – Crise estrutural	Do desenvolvimento psicossocial – conflito/crise essencial – cronologia: 1. Infância; Confiança básica *vs.* Desconfiança básica (nascimento até 18 meses); 2. Criança pequena; Autonomia *vs.* Vergonha e Dúvida (18 meses a 3-4 anos); 3. Idade do brincar. Iniciativa *vs.* culpa (3-4 a 5-6 anos); 4. Idade escolar. Construtividade *vs.* Inferioridade (5-6 a 11-12 anos); 5. Adolescência. Identidade *vs.* Confusão de identidade (da puberdade ao fim da adolescência, de 9-12 anos a 25 anos); 6. Jovem adulto. Intimidade *vs.* Isolamento (25 anos); 7. Adulto. Produtividade *vs.* Estagnação (25-65 anos); 8. Maturidade. Integridade *vs.* Desespero (65 anos a 90 anos); 9. Transcendência geriátrica. Dissolução *vs.* Agarrar-se (90 anos até a morte).
Valor heurístico e utilidade	Reconhecida como uma perspectiva psicanalítica para compreensão do desenvolvimento; ainda que não tenha sido aprofundada, após Erikson, em termos de uma maior especificação das dinâmicas inter-relacionais; Mostrou-se útil no campo da psicoterapia psicanalítica de adolescentes, dado que colocou em evidência operativa um conjunto de conflito, crises, sentimentos e questões que fazem parte deste período, em especial sua noção de moratória; Mostrou-se também como um modo de pensar socioantropológico, de interesse para essas ciências, ainda que não tenha se tornado um instrumental de análise sociológica ou antropológica.

5.6 *Avaliação crítica*

É justamente uma das qualidades de Erikson que acaba por dificultar a sua aceitação entre os psicanalistas e o desenvolvimento de sua perspectiva desenvolvimentista como uma perspectiva científica (num cenário que iria para além da psicanálise): *sua linguagem* referida a sentimentos e modos de ser humanos, pouco objetiváveis e pouco dada a pesquisas quantitativas ou que tenham referência mais direta com a biologia.

Além disso, outra crítica se refere ao fato de que sua caracterização de cada estágio, como *uma* crise ou *um* conflito específico, seria por demais redutora da complexidade de relações e dinâmicas de cada fase.

Além disso, pensando no objetivo da ciência, que é ser uma prática de resolução de problemas, a semântica teórico-conceitual-descritiva de Erikson não se mostra muito operativa (seja clinicamente, em termos psicoterápicos, seja no campo da sociologia e da antropologia) na resolução dos problemas específicos dessas áreas do conhecimento; a não ser no caso da compreensão da adolescência e da crise de identidade a ela associada, em que encontramos não só uma aplicação mais efetiva, como também o fato de que esta permanece, ainda, como uma referência importante no campo da psicoterapia psicanalítica de adolescentes. Ou seja, a proposta de Erikson não se mostrou heuristicamente útil e operativa na resolução de problemas específicos da prática psicoterápica (não fez nenhum avanço técnico importante quanto às psicoses, nem a outras patologias ou sintomas) e, ainda que tenha valorizado o ambiente, a dependência, a vida social, não construiu formas de usar esse tipo de entendimento na ação efetiva sobre essas realidades e esses fenômenos. Não obstante, sua compreensão da adolescência continua a ter valor operativo e explicativo na clínica com esses pacientes.

5.7 Referências

Principais textos de Erikson

Hamburger, E. (1937). Configurations in Play. *The Psychoanalytic Quarterly*, *6*, 139-212.

Erikson, E. H. (1940). *On submarine psychology. Written for the Committee on National Morale for the coordinator of information*. Trabalho não publicado.

Erikson, E. H. (1942). Hitler's imagery and German youth. *Psychiatry*, *5*, 475-493.

Erikson, E. H. (1945). Childhood and tradition in two American Indian tribes. *The Psychanalytic Study o f the Child*, *1*, 319-350.

Erikson, E. H. (1946). Ego development and historical change – Clinical notes. *The Psychoanalytic Study of the Child*, *2*, 359-396.

Erikson, E. H. (1950a). *Childhood and society*. New York: WW Norton. (*Infância e sociedade*. Rio de Janeiro: Zahar Editores, 1976).

Erikson, E. H. (1950b). Growth and crises of the "Healthy Personality". In C. Kluckhohn & H. Muitay (Eds.), *Personality in nature, society, and culture* (2. ed., pp. 185-223). New York: Knopf.

Erikson, E. H. (1951). Sex differences in the play configurations of preadolescents. *American Journal of Orthopsychiatry*, *27*, 667-692.

Erikson, E. H. (1953). Wholeness and totality. In C. J. Friedrich (Ed.), *Totalitarianism*. Cambridge, MA: Harvard University Press.

Erikson, E. H. (1958a). The nature of clinical evidence. *Daedalns, 87*, 65-87.

Erikson, E. H. (1958b). *Young man Luther: a study in psychoanalysis and history*. New York: W. W. Norton.

Erikson, E. H. (1959). *Identity and the life circle: select papers*. New York: International University Press.

Erikson, E. H. (1968). *Identity, youth and crisis*. New York: W. W. Norton. (*Identidade, juventude e crise*. Rio de Janeiro: Guanabara Koogan, 1987).

Erikson, E. H. (1969). *Gandhi's truth*. New York: W. W. Norton.

Erikson, E. H. (1980). Elements of a psychoanalytic theory of psychosexual development. In S. I. Greenspan & G. H. Pollack (Eds.), *The course of life: psychoanalytic contribuitions toward understanding personality development* (Vol. 1: *Infancy and early childhood*, pp. 11-61). Washington, DC: National Institute of Mental Health, US Government Printing Office.

Erikson, E. H. (1997). *The life cycle completed*. New York: W. N. Norton & Company.

Erikson, E. H. (1956). Ego identity and the psychosocial moratorium. In H. L. Witmer & R. Kosinsky (Eds.). *New perspectives for research in juvenile delinquency* (pp. 1-23). Washington, DC:U.S. Children & Bureau Publication.

Erikson, J. (1997). Extended version of the life cycle completed with new chapters on the ninth stage of development. In *The life cycle complete*. New York: W. N. Norton & Company.

Livros sobre a obra de Erik Erikson

Hoare, C. H. (2002). *Erikson on Development in Adulthood. New Insights from the Unpublished Papers*. New York: Oxford University Press.

Hoover, K. (Ed.) (2004). *The Future of Identity Centennial Reflections on the Legacy of Erik Erikson*. New York: Oxford Lexington Books.

Schlein, S. (2016). *The Clinical Erik Erikson. A psychoanalytic method of engagement and activation*. London and New York: Routledge.

Bibliografia geral

Boyd, D., & Bee, H. (2011). *A criança em crescimento*. Porto Alegre: Artes Médicas.

Coles, R. (1970). *Erik H. Erikson: the growth of his work*. Boston: Little, Brown.

Crain, W. 2000. *Theories of development. Concepts and applications*. New York: Prentice Hall.

Erikson, E. H. 1968. *Identidade, juventude e crise*. Rio de Janeiro: Guanabara Koogan.

Erikson, J. (1997). Extended version of the life cycle completed with new chapters on the ninth stage of development. In *The Life cycle complete*. New York: W. N. Norton & Company.

Friedman, L. J. (1999). *Identity's architec: a biography of Erik Erikson*. New York: Scribner.

Hopkins, B., Barr, R. G., Michel, G. F., & Rochat, P. (Eds.). (2005). *The Cambridge encyclopedia of child development*. New York: Cambridge University Press.

Lerner, R. M. (1976). *Concepts and theories of human development*. New York: Lawrence Erlbaum Associates.

Miller, P. H. (1989). *Theories of developmental psychology* (5. ed.). New York: Worth Publishers, 2011.

Palombo, J., Bendicsen, H. K., & Koch, B. J. (2010). Chapter 11. Erik Erikson (1902-1994). In *Guide to psychoanalytic developmental theories* (p. 199-226). New York: Springer.

Papalia, D. E., & Feldman, R. D. (2012). *Desenvolvimento humano* (12. ed.). Porto Alegre: McGrawHill e Artmed.

Shakespeare, W. (1989). *Como gostais*. In: *Obra completa* (Vol. 2, p. 499-565). Rio de Janeiro: Nova Aguilar.

Steinberg, L. B., Marc H., Vandell, D. L., Rook, K. S. (2011). *Lifespan development. Infance throught adulthood*. USA: Wadsworth.

Stern, D. (1985). *O mundo interpessoal do bebê*. Porto Alegre: Artes Médicas, 1992.

Thomas, R. M. (2005). *Comparing theories of child development*. USA: Thomson Wadsworth.

6. A teoria da individuação de Margaret Mahler como uma teoria do desenvolvimento emocional nas fases primitivas

Neste capítulo, apresentarei a teoria da individuação-separação de Margaret Mahler como uma teoria do desenvolvimento pensada a partir da análise de fenômenos psicopatológicos graves, como o autismo e a esquizofrenia infantil, levando-a a focar sua atenção no que estaria ocorrendo nas fases mais primitivas do desenvolvimento emocional. Seu trabalho de pesquisadora, centrado nas suas atividades clínicas (individuais e institucionais), resultou no aprimoramento de modos de atendimento e compreensão de seus pacientes graves e suas famílias, um modo de apreensão que tem características clínico-subjetivas, mas que estabeleceu *settings* controlados para a observação e tratamento dos pacientes, a partir do que ela (e seus colaboradores) puderam construir a sua perspectiva do desenvolvimento emocional.

Sabemos que grande parte das teorias atuais do desenvolvimento, constroem suas propostas assentadas e fundadas em métodos de apreensão objetiva dos fatos. Nem sempre as contribuições advindas da clínica (subjetivas) e as informações objetivamente apreendidas são colocadas em comunhão, podendo contribuir para o desenvolvimento do campo das ciências do desenvolvimento. Como comentou Daniel Stern, a apreensão objetiva dos fatos não consegue fornecer uma compreensão global sistêmica do desenvolvimento, enquanto a apreensão subjetiva não conseguiria fornecer as realidades descritivas mais objetivas dos fatos, o que exigiria algum tipo de comunhão entre essas perspectivas: "o infante da clínica sopra vida subjetiva na criança observada".[1]

Neste sentido, este livro e cada um dos seus capítulos, que podem ser usados separadamente (e, por isso, comportam algumas repetições que explicitam sua proposta no início de cada capítulo), têm dois objetivos que se complementam: por um lado, explicitar como os psicanalistas entendem o desenvolvimento emocional, seja em termos teóricos, seja em termos descritivo-fenomenológicos; e, por outro, tendo feito esta apresentação de forma sistemática, organizada e padronizada, poder levar as contribuições dos psicanalistas para o campo das ciências ou teoria do desenvolvimento, mostrando que os dados apreendidos pelo método clínico-subjetivo da psicanálise podem se articular, estimular e comunicar-se com os dados apreendidos pelos métodos de observação objetiva de outras perspectivas teóricas desenvolvimentistas. Cada um dos capítulos deste livro mostra uma possibilidade de comunicação, uma ponte nos seus alicerces e na sua pavimentação, mas que ainda precisará ser preenchida com as efetivas comunicações e diálogos entre as teorias que podem, agora, usar esta ponte.

* * *

Margaret Mahler (1895-1985) é uma das primeiras psicanalistas a tentar descrever de forma mais minuciosa o que ocorre nos dois primeiros anos da existência, tendo em mente o problema das psicoses, mais especificadamente o processo que leva à integração do

---

1 Stern 1985, p. 11.

sujeito psicológico numa unidade separada dos outros entes do mundo. Freud observou neuróticos adultos, no tratamento psicoterápico pelo método psicanalítico, e seu conhecimento dessa primeira infância adveio do que deduziu ou ouviu do relato de seus pacientes. Anna Freud, por sua vez, observou e tratou de crianças na idade escolar e pré-escolar, seja nas situações de educação escolar, seja nas psicoterapias psicanalíticas de crianças. Melanie Klein ocupou-se do tratamento de crianças de aproximadamente 4 anos para cima, explicitando as dinâmicas fundamentais do funcionamento do ser humano não em termos de fases, mas em termos de dinâmicas ou posições. Mahler, neste contexto, e com essas influências, tem seu pensamento orientado para esse período inicial, guiado para o processo fundamental que é a constituição do indivíduo.

A preocupação central dessa autora diz respeito à gênese psico-emocional das organizações psicóticas, ou seja, das organizações psíquicas que fracassaram em constituir-se como uma unidade estável, diferenciando o mundo interno do externo, a realidade interna da externa etc.

A organização da unidade do sujeito psicológico como algo que o ser humano sente como sendo, ao mesmo tempo, ele mesmo e uma posse de si mesmo, que pode se referir a ela como sendo o EU, é um fator determinante tanto do processo de desenvolvimento emocional, marco do amadurecimento que abre um campo enorme de possibilidades de ação e apreensão do mundo e do outro, como dos critérios que diferenciam, psiquiatricamente falando, as neuroses das psicoses.

A conquista do Eu corresponde a um dos fundamentos da existência, um modo de ser-estar no mundo que vai instaurar uma nova maneira e um conjunto de novas possibilidades de agir e relacionar-se com o mundo. Isso já foi percebido muito antes que a psicologia tivesse se constituído como uma ciência. Note-se, por exemplo, o comentário que Kant faz no seu *Antropologia do ponto de vista pragmático*:

> *Que o ser humano possa ter o eu em sua representação, eleva-o infinitamente acima de todos os demais seres que vivem na terra. É por isso que ele é uma* pessoa, *e uma e mesma pessoa em virtude da unidade da consciência em todas as modificações que lhe possam suceder, ou seja, ele é, por sua posição e dignidade, um ser totalmente distinto das* coisas, *tais como os animais irracionais, nos quais se pode mandar à vontade, porque sempre tem o eu no pensamento, mesmo quando ainda não possa expressá-lo, assim como todas as línguas têm de pensá-lo quando falam na primeira pessoa, ainda que não exprimam esse eu por meio de uma palavra especial. Pois essa faculdade (a saber, a de pensar) é o* entendimento.
>
> *Mas é notável que a criança que já sabe falar suficientemente bem comece, no entanto, bastante tarde a falar por meio do eu (talvez bem depois de um ano), tendo até então falado de si na terceira pessoa (Carlos quer comer, andar etc.), e uma luz parece se acender para ela, quando começa a falar por meio do eu: a partir desse dia nunca mais volta a falar daquela outra maneira. – Antes simplesmente* sentia *a si mesma, agora* pensa *em si mesma. – A explicação desse fenómeno poderá custar bastante ao antropólogo.*[2]

2 Kant 1798, *Antropologia do ponto de vista pragmático*, "O lugar do Eu", p. 27.

Michael Foucault, na sua análise histórico-crítica da constituição dos saberes psi, referindo-se, então, à psiquiatria e a seus parâmetros para a compreensão e classificação das doenças mentais, mostrará que o modo de compreender o estado do Eu e a sua integridade corresponde aos parâmetros estruturais gerais utilizados, na psiquiatria moderna, para distinguir os dois grandes grupos psicopatológicos das organizações psíquicas: as neuroses e as psicoses.

> *Na patologia mental, dá-se o mesmo privilégio à noção de totalidade psicológica; a doença seria alteração intrínseca da personalidade, desorganização interna de suas estruturas, desvio progressivo de seu desenvolvimento: só teria realidade e sentido no interior de uma personalidade estruturada. Neste sentido, tentou-se definir as doenças mentais segundo a amplitude das perturbações da personalidade, e daí chegou-se a distribuir as perturbações psíquicas em duas grandes categorias: as neuroses e as psicoses.*
>
> *1) As psicoses, perturbações da personalidade global, comportam: um distúrbio do pensamento (pensamento maníaco que foge, flui, desliza sobre associações de sons ou trocadilhos; pensamento esquizofrênico, que salta, ultrapassa os intermediários e procede por saltos ou por contrastes); uma alteração geral da vida afetiva e do humor (ruptura do contato afetivo na esquizofrenia; colorações emocionais maciças na mania ou na depressão); uma perturbação do controle da consciência, da perspectivação dos diversos pontos de vista, formas alteradas do senso crítico (crença delirante na paranóia, na qual o sistema de interpretação antecipa as provas de sua exatidão, e permanece impermeável a*

> *qualquer discussão; indiferença do paranóide à singularidade de sua experiência alucinatória que tem para ele valor de evidência);*
>
> *2) nas neuroses, pelo contrário, somente um setor da personalidade é atingido: ritualismo dos obsedados com respeito a um objeto, angústias provocadas por tal situação na neurose de fobia. Mas o fluxo do pensamento permanece intacto na sua estrutura, mesmo se é mais lento nos psicastênicos; o contato afetivo subsiste, chegando a ser exagerado até a suscetibilidade nos histéricos; enfim, o neurótico, mesmo quando apresenta obliterações de consciência como o histérico, ou impulsos incoercíveis como o obsedado, conserva a lucidez crítica com relação a seus fenômenos mórbidos.*
>
> *Classificam-se, geralmente, entre as psicoses, a paranóia e todo o grupo esquizofrênico, com suas síndromes paranóides, hebefrênicas e catatônicas; entre as neuroses, a psicastenia, a histeria, a obsessão, a neurose de angústia e a de fobia.*[3]

É curioso que também na literatura a questão do Eu surja como um elemento inúmeras vezes abordado. Darei apenas dois exemplos, ainda que neste campo o tema seja retomado de muitas e muitas maneiras: um, de Agatha Christie, reiterando o Eu como ponto a partir do qual a vida e os relacionamentos ocorrem; outro, de Virgínia Woolf, considerando a natureza multifacetada do que se chama Eu.

3 Foucault 1954, pp. 9-10.

Na sua autobiografia, Agatha Christie, comenta o lugar do Eu identificado como o ponto a partir do qual a vida e os relacionamentos ocorrem:

> *Fico me perguntando se todos nós, quando começamos a ter consciência, quando já podemos cogitar a nosso próprio respeito, observamo-nos como se tratasse de outra pessoa. Será que eu disse algum dia, a meu respeito: "Esta é Agatha com seu laço de festas descendo para a sala de jantar"? É como se, a princípio, o corpo em que se aloja a nossa alma fosse estranho para nós. É como se fôssemos uma entidade à parte, da qual sabemos o nome, com a qual nos entendemos bem, mas com a qual não estamos ainda plenamente identificados. Somos a Agatha saindo para um passeio, é Mathew descendo a escada. Nós nos enxergamos em vez de nos sentirmos.*
>
> *E então, certo dia, tem início o estágio seguinte da vida. De repente, não há mais "Este é o Mathew, descendo a escada". De repente, agora é Eu estou descendo a escada. A conquista do "eu" é o primeiro passo na direção de nossa vida como pessoa.*[4]

Virginia Woolf, no seu romance *Orlando*, conta a história de um homem que subitamente acorda mulher, refletindo sobre a questão da identidade. Ela refere-se ao EU (ou à identidade) como algo necessário, mas também como algo múltiplo que não se reduz a um único ponto de chegada ou conquista:

4 Christie 2012, p. 67.

> *é a coisa mais natural do mundo uma pessoa chamar, logo que está a sós, "Orlando?" (se esse é o seu nome), querendo dizer com isso, "Venha, venha! Estou mortalmente cansada deste eu em especial. Preciso de outro." Por isso, as mudanças espantosas que vemos em nossos amigos. Mas isso em geral é bem difícil, também, pois embora se possa dizer, como Orlando disse (estando no campo, e pelo jeito precisando de outro eu), "Orlando?", ainda assim o Orlando de que ela precisa pode não vir; esses eus de que somos constituídos, um em cima do outro, como pratos empilhados na mão de um garçom, tem outras afeições, simpatias, pequenos códigos e direitos próprios, como quer que se chamem (e para muitas dessas coisas não existe nome), de modo que um só virá se estiver chovendo; outro, só em um quarto com cortinas verdes; outro, se Mr. Jones não estiver lá; outro se pudermos prometer-lhe uma taça de vinho – e assim por diante.*[5]

Com essas poucas referências, na psicologia, na filosofia e na literatura, podemos afirmar que o Eu ou a individuação num EU é reconhecido como um passo estruturante fundamental do processo de desenvolvimento emocional, seja lá como ele for concebido.

Margaret Mahler dedicou-se a compreender os processos básicos que levam a esta constituição do EU, o processo de individuação a partir de uma base inicial em que o Eu não está presente, procurando descrever o que ocorre nos dois primeiros anos de vida, reconhecendo aí os processos psíquicos emocionais que constituem as bases da organização psíquica, bem como a descrição dos processos que também podem levar às psicoses. Dentro do

5 Woolf 1928, p. 143.

quadro da ontologia e da metapsicologia freudiana, Mahler considera que o ser humano parte de uma origem fisiológica, voltada para si mesma; sem maturidade para apreensão do mundo externo (fase autista normal), ele passaria (progressaria) por uma fase na qual estaria unido à mãe, constituindo uma unidade com esta (fase simbiótica normal), até que o desenvolvimento saudável o levaria a separar-se da mãe constituindo a si mesma como um indivíduo relativamente autônomo (fase da separação-individuação). É nesse sentido que sua teoria do desenvolvimento é denominável "teoria da individuação-separação".

É neste quadro que explicitaremos: seu problema básico de referência, a sua adesão à metapsicologia (ontologia) freudiana, sua linguagem teórica e descritiva, seu método para pesquisa para chegar aos seus resultados teóricos e descritivos, bem como os aspectos gerais descritivos das fases do desenvolvimento e suas dinâmicas.

6.1 Dos problemas singulares à teoria geral da separação-individuação

Margaret Mahler (1938-1980)[6] nasceu numa família burguesa, judia, de classe média, na Hungria, em Sopron. Primeira filha de um casal austro-húngaro (o pai Gusztav Schoenberger, médico, diretor do serviço de Saúde Pública de sua cidade; e a mãe Eugenia Weiner, dona de casa); completa a família a irmã Suzane, 4 anos mais nova do que Margareth, ostensivamente preferida pela mãe. Margareth

6 Para uma compreensão mais ampla e detalhada da vida de Margaret Mahler, há algumas biografias (Bond 2008; Mahler 1993) e ao menos uma apresentação da proposta de Mahler como uma teoria psicanalítica do desenvolvimento (Palombo, Bendicsen & Koch 2010).

cresceu nesse cenário de rejeição materna, mas acolhida e valorizada pelo pai. No seu desenvolvimento emocional, pode-se dizer que lutou para encontrar um lugar de valor entre os homens, tendo dificuldades em viver sua feminilidade (o que ultrapassou com ajuda da psicanálise), mas acentuando seus aspectos relacionados à inteligência e à competência.

Começou seus estudos em pediatria em Budapeste, onde conheceu Ferenczi, tendo finalizado sua formação na Universidade de Jena, após enfrentar certas limitações e preconceitos, seja por ser mulher, seja por ser judia, e iniciado sua prática como pediatra em Viena, com 26 anos. É também neste momento que começa a fazer cursos de psicanálise e inicia sua formação como psicanalista, começando, depois de seis anos de espera, uma análise de formação com Helen Deutsch, contando com o apoio e intervenção de Ferenczi. A análise dura apenas 14 meses, com Deutsch interrompendo o processo alegando que Margaret não era analisável. Essa atitude de Deutsch levou Anna Freud a desligar Margareth Mahler do Instituto de Psicanálise de Viena, dado que a análise de formação (análise didática) era um pré-requisito necessário naquela instituição.

Nesse período, Margareth havia se aproximado de August Aichhorn, cuja prática tinha um foco na orientação infantil e no cuidado de crianças. Novamente com a orientação de Ferenczi, Mahler procurou Aichhorn, que a acolheu, iniciando outra análise:

> *Aichhorn, como membro central do santuário interno do estabelecimento, exercia poder considerável. Ele era um pouco rebelde e expressava seu desagrado pela hierarquia e burocracia. Quando Mahler apresentou a si mesma e sua situação para ele, ele lhe assegurou seu valor e propôs uma análise secreta consigo mesmo. Ele*

> *propôs que, depois de ter feito progressos suficientes, apresentaria as notícias da análise aos membros do comitê de educação do Instituto. Este arranjo mais heterodoxo encontrou-se com a necessidade de Aichhorn de pôr em pique e repreender seus rígidos colegas de colarinho e satisfazer a necessidade de Mahler de reparo narcisista. Mahler considerou essa análise, que durou quase três anos, uma empreitada mais séria e valiosa, se não clássica, e eles também se tornaram amantes. Seis meses depois, ela conseguiu readmissão ao programa de treinamento do Instituto e, depois de dois anos e meio, pediu a Willie Hoffer que a aceitasse em análise para concluir com êxito sua análise de treinamento.*[7]

Com o apoio de Aichorn, Mahler também progrediu profissionalmente, seja, a princípio, auxiliando-a a se tornar uma especialista no uso do teste de Rorschach em crianças – um de seus primeiros artigos foi "Rorschach interpretation as an aid understanding the psychology of the brain-damaged"[8]–, seja em parceria com ele, fundando um centro de cuidado de crianças.

Em 1936, aos 39 anos, casa-se com Paul Mahler. Novamente com a ajuda de Aichhorn, em 1938, migrou para a Grã-Bretanha e, logo em seguida, para os Estados Unidos, indo para Nova York. Pelo fato de ser médica e psicanalista, num cenário que desaprovava a prática da psicanálise por não médicos, Mahler consegue rapidamente sua licença para trabalho, como também encontra um lugar de inserção na Sociedade Psicanalítica de Nova York, onde acaba por ocupar-se de um seminário de análise infantil. Em 1942, com a apresentação do artigo "Pseudo imbecility: a magic cap of

---

7 Palombo et al. 2010, p. 165.

8 Mahler & Silberpfennig 1938.

invisibility", foi aceita formalmente como membro da Sociedade Psicanalítica de Nova York.

Em continuidade a suas atividades profissionais, impulsionada pela boa recepção de seu artigo, foi convidada para ser consultora do Serviço Infantil do Instituto Psiquiátrico do Estado de Nova York, o que lhe proporcionou uma boa posição para seu desenvolvimento como pesquisadora:

> *A partir de 1949, dedicou-se à etiologia das psicoses e ao autismo, publicando várias obras coletivas sobre esses temas. Em 1957, criou com Manuel Furer um centro de acolhimento e pesquisas sobre o desenvolvimento dos processos de individuação e de separação, o Masters Children Center, e um centro terapêutico para o tratamento das psicoses da criança, o Masters Therapeutic Nursery. Nessas duas instituições, as crianças eram recebidas com suas mães.*[9]

Segue-se, então, uma série de estudos e pesquisas focados nas questões da infância e das psicoses:

> *Em 1950, Mahler continuou suas atividades de pesquisa psicanalítica com foco tanto em síndromes de tiques infantis quanto em psicoses infantis. Ela aceitou um posto de ensino e supervisão no Instituto Psicanalítico [...] e viajava para lá todos os fins de semana enquanto continua a maior parte de suas atividades clínicas em Nova York. Também em 1950, Mahler fundou um*

9 Roudinesco & Plon 1998.

> *espaço terapêutico no Albert Einstein College of Medicine para continuar o trabalho [de pesquisa] sobre as psicoses na infância.*[10]

O conjunto de estudos e pesquisas sobre a infância acaba, então, por levá-la a ocupar-se da compreensão do que é o desenvolvimento normal, tendo, então, recebido uma bolsa de estudos do National Institute of Mental Health para desenvolver uma pesquisa desse tipo, com base na observação de crianças numa creche terapêutica. Essa pesquisa gera dois livros: o primeiro, *On human symbiosis and the vicissitudes of individuation: infantile psychosis* (1968), e o segundo, em coautoria com Fred Pine e Annie Bergman, *The psychological birth of the human infant* (1975).

Um de seus pontos de partida é o reconhecimento de que o ser humano começa num estado de dependência e imaturidade que o marcará por toda a vida:

> *Venho mantendo interesse muito pessoal num aspecto específico da rica herança legada por Freud, a saber, sua ênfase no fato de ser verdade universal da existência humana a dependência emocional da mãe, ainda que reduzida, por toda a vida. A falta de preparo biológico do bebê humano para manter sua vida por conta própria condiciona essa prolongada fase, específica da espécie, que tem sido denominada "simbiose mãe-bebê". Creio aquelas experiências precursoras da personalidade serem derivadas da fase simbiótica da unidade dual mãe-bebê, as quais, em conjunto com*

10 Palombo et al. 2010, p. 167.

> *fatores constitucionais, vêm determinar a composição somática e psicológica sem par de todo ser humano.*[11]

Nesses trabalhos é que encontramos a formulação da sua teoria da individuação-separação como uma descrição do processo de desenvolvimento emocional do ser humano. Na continuidade de suas pesquisas, ela aprofundou seus interesses em dois focos: por um lado, o estudo das fases do desenvolvimento normal de separação-individuação; e, por outro, o estudo da separação-individuação em pacientes psicóticos. Nesta direção central do seu trabalho, ela resume o que considera ser a situação que caracteriza a experiência que gera como mecanismos de defesa (contra a angústia a ela relacionada): "enquanto no autismo primário há um triste mundo gelado entre o sujeito e o objeto humano, na psicose de tipo simbiótico, ao contrário, há fusão, dissolução e falta de diferenciação entre o self e o não-self".[12]

A distinção entre o que caracteriza a organização psicótica da neurótica, como já indiquei ao citar Foucault, é o estabelecimento coeso do ego como uma conquista estável do processo de desenvolvimento (organização) emocional do ser humano, e isso ocorre nos dois primeiros anos de vida:

> *Tenho lembrado que o sentimento de identidade pode ser definido como a catexia coesa de nossa auto-imagem seguramente individualizada e diferenciada, suas origens podendo ser buscadas nos primeiros dois anos de vida, época em que a criança emerge gradualmente da membrana simbiótica comum, o que equivale a*

11 Mahler 1979b, p. 13.

12 Mahler 1979b, p. 15.

> *dizer "rompe a casca do ovo". Comparo essa subfase da individuação à nova experiência de nascimento.*[13]

Há um entrelaçamento entre as preocupações de Mahler no que se refere ao processo de desenvolvimento infantil e a sua própria luta pessoal, em termos da busca da sua autonomia e identidade pessoal e professional. Possivelmente a sua experiência pessoal a capacitou para a apreensão, com clareza e riqueza de detalhes, do processo que resulta na chegada ao *status* de ser um *indivíduo*, no sentido mais pleno da palavra. Sua própria história e sua migração para os Estados Unidos estão comungadas nas suas preocupações com a questão da conquista da identidade no processo de desenvolvimento emocional, como bem comenta Roudinesco & Plon:

> *Como muitos freudianos exilados nos Estados Unidos, Margaret Mahler enfrentou a questão da integração da psicanálise ao* american way of life. *Não hesitou em teorizar sua própria integração, com a ajuda das noções que ela própria forjara ao longo da sua experiência clínica: "Creio que, nos casos positivos, a emigração é seguida de uma segunda individuação, de um novo nascimento psicológico e talvez de uma nova visão do mundo... Eis o que foi para mim a emigração: ela me arrancou, eu e minhas ideias sonolentas, dessa cápsula psicológica que era então Viena; ela me expôs a um ambiente estranho, cuja novidade agravava as vulnerabilidades da transição. Mas uma vez dominadas a angústia e a insegurança iniciais, ela me levou a*

13 Mahler 1979b, p. 15.

> *tornar-me produtiva e a fazer emergir minha teoria do desenvolvimento.*[14]

6.2 Ontologia e aspectos gerais da sua teoria da separação-individuação

O ponto de partida de Mahler é a concepção psicanalítica freudiana de que o homem é um organismo impulsionado fundamentalmente pelas pressões instintuais e/ou libidinais e que ele não nasce pronto, não nasce com o Ego ou o Eu constituído como uma unidade diferenciada do mundo, pelo contrário, reiterando aquilo que Sigmund Freud, Ana Freud e Spitz já haviam reconhecido, o homem nasce numa situação de extrema dependência e imaturidade, misturada com a mãe e/ou com o ambiente que cuida do bebê:

> *Embora fosse marcada pelos trabalhos de Melanie Klein, Margaret Mahler se inspirou primeiramente nas posições de René Spitz e nas de Donald Woods Winnicott. Continuou fiel à corrente annafreudiana e às teses da* Ego Psychology, *isto é, à tradição vienense da psicanálise, acusando os kleinianos por seu dogmatismo e seus excessos de imaginação, que os levavam, dizia ela, a "inventar" uma vida fantasística para o lactente.*[15]

Ela mesma explicita a base conceitual de seu pensamento e de suas pesquisas:

---

14 Roudinesco & Plon 1998, p. 484.
15 Roudinesco & Plon 1998, p. 484.

> *(citação) Como seria de esperar de um grupo de pesquisa constituído por psicanalistas e colaboradores psicanaliticamente instruídos, tentamos compreender os fenómenos do desenvolvimento autónomo do ego no contexto do desenvolvimento psicossexual. Ao progredir da simbiose para o funcionamento isolado, o bebê parece exibir um modo de orientação bipolar. Seu próprio corpo e suas funções, junto com as zonas erógenas, representando os limites de um polo; a mãe, representando o outro. Vimos como a fase oral participa do processo de separação-individuação, mas tivemos apenas vagas aparições da fase anal, embora saibamos que esta deva contribuir substancialmente para a individuação no sentido de interno e externo, animado e inanimado, eu e não-eu. Em algumas crianças somos capazes de reconstruir com notável exatidão os detalhes de suas muito precoces descobertas da diferença anatômica entre os sexos.*
>
> *A justaposição de pulsões e conflitos orais, anais e fálicos assim como os passos de seu processo de separação-individuação puderam ser reconstruídos com particular clareza no caso de Cathy, em razão de ser a menina tão eminentemente verbal.*[16]

Podemos, aqui, retomar o que são os elementos fundamentais, estruturantes do modo de pensar o desenvolvimento do ponto de vista da psicanálise freudiana. Em primeiro lugar, cabe ressaltar que Mahler está de acordo com Freud, na consideração do que este considera ser os fundamentos empíricos da psicanálise, ou seja, o conjunto de fatos e/ou variáveis que são estruturantes e dirigem o

16 Mahler 1979b, p. 22.

foco de atenção e observação do desenvolvimento e do funcionamento da vida psíquica, a saber: o reconhecimento de que existem processos psíquicos inconscientes e que estes são os determinantes sempre presentes em todo tipo de desenvolvimento e/ou organização psíquica, individual, relacional e social do ser humano; a aceitação de que existe um processo denominado "recalque" (um mecanismo de defesa do indivíduo para protegê-lo da dor e/ou angústia associadas a determinadas ideias e sentimentos) que funciona tornando alguns conteúdos psíquicos inconscientes e, processo correlato, que há uma resistência (psíquica) que impede o seu acesso pela consciência a esses conteúdos retirados da consciência, como um modo de proteção do indivíduo contra a dor ou angústia que esse acesso poderia produzir; a importância dada à sexualidade infantil e ao complexo de Édipo como impulsos e dinâmicas que determinam e organizam a vida afetiva pessoal e relacional dos seres humanos; a constatação de que, nos tratamentos psicanalíticos, ocorre um fato relacional afetivo, que liga afetivamente o paciente ao analista em função da "transferência" para o analista de modos de relação vividos no passado do paciente. A esse conjunto de determinantes, deve-se acrescentar o fato de que Freud pensa o desenvolvimento apoiado na sua noção de *relação de objeto* (objeto da pulsão, objeto que atende ou não às excitações vividas pelos indivíduos), a ponto de pensar o desenvolvimento em termos dessas relações de objeto, seja considerando os tipos de objeto (autoerótico, narcísico, homossexual e heterossexual), seja considerando os modos de relação com esses objetos (oral, anal, fálico, genital adulto).

A proposta de Mahler se insere nesse quadro ontológico-epistemológico, de acordo com essas variáveis fundamentais, mas ampliando e detalhando o que são as relações objetais iniciais, abordando uma área de observação e de descrição que não tinha sido feita por Freud, mas já estava em andamento com os trabalhos de Anna Freud e de René Spitz.

Para ela o desenvolvimento, parte de uma situação inicial de fusão entre a criança e seu objeto primordial (a mãe), caminhando na direção de uma diferenciação, conquistando a possibilidade de *separação* da mãe (tendo chegado à capacidade de manter a constância do objeto perceptivo como exterior a ela) e seu concomitante processo de chegada à *individuação*, tendo como *télos*, no desenvolvimento normal, a conquista do mundo simbólico e a entrada do homem na cultura, produto final do processo de desenvolvimento.

6.3 O método de pesquisa

A construção da sua teoria sobre as fases mais primitivas do desenvolvimento, bem como a descrição dos processos aí envolvidos, é fruto da sua experiência clínica como médica e psicanalista, associada a observações ordenadas e controladas das relações entre mães e seus bebês. Mahler construiu, pouco a pouco, um método para observar mães e seus bebês em idades pré-verbais, tendo em vista compreender e descrever seu desenvolvimento. Vamos apresentar a estrutura e as características gerais desse método, não no seu detalhamento, mas na compreensão de suas proposta e organização.[17]

Preocupada com as psicoses, especialmente no que se refere à sua gênese psicoafetiva pensada como derivada de problemas nas fases mais primitivas do desenvolvimento, ela procurou observar (em situações naturais) como era o relacionamento mãe-bebê nos

17 Para uma descrição mais detalhada, ver: Bergman 1987, 2000; Mahler 1979a, 1979b; Mahler, Pine & Bergman 1975; Pine & Furer 1963.

casos em que esta patologia já se manifestava ou parecia ser possível manifestar-se. Procurou realizar observações empiricamente controláveis no quadro de instituições de cuidados (primeiramente, no fim da década de 1940, na creche Albert Einstein School of Medicine e, mais tarde, numa instituição fundada por ela e Manuel Furer em 1949, o Master Children's Center, onde havia, inicialmente, uma creche e, mais tarde, também um centro de cuidados psicoterápicos).

Nesse contexto institucional, ela estabeleceu uma orientação metodológica de trabalho, denominada *esquema tríplice* ou *tripartite*, o qual colocava como "objeto de observação" um conjunto composto pela criança, a mãe e o terapeuta.[18] Inicialmente, a pesquisa e o trabalho de observação estavam centrados nos casos de psicoses ou com potencialidades ou riscos de psicose. O desenvolvimento de pesquisas desse tipo mostrou que não bastava estudar apenas esse grupo, mas que também era necessário ter parâmetros de comparação com aquilo que poderia se entender "o desenvolvimento normal", ou seja, era necessário um *grupo de controle* para que a observação pudesse ter maior confiabilidade e levasse a melhores resultados, tanto teóricos como descritivos. Diz Mahler, nesse sentido:

> *Em seus primeiros estágios, a pesquisa se limitava ao estudo de crianças com psicose simbiótica e suas mães. No entanto, a necessidade de ampliar a validação das hipóteses acima citadas para o desenvolvimento normal tornou-se cada vez mais evidente para os dois principais investigadores do projeto. Fez-se necessário um estudo comparativo paralelo com bebês normais e*

18 Mahler, Pine & Bergman 1975, p. 26.

> *suas mães, a fim de substanciar a universalidade da hipótese.*[19]

Mahler, associada a diversos outros colaboradores, psiquiatras e psicanalistas, dedicou-se a pesquisas dentro desse quadro epistemológico que estou descrevendo, elaborando um método para a observação e a interpretação dos dados observados, dando um substrato empírico à sua descrição do processo de desenvolvimento e às suas explicações sobre a gênese e a dinâmica das patologias mais graves do desenvolvimento psíquico. O desafio que este grupo de pesquisadores enfrentava era "encontrar uma forma de trabalho que nos parecesse atingir um equilíbrio apropriado entre observações psicanalíticas livres e flutuantes e um esquema experimental prefixado".[20] Para isso, foi proposta a constituição de grupos de observação em situações naturais, focado na observação da mãe em sua relação com a criança, no que seria a soma de uma abordagem clínica com uma descritiva.

> *Atualmente, temos dois projetos de pesquisa inter-relacionados em andamento no Master Children's Center, em Nova York, cada um em uma fase do estágio de separação-individuação. O primeiro é um estudo da história natural da psicose simbiótica infantil. Mahler tentou mostrar a incapacidade destas crianças em satisfazer as crises de desenvolvimento da fase de separação-individuação. O segundo projeto é um estudo de crianças normais a partir de seis meses de idade até o terceiro ano, o período geral da fase de separação-individuação. Assim, a pesquisa, de modo geral, está*

19 Mahler, Pine & Bergman 1975, pp. 9-10.
20 Mahler, Pine & Bergman 1975, p. 31.

> *configurada de forma a podermos estudar dois grupos de crianças: (1) as crianças que estão presumivelmente vivendo a fase de separação-individualização normalmente, e (2) crianças psicóticas simbióticas (de três a cinco anos de idade) em que algo presumivelmente deu errado durante esta mesma fase.*[21]

O controle da observação implicava não só a distinção de dois grupos que pudessem ser comparados, com a inserção do chamado *grupo controle*, mas também se referia à organização espaço-temporal da instituição e dos momentos em que a observação era feita. A observação, certamente, não tinha o poder de colocar a claro quais seriam as *fantasias inconscientes* em jogo nos relacionamentos mãe-bebê, mas dava acesso a outros aspectos desse relacionamento. É nesse sentido que eram observados os seguintes fenômenos:

> *Como a mãe carrega seu filho quando chega: como uma parte de si mesma? Como outro ser humano? Como um objeto inanimado? Como o bebê reage ao fato de a mãe tirar as vestimentas que o cobrem? Uma vez na sala, a mãe se separa física e/ou emocionalmente do filho, ou existe um "elo invisível" entre o bebê e mãe, mesmo quando estão distantes um do outro? Por acaso a mãe sabe o que está acontecendo com seu filho, mesmo quando ele está longe? Quão rápida, pronta e oportuna é sua resposta às necessidades do filho? A criança é mantida em seus braços durante muito tempo? A mãe faz uma transição gradual, levando a criança para o cercado aos poucos, por exemplo, ou ficando*

21 Pine & Furer 1963, p. 326.

> *com ela até que se acostume, talvez oferecendo-lhe um brinquedo? Ou não pode esperar para se livrar dela, despejando-a no cercado assim que chega e desviando sua atenção para outras coisas, talvez o jornal ou a conversa, voltando-se para a criança e superestimulando-a apenas quando suas próprias necessidades assim o exigem?*[22]

A busca por outros elementos, constituintes do modo de pensar psicanalítico, também levou esses pesquisadores a aplicarem uma série de testes psicológicos – como o *Wechsler Adult Intelligence Scale*, e o *Rorschach, Thematic Apperception Test*[23] – e a realizarem atendimentos psicoterápicos individuais a diversas mães, configurando, então, um método que articula a observação em situações naturais (da dupla mãe-bebê), a pesquisa via testes para apreensão de conteúdos próprios ao mundo interno, com aquilo que se pode obter por um processo psicoterápico (com base na compreensão psicanalítica da vida psíquica).

Note-se que nessa perspectiva também temos articulados um processo de pesquisa, um método de tratamento e a construção de uma ciência, como Freud descrevera o que era a psicanálise:

> *PSICANÁLISE é o nome 1. de um procedimento para a investigação de processos anímicos, que são pouco acessíveis de outra maneira; 2. de um método de tratamento das perturbações neuróticas, que se fundam sobre essa investigação; 3. de uma série de pontos de vista psicológicos, adquiridos por esta via, que crescem*

---

22 Mahler, Pine & Bergman 1975, pp. 38-39.

23 Mahler, Pine & Bergman 1975, p. 290.

> *progressivamente para se juntarem numa disciplina científica nova.*[24]

Mahler reitera essa perspectiva geral, acrescentando a ela novos processos e métodos de observação e de coleta de dados. O método tripartite é ao mesmo tempo um método de pesquisa e um método de tratamento. Diz Mahler nesse sentido:

> *São múltiplas as vantagens desse projeto. Nossa compreensão inicial da criança vem não somente das observações, mas também da informação e das explicações fornecidas pela mãe. Através desse método, pode haver trocas recíprocas de informação e compreensão entre o terapeuta, o psiquiatra supervisor e a mãe, já que o comportamento da criança está sendo observado pelos três. A mãe é primeiramente gratificada pelo nosso interesse e, a seguir, encorajada pelo sentimento, gradualmente adquirido, de que alguém acredita que seu filho pode ser auxiliado.*[25]

Caberia ao analista, psicoterapeuta, no quadro da compreensão do processo de separação-individuação, ajudar a mãe e a criança a se separarem, apoiando-se não só na explicação e esclarecimento do processo e do que deveria ocorrer, mas também, ocupando o lugar privilegiado constituído pelas relações transferenciais, no processo analítico, contribuir para que as conquistas desenvolvimentais saudáveis pudessem ocorrer.

---

24 Freud 1923a, p. 235.

25 Mahler 1979b, p. 96.

6.4 Aspectos gerais descritivos das fases do desenvolvimento e suas dinâmicas

É, pois, nesse contexto epistemológico e metodológico que Mahler, apoiada na metáfora da embriogênese e considerando que existem fatores genéticos e hereditários, procurará descrever o que ocorre nos dois primeiros anos de vida, com uma ênfase tanto nas situações mais iniciais do desenvolvimento – dando ênfase à relação vivida com a mãe, ou seja, explicitando e valorizando as determinações ambientais em jogo nesse processo – como na compreensão de que as relações primitivas (entre a criança e a mãe, ou ambiente) são idênticas àquilo que encontramos, em termos patológicos, no autismo e nas relação simbióticas. Essas relações primitivas iniciais teriam essa dinâmica, sem serem, no entanto, patológicas, seriam modos necessários de cuidado, nos quais a criança conquista algumas coisas importantes e que a levam, pouco a pouco, a sair desses modos de relação para chegar a modos mais maduros de relações objetais e de diferenciação de si mesma dos objetos, até a entrada no mundo do símbolo e da cultura. Para ela, as psicoses nada mais são do que modos de funcionamento primitivos, nos quais alguns indivíduos ficaram fixados.

Para ela, o início corresponde a um momento, pós-natal, no qual há uma dependência e amálgama do bebê com sua mãe (ou seu entorno):

> *Mahler seguiu a tradição de Freud (1911b, 1914c), de Ferenczi (1913) e de Spitz (1965) de considerar os primeiros dois meses de vida como o bebê estando em uma concha autística sem objetivo (na metáfora de uma casca de ovo), um estado de narcisismo primário em que a criança não responde a estímulos externos, onde os*

> *processos fisiológicos consistem em experiências de satisfação de necessidades e onde dominam processos psicológicos de desorientação alucinatória primitiva.*[26]

Para Mahler, o processo que leva à individuação dependerá, de modo decisivo, do comportamento da mãe:

> *Julgamos defender com nosso estudo a suposição de que a evolução ótima das funções parciais do ego do bebê — cuja maturação segue um planejamento por nós atribuído, com Hartmann (1939), à esfera do ego livre de conflito — é facilitada ou retardada pelas atitudes conscientes e, mais particularmente, inconscientes da mãe.*[27]

Sua maneira de descrever ou caracterizar essa situação retoma o quadro psicopatológico grave do autismo, afirmando, então, que,

---

26 Palombo et al. 2010, p. 168.

27 Mahler 1979b, p. 16. Mahler aprofunda a compreensão da situação mãe-bebê, em direção ao processo de diferenciação: "A mãe também precisa ajustar-se ao acontecimento decisivo e antecipado de ser a separação inevitável, ditada pela maturação dos aparelhos. Deve enfrentar o fato de que seu outrora dependente bebê de colo pode movimentar-se – e o faz para lá e para cá. Pela psicanálise de mães, sabemos que, em seus inconscientes, o corpo do bebê, durante as fases pré-simbiótica e simbiótica, constitui parte da representação de seu self. Da mesma maneira, através da psicanálise de mães, aprendemos que o significado fálico do corpo do bebê está frequentemente, se não invariavelmente, visível. Em nosso estudo, também reunimos provas de que o bebê representa geralmente uma parte do corpo da mãe e, algumas vezes, vemos na maneira como algumas se referem ao corpo do bebê, seguram e manejam o filho, que este tem – para elas – o significado de um falo ilusório. Além disso, como é também de se esperar, cada criança possui determinado significado específico para a mãe, de acordo com fantasia geral e específica relacionada a cada criança por essa mãe. Este *leitmotif*, com suas elaborações, modifica-se com a maturação do bebê e depende do desenvolvimento e adaptação da mãe à tarefa real e emocional da maternidade" (Mahler 1979b, p. 16).

no início, o que temos é um tipo de *autismo normal*, no qual a criança vive como se não houvesse um mundo externo, dado que a mãe estaria sustentando essa situação e esse sentimento. Podemos dizer que isso corresponde tanto à situação na qual o bebê ainda está na barriga da mãe como àquela situação do primeiro mês de vida, na qual os cuidados externos são, do ponto de vista de Mahler, como sustentações do estado fisiológico do bebê. E este, por sua vez, estaria totalmente focado nesse tipo de existência, sem nenhuma outra alteridade possível:

> *As primeiras semanas de vida extra-uterina foram denominadas por Mahler de estádio de autismo normal. Esta fase autista normal, do nascimento ao segundo mês de vida, corresponde à "fase indiferenciada" de Hartmann, Kris e Loewenstein (1946). Nessa fase, o bebê não percebe diferença entre realidade interna e externa nem consegue distinguir entre si mesmo e o mundo inanimado que o rodeia.*[28]

Segue-se, então, do 1º ao 5º mês, uma série de acontecimentos que vão mostrando ao bebê, pouco a pouco, que há algo além dele, algo do qual depende e com que se relaciona, ainda que seja uma situação de mistura. Mahler usa a noção de simbiose, da biologia, referindo-se a um tipo de relação entre dois seres, projetando, então, esta compreensão dinâmica para descrever o que estaria ocorrendo com o modo de ser do bebê com a mãe. Ela caracteriza essa situação como a de uma *simbiose normal.* O bebê responde aos estímulos externos, mas tem a vivência de que ele e a mãe são uma coisa só:

---

28 Mahler & La Perriere 1965, p. 35.

> *Ao passar gradualmente para a fase simbiótica, o bebê parece perceber vagamente que suas tensões instintuais (fome e outras necessidades) são aliviadas por algo vindo do mundo externo enquanto o doloroso acúmulo de tensão é gerado dentro dele. Para que exista este vago reconhecimento, deve haver, durante a fase simbiótica, alguma diferenciação rudimentar do ego. Na organização intrapsíquica do bebê, os limites entre self e mãe ainda são mais ou menos confluentes e se confundem.*[29]

O processo a ser explicado, que Mahler tem no seu horizonte, é o que explica como um ser, inicialmente assim indiferenciado, chega a separar-se da mãe e a tornar-se um indivíduo, como ele caminha pouco a pouco, e de que maneira, para este estado de maturidade na constituição da unidade autônoma do sujeito psicológico.

A fase seguinte do processo de desenvolvimento corresponde a este processo, abarcando um longo período (do 5º mês até o 2º ano de vida), a fase da *separação-individuação*, que, por sua vez (e por necessidade), deve ser subdividida em subfases, para que os fenômenos e dinâmicas específicos possam ser compreendidos: "Ao culminar a fase simbiótica, ao redor dos cinco meses, começamos a observar a separação-individuação. Estudos preliminares levaram-nos a descrições experimentais de quatro subfases características de separação-individuação que – é nossa hipótese – ocorrem em todas as crianças normais"[30].

Nesse sentido, teríamos um primeiro momento (do 5º ao 10º mês, aproximadamente) no qual a criança, já ciente da mãe como externa a ela, mas da qual ela depende, começa timidamente a olhar para o mundo, fazer pequenas experimentações estando,

---

29 Mahler & La Perriere 1965, pp. 35-36.

30 Mahler & La Perriere 1965, p. 36.

por assim dizer, ainda no colo da mãe; trata-se da subfase da *diferenciação*:

> *A primeira subfase do processo de separação-individuação, a diferenciação, tem início aos cinco ou seis meses. Caracteriza-se pela diminuição da dependência corporal da mãe, até então total. Esta subfase coincide com a maturação das funções parciais de locomoção, como engatinhar, trepar e levantar-se. O bebê agora também começa a olhar além de seu campo visual imediato (esquadrinhando) e faz progressos na coordenação de mãos, boca e olhos; começa a manifestar prazer ativo no uso de todo seu corpo, mostra interesse pelos objetos e na persecução de objetivos, voltando-se ativamente para o mundo externo em busca de prazer e estimulação. São características deste período a investigação sensório-motora primitiva do rosto, cabelos e boca da mãe, como também os jogos de esconde-esconde iniciados pela mãe e logo assumidos pelo bebê. Essas funções emergentes são expressas em íntima proximidade da mãe e o bebê parece interessado principalmente em seus próprios movimentos corporais e em sua mãe. Isto é demonstrado de maneira particularmente clara pelo fato de o jovem bebê, até os dez meses, preferir brincar aos pés da mãe, preferência tornada manifesta pelo muito melhor desempenho e estabilidade de humor quando ao lado da mesma.*[31]

Em continuidade, tendo sido bem-sucedida nas suas experiências, ou seja, não perdendo a sustentação que a mãe fornece,

31 Mahler & La Perriere 1965, p. 36.

a criança intensifica sua atividade exploratória, experimenta a si mesma nas suas ações no mundo, experimenta a si mesma e ao mundo, evidentemente, ainda delimitado à segurança que a mãe pode fornecer. A esta fase (do 9º mês ao 12º mês), Mahler denomina "subfase da *exploração primitiva*". Essas experiências fornecem segurança e alegria, dado que a criança assim sustentada encontra no mundo aquilo que tem a ver com suas procuras; sustentado pela mãe, o mundo é interessante para a criança. É nesse sentido que Mahler caracteriza a próxima subfase (do 12º mês ao 15º mês) como a da *exploração*. Agrupando essas duas fases numa só, temos o seguinte comentário explicativo:

> *A segunda subfase de separação-individuação é constituída pelo período de exploração. Este se justapõe à subfase anterior, começando a qualquer momento depois dos dez meses e prosseguindo até cerca dos quinze meses. O bebê agora aumenta regularmente o desempenho de suas habilidades motoras e a exploração de seu ambiente em expansão, humano e inanimado. Isso, ele executa ao começar a engatinhar ou a rastejar. A principal característica dessa subfase é o grande investimento narcisista da criança em suas próprias funções e em seu próprio corpo, bem como nos objetos e objetivos de sua investigação da realidade em expansão. Torna-se relativamente imperturbável quanto a batidas, quedas e outras frustrações, como ter um brinquedo arrebatado por outra criança. Os adultos com quem está familiarizada são geralmente aceitos como substitutos da mãe em ambientes com os quais esteja acostumada (em contraste, haverá grande mudança a este respeito na subfase seguinte). Com a maturação do aparelho locomotor, a criança começa a aventurar-se*

> *além dos pés de sua mãe, ficando, com frequência, tão absorvida em sua própria atividade que, por longos períodos, parece esquecida da presença materna. Volta, porém, periodicamente, até a mãe, parecendo necessitar de "reabastecimento emocional" pelo contato físico com a mesma. Nessa segunda subfase, o bebê engatinha até sua mãe, levanta-se apoiado em suas pernas e a toca ou ali fica, simplesmente encostado à perna da mãe. Seu empenho explorador e, como é colocado por Greenacre (1960), "seu caso de amor com o mundo" duram curtos períodos de tempo, declinando assim que o bebê se cansa. Necessita então "reabastecer-se", chegando perto da mãe.*[32]

As experimentações bem-sucedidas propiciam também o surgimento de um novo sentimento ou necessidade, a de tornar-se mais independente da mãe, ou seja, a criança percebe que a mãe a sustenta, como também que a segura (no duplo sentido do termo, sustentando e limitando), percepção que a faz aspirar, então, a tornar-se mais independente, mais autônoma. Esta subfase (do 15º mês ao 24º), Mahler & La Perriere denominam *aproximação* ou *reaproximação*:

> *A terceira subfase, a reaproximação, começa quando a criança torna-se apta a caminhar e dura dos quatorze aos vinte e dois meses mais ou menos. À medida que vai dominando a locomoção, o bebê compreende estar autorizado e destinado a separar-se da mãe. Isto vai provocar o prazer do domínio (variando em grau nas diferentes crianças) e também a ansiedade de*

32 Mahler & La Perriere 1965, pp. 36-37.

separação. Cedo, em nosso estudo, reconhecemos que a ansiedade de separação em pequenas quantidades favorece o processo de individuação.

Pela metade do segundo ano, quando o bebê, ainda com dificuldade, começa a caminhar, aumenta cada vez mais a consciência de sua separação física. Com este conhecimento, começa a perder a impermeabilidade à frustração e o relativo esquecimento da presença materna. É nossa hipótese que o grande investimento narcisista exigido pelo período de exploração deixa de ser necessário uma vez alcançado o domínio; deste modo, a libido pode ser redistribuída e dirigida para outros objetos. Pequeno temor à perda objetal pode ser observado – apenas o suficiente para que o bebê pareça subitamente muito surpreendido por sua separação. Isto é observado, por exemplo, quando o bebê, ao ferir-se, descobre, para sua perplexidade, que a mãe não se encontra automaticamente ao seu lado.

Durante o período completo de separação-individuação, especialmente nas subfases de exploração e reaproximação, o amadurecimento do aparelho mental, principalmente dos aparelhos motor e cognitivo, torna o ego do bebê cônscio da separação. Defronta-se, portanto, com a necessidade de desvincular-se emocionalmente da mãe justamente no momento de enfrentar uma realidade externa ampliada. E tudo isto ocorre no meio do conflito psicossexual. O relativo esquecimento da presença materna, característica da segunda subfase – o período de exploração – é substituída pela ativa aproximação. Uma preocupação aparente e constante com o lugar onde se encontra a mãe caracteriza

> *a terceira subfase. À medida que descobre sua capacidade de movimentar-se para longe da mãe, o bebê parece ter incrementados o desejo e a necessidade de tê-la por perto compartilhando de cada nova aquisição de habilidade e experiência. Por esta razão, chamamos a terceira subfase de período de reaproximação.*[33]

Ao fim desta fase, duas grandes conquistas afetivas e cognitivas estariam, então, estabelecidas: por um lado, o indivíduo teria chegado à integração de si mesmo numa unidade, a unidade do sujeito psicológico, a unidade do EU, então como algo separado da mãe e do mundo; e, por outro, a própria apreensão da realidade externa, a apreensão dos objetos do mundo como externos à criança, ou aquilo a que Piaget denominou "objeto permanente". Mahler denominará este período (do 24º ao 30º mês), em que esses processos se consolidam, como "subfase do *início da constância do objeto*":

> *A quarta subfase é caracterizada pelo desenvolvimento de complexas funções cognitivas: comunicação verbal, fantasia e critério de realidade. Nesse período de rápida diferenciação do ego, dos vinte ou vinte e dois meses até os trinta ou trinta e seis meses, a individuação desenvolve-se de tal maneira que mesmo uma descrição superficial fugiria ao objetivo deste estudo. É suficiente dizer que o estabelecimento de representações mentais do self distintamente separadas das representações de objeto abrem caminho para a constância objetal. A presença real e constante da mãe não é mais tão imperativa.*[34]

---

33 Mahler & La Perriere 1965, p. 37.

34 Mahler & La Perriere 1965, p. 37.

Podemos apresentar, sinteticamente, as fases e suas dinâmicas e/ou processos de desenvolvimento:

Quadro 6.1 – Estágios desenvolvimento

Estágio	Idade	Foco/tarefas/conquistas
Autismo normal	0-0 mês	O bebê está concentrado no seu próprio estágio fisiológico.
Simbiose normal	1-5 meses	O bebê responde mais a outros estímulos, mas está sob a ilusão de que ele e a mãe são um só.
Separação-individuação	5-30 meses	
Diferenciação	5-10 meses	No colo da mãe, afasta-se para estudá-la e estudar o mundo.
Exploração primitiva	9-12 meses	Usa a mãe como base para explorar.
Exploração	12-15 meses	Explora o mundo com uma intensa alegria.
Aproximação	15-24 meses	Percebe que necessita da mãe, antes de tudo – mas espera tornar-se independente.
Início da constância do objeto	24-30 meses	Cria uma imagem interna da mãe e pode separar-se dela.

Não se tratou, aqui, de descrever mais em detalhes todas as dinâmicas e fenômenos que caracterizariam cada uma dessas fases, mas sim de retomá-las para poder ter delas uma compreensão geral. Por determinada perspectiva, Mahler, ao lado de Spitz, procura fazer uma descrição detalhada do que ocorre no 1º e no 2º anos de vida, mais ainda, ela está associando as dinâmicas descritas com dinâmicas de estados psicopatológicos, afirmando, então, que as psicoses são, na sua dinâmica e natureza, modos de funcionamento primitivos que ficaram fixados ou que não puderam ser desenvolvidos em direção à constituição do *indivíduo*. A sua linguagem, referindo-se ao *autismo*, por um lado, e à *simbiose*, por outro, também fornece modos de compreensão do processo de desenvolvimento, em termos relacionais, acentuando a importância do ambiente nesse processo.

6.5 A matriz de análise crítica

Dadas essas caracterizações gerais, podemos, então, retomar o que é a estrutura da nossa matriz analítica de compreensão das teorias psicanalíticas do desenvolvimento, para termos uma visão e compreensão geral dessa perspectiva.

Quadro 6.2 – Apreensão geral da teoria do desenvolvimento do ponto de vista de Margareth Mahler

Foco temático	Margaret Mahler – Teoria da separação-individuação.
1. Problema básico	Psicoses, unidade do sujeito psicológico separado da mãe.
2. Problema universal	Processo de individuação.
3. Fundamentos operativos	Autismo, simbiose, indivíduo, constância do objeto, mundo simbólico.
4. Ontologia	Metapsicologia freudiana, pulsões, sexualidade, relações de objeto.
5. Método	Clínico, experimental (observação de situações naturais, grupo controle, testes). Método tripartite (mãe, criança, terapeuta) de observação e tratamento.

6. Fases – Estágios – Idades	• Autismo normal (0-0 mês) • Simbiose normal (1-5 meses) • Separação-diferenciação (5-30 meses) • Diferenciação (5-10 meses) • Exploração primitiva (9-12 meses) • Exploração (12-15 meses) • Aproximação (15-24 meses) • Início da constância do objeto (24-30 meses)
7. Valor heurístico e utilidade	Reconhecida como uma perspectiva psicanalítica para a compreensão da origem das psicoses, considerando determinantes hereditários e ambientais, fundamentada na observação clínica e de situações naturais (preparadas para isso e com metodologia de controle, estabelecendo grupo de controle para referência). O método tripartite, tanto para observação como para tratamento, ampliou o foco de observação, descrição e tratamento das psicoses e do desenvolvimento emocional; ainda que não tenha sido amplamente adotado e não tenha se estabelecido como um sistema de referência no campo da psicanálise, talvez por reduzir o foco de compreensão dinâmica a uma analogia com o autismo e a simbiose (sendo que estaríamos num campo de fenômenos mais complexo).

6.6 *Avaliação crítica*

Em 1961, Mahler encontrou-se com Anna Freud, em Hampstead, discutindo, então, sua proposta de compreensão sobre o desenvolvimento. A. Freud a avalia como por demais reducionista para a compreensão de um processo que se apresenta muito mais complicado, muito mais amplo, em termos das suas explicações causais, do que Mahler apresentava; no entanto, sem deixar de considerar que havia ali uma contribuição importante, que ela mesma acabará usando na ampliação da sua própria teoria do desenvolvimento emocional.

Duas críticas podem ser feitas: uma de natureza descritiva e outra de natureza epistemológica. No primeiro caso, a descrição do que fazerem o bebê e a criança, nas fases descritas, parece ser uma formulação apenas inicial, pouco rica em seus detalhes, não detalhando as potencialidades do bebê, suas ações, seus pontos de vista, a relação com o ambiente, o modo como este se relaciona com o bebê, as conquistas específicas de cada período etc. Além disso, nessa mesma direção, o processo de separação e de individuação é *apenas um* dos aspectos ou fenômenos do desenvolvimento, e não o seu padrão ou dinâmica de referência para contribuição de todos os fenômenos e conquistas envolvidos nesse processo. Na segunda crítica, de natureza metodológico-epistemológica, Mahler projeta, por analogia, uma dinâmica apresentada nas relações entre os animais (a simbiose) para aplicá-la na psicologia humana, ou seja, ela aplica uma analogia sem criticar o seu alcance, suas condições de possibilidade e suas diferenças em relação à simbiose quando utilizada na biologia.

Por vezes, considera-se que Mahler desenvolveu uma teoria que contribui e reitera a teoria do apego de John Bowlby. Inclusive, alguns pesquisadores do desenvolvimento, por exemplo, Daniel Stern, dirão que a sua perspectiva de compreensão deriva de uma conjugação das propostas de Margaret Mahler com as de John Bowlby. Não estou certo de que a ontologia defendida por Mahler (centrada nas pulsões e na teoria da libido) possa, no entanto, ser considerada como a que propõe Bowlby (o apego como impulso da espécie, numa perspectiva neodarwinista). Ainda que, na descrição do comportamento de dependência e na descrição dos modos como o bebê se liga com a mãe, possamos encontrar descrições fenomenológicas próximas e complementares.

Por fim, trata-se ainda de considerar qual é o valor operativo deste tipo de teoria para o tratamento das psicoses. Ao que parece, o entendimento não deixa de ser correto, no que concerne à referência ao estado de indiferenciação eu-outro que caracteriza a psicose, como se ela descrevesse os pontos de chegada (ou o estado) do bebê e da criança em cada uma das fases, sem, no entanto, descrever mais claramente o conjunto de interpelações do bebê com o ambiente que impulsionam e determinam o progresso desse processo de separação e constituição da identidade. Nesse sentido, Mahler não teria oferecido uma compreensão mais objetiva e operativa sobre a forma como deve proceder o analista, no campo da experiência transferencial, no caso do tratamento de pacientes psicóticos.

6.7 Referências

Principais trabalhos

Mahler, M. S. (1941). Schizophrenia in childhood. *Nervous Child*, *1*, 137-150.

Mahler, M. S. (1944). Tics and impulsions in children: a study in motility. *Psychoanalytic Quarterly*, *13*, 430-444.

Mahler, M. S. (1949a). A psychoanalytic evaluation of tic in psychopathology of children: symptomatic tic and tic syndrome. *The Psychoanalytic Study of the Child*, *3-4*, 279-340.

Mahler, M. S. (1949b). Remarks on psychoanalysis with psychotic children. *Quarterly Journal of Child Behavior*, *1*, 18-21.

Mahler, M. S. (1952). On child psychosis and schizophrenia: autistic and symbiotic infantile psychoses. *The Psychoanalytic Study of the Child*, *7*, 286-305.

Mahler, M. S. (1952). On child psychosis and schizophrenia: autistic and symbiotic infantile psychoses. *The Psychoanalytic Study of the Child*, *7*, 286-305. (*O Processo de Separação-Individuação*. Porto Alegre: Artes Médicas, 1982).

Mahler, M. S. (1958a). Autism and symbiosis: two extreme disturbances of identity. *International Journal of Psychoanalysis*, *39*, 77-83.

Mahler, M. S. (1958b). On two crucial phases of integration of the sense of identity: separation-individuation and bisexual identity. *Journal of the American Psychoanalytic Association*, *6*, 136-139.

Mahler, M. S. (1961). On sadness and grief in infancy and childhood: loss and restoration of the symbiotic love object. *The Psychoanalytic Study of the Child*, *16*, 332-351.

Mahler, M. S. (1963). Thoughts about development and individuation. *The Psychoanalytic Study of the Child*, *18*, 307-324.

Mahler, M. S. (1965a). On early infantile psychosis: the symbiotic and autistic syndromes. *Journal of the American Academy of Child Psychiatry*, *4*, 554-568.

Mahler, M. S. (1965b). On the significance of the normal separation-individuation phase: with reference to research in symbiotic child psychosis. In M. Schur (Ed.), *Drives, affects and behavior* (Vol. 2, pp. 161-169). New York: International Universities Press.

Mahler, M. S. (1968). On human symbiosis and the vicissitudes of individuation. In *Infantile Psychosis* (Vol. 82). London: International Universities Press.

Mahler, M. S. (1974). Symbiosis and individuation: the psychological birth of the human infant. In *The selected papers of Margaret S. Mahler* (Vol. II). New York: Jason Aronson.

Mahler, Margareth S. (1979a). *As psicoses infantis e outros estudos.* Porto Alegre: Artes Médicas.

Mahler, Margareth S. (1979b). *O processo de separação-individuação.* Porto Alegre: Artes Médicas, 1982.

Mahler, M. S. (1979c). *The selected papers of Margaret S. Mahler* (Vol. I: Infantile-psychoses & Early Contribuitions; Vol. II:. Separation-Individuation). New York: Jason Aronson.

Mahler, M. S. (1993). *The Memoirs of Margaret S. Mahler.* London: Routledge.

Principais trabalhos em parceria com outros autores

Mahler, M. S., & Elkish, P. (1953). Some observations on disturbances of the ego in a case of infantile psychosis. *The Psychoanalytic Study of the Child, 8*, 252-261.

Mahler, M. S., & Furer, M. (1960). Observations on research regarding the 'Symbiotic Syndrome' of infantile psychosis. *Psychoanalytic Quarterly, 29*, 317-327.

Mahler, M. S., & Gosliner, B. J. (1955). On symbiotic child psychosis: genetics, dynamic and restitutive aspects. *The Psychoanalytic Study of the Child, 10*, 195-212.

Mahler, M. S., & Gross, I. H. (1945). Psychotherapeutic study of a typical case with tic syndrome. *Nervous Child*, *4*, 359-373.

Mahler, M. S., & Luke, J. A. (1946). Outcome of the tic syndrome. *Journal of Nervous and Mental Disease, 103*, 433-445.

Mahler, Margareth S., & La Perriere, Kitty. (1982 [1965]). A interação mãe-filho durante a separação-individuação. *O processo de separação-individuação* (pp. 35-45). Porto Alegre: Artes Médicas.

Mahler, M. S., & McDevitt, J. (1980). The separation–individuation process and identity formation. In S. I. Greenspan & G. S. Pollock (Eds.). *The course of life: psychoanalytic contributions toward understanding personality development* (Vol. I: *Infancy and early childhood*; pp. 395-406). Bethesda, MD: National Institute of Mental Health.

Mahler, M. S., Pine, F., & Bergman, A. (1970). The mother's reaction to her toddler's drive for idividuation. In E. J. Anthony & T. Benedek (Eds.). *Parenthood: its pychology and pychopathology* (pp. 257-274). Boston: Little, Brown.

Mahler, M. S., Pine, F., & Bergman, A. (Eds.). (1975). *The Psychological birth of the human infant. Symbiosis and individuation.* New York: Basic Books. (*O nascimento psicológico da criança. Simbiose e individuação*. Rio de Janeiro: Zahar, 1977).

Mahler, M. S., & Rangell, L. (1943). A psychosomatic study of maladie des tics (Gilles de la Tourette's Disease). *Psychiatric Quarterly*, *17*, 579-603.

Mahler, M. S., Ross, J. R., & DeFries, Z. (1948). Clinical studies in benign and malignant cases of childhood psychosis (schizophrenia-like). *American Journal of Orthopsychiatry*, *19*, 295-305.

Mahler, M. S., & Silberpfennig, J. (1941). Discussion of mother types encountered in child guidance clinics. *American Journal of Orthopsychiatry*, 11, 484.

McDevitt, J., & Mahler, M. S. (1980). Object constancy, individuality, and internalization. In S. I. Greenspan & G. S. Pollock (Eds.). *The course of life: Psychoanalytic contributions toward understanding personality development*, Vol. I: Infancy and Early Childhood (pp. 407 – 424). Bethesda, MD: National Institute of Mental Health.

Bibliografia geral

Bergman, A. (1987). Tribute to Margaret S. Mahler. *Psychoanalytic Inquiry*, *7*, 307-309.

Bergman, A. (2000). Merging and emerging: separation-individuation theory and the treatment of children with disorders of the sense of self. *Journal of Infant, Child & Adolescent Psychotherapy*, *1*, 61-75.

Bond, A. H. (2008). *Margaret Mahler: a biography of the psychoanalyst*. Jefferson, Nort Carolina: McFarland.

Cristie, A. (2012). *Autobiografia*. Porto Alegre: L&P Editores, 2015.

Ferenczi, S. (1913). Stages in the development of the sense of reality. In *Sex in psychoanalysis: The selected papers of Sandor Ferenczi* (Vol. 1, pp. 213-239). New York: Basic Books.

Foucault, M. (1954). *Doença mental e psicologia*. Rio de janeiro. Edições Tempo Brasileiro, 1975.

Freud, S. (1953-1974). *The Standard Edition of the Complete Psychological Works of Sigmund Freud* – SE (12 vols.). London: Hogarth Press.

Freud, S. (1911b). *Formulations on the two principles of mental functioning*. SE 12.

Freud, S. (1914c). *On narcissism*. SE 14.

Freud, S. (1923a). *Two encyclopaedia articles*. SE 18.

Greenacre, P. (1960). Considerations regarding the parent-infant relationships. In *Emotional Growth* (Vol. 1, pp. 199-224). New York: International Universities Press.

Hartmann, H. (1939). *Ego psychology and the problem of adaptation*. New York: International University Press, 1958.

Hartmann, H., Kris, E., & Loewenstein, R. M. (1946). Comments on the formation of psychic structure. *Psychoanalytic Study of the Child, 2*, 11-38.

Kant, I. (2006 [1798]). *Antropologia de um ponto de vista pragmático*. São Paulo: Iluminuras, 2006.

Klein, M. (1930). A importância da formação de símbolos no desenvolvimento do ego. *Obras completas de Melanie Klein* (Vol. I: *Amor, culpa e reparação e outros trabalhos 1921-1945*; pp. 249-264). Rio de Janeiro: Imago.

Palombo, J., Bendicsen, H. K., & Koch, B. J. (2010). Chapter 9. Margareth Mahler (1897-1985). In *Guide to psychoanalytic developmental theories* (pp. 163-180). New York: Springer.

Pine, F., & Furer, M. (1963). Studies of the separation-individuation phase – A methodological overview. *Psychoanalytic Study of the Child, 18*, 325-342.

Roudinesco, E., & Plon, M. (1998). *Dicionário de psicanálise*. Rio de Janeiro: Jorge Zahar Editor.

Spitz, R. A. (1965). *The first year of life: a psychoanalytic study of nomal and deviant developmemt of object relations*. New York: International University Press.

Stern, D. (1985). *O mundo interpessoal do bebê*. Porto Alegre: Artes Médicas, 1992.

Woolf, V. (2013 [1928]). *Orlando*. São Paulo: Editora Landmark, 2013.

Apêndice. A epistemologia genética de Jean Piaget como uma teoria do desenvolvimento das estruturas cognitivas

Neste capítulo, proponho-me a apresentar a teoria do desenvolvimento cognitivo do ponto de vista da obra de Jean Piaget, a partir da minha matriz histórico-crítica – na qual são colocados em evidência analítica o ponto de partida ou problema empírico de base, a perspectiva ou ponto de vista universal (temático) do qual a teoria se ocupa, o modelo ontológico considerado, o conjunto de instrumentos teóricos utilizados para apreender os fenômenos e suas dinâmicas, as fases do desenvolvimento com suas dinâmicas e conquistas, o método utilizado para apreensão-sistematização-interpretação dos dados observados, e o valor de uso da perspectiva teórico-descritiva em questão –, procurando mostrar que essa matriz é utilizável (e tem um valor heurístico importante no seu modo de organizar os dados teóricos e descritivos) para compreender sistematicamente todos os tipos de teorias do desenvolvimento.

A partir de uma visão geral dada por esta matriz, temos um conjunto de fenômenos e conceitos que possibilitam colocar todas as teorias desenvolvimentistas em posição de comparação e diálogo, ainda que nem todos os aspectos e fenômenos de uma teoria encontrem relação de correspondência noutras teorias.

Neste sentido, este livro e cada um dos seus capítulos – e, no caso, também este apêndice – podem ser usados separadamente (e, por isso, comportam algumas repetições que explicitam sua proposta no início de cada capítulo) e têm dois objetivos que se complementam: por um lado, explicitar como os psicanalistas entendem o desenvolvimento emocional, seja em termos teóricos, seja em termos descritivo-fenomenológicos (como fiz nos capítulos anteriores); e, por outro, tendo feito esta apresentação de forma sistemática, organizada e padronizada, poder levar as contribuições dos psicanalistas para o campo das ciências ou teoria do desenvolvimento, mostrando que os dados apreendidos pelo método clínico-subjetivo da psicanálise podem se articular, estimular e comunicar-se com os dados apreendidos pelos métodos de observação objetiva de outras perspectivas teóricas desenvolvimentistas. Neste segundo caso, aplicando minha matriz para a teoria do desenvolvimento cognitivo de Jean Piaget, mostro como os focos e temas estabelecidos podem encontrar noutras teorias as mesmas perspectivas e perguntas, colocando, então, as teorias em diálogo.

* * *

A epistemologia genética de Piaget, interpretada como uma teoria do desenvolvimento das estruturas cognitivas e dos atos cognitivos, de seus conteúdos e de suas dinâmicas,[1] já foi apresentada

1 Algumas diferenciações conceituais e terminológicas deveriam ser levadas em conta, diferenciando a *epistemologia genética* (o estudo da gênese do conhecimento), a *psicologia genética* (o estudo da gênese das diversas organizações psicológicas do ser humano) e as *teorias do desenvolvimento* (que visam a apresentação do processo contínuo que leva o ser humano, fase a fase, do seu estado inicial imaturo até a sua maturidade, com a conquista/aquisição/construção/realização dos seus potenciais e potências humanas), para que fôssemos rigorosamente mais precisos em nossas referências semânticas. No

inúmeras vezes; ela consta em quase todos os manuais de teoria do desenvolvimento como uma perspectiva cognitivista, e não haveria interesse em refazer, mais uma vez, essa estrada já tão conhecida, a não ser que quiséssemos chegar a outro lugar, a não ser que não se tratasse apenas de reproduzir, de maneira escolar, o que Piaget formulou (e tem sido ampliado, discutido etc. após ele, nesse campo).[2] Pois bem, é justamente esta a minha proposta, reapresentar a sua teoria do desenvolvimento do conhecimento (da estrutura cognitiva, dos atos cognitivos, do pensamento, da inteligência, da mente[3]) no quadro de uma matriz analítica que possa

---

entanto, ainda que útil noutros contexto, neste artigo estarei mais preocupado com a apresentação de uma perspectiva geral de entendimento, com base em Piaget, do processo de desenvolvimento, na criança, da sua Faculdade de Conhecer, o que conjuga a epistemologia, a psicologia e a teoria do desenvolvimento nessa perspectiva pesquisada por Piaget.

2 Podemos indicar alguns comentadores da obra de Piaget (Flavell 1963; Kesselring 1993; Müller, Carpendale & Smith 2009; Richmond 1970; Souza 2014; Taille 1992a, 1992b; Taille, Oliveira & Dantas 1992) que já se dedicaram à análise desse tipo.

3 Piaget se refere ao desenvolvimento das estruturas cognitivas, dos atos cognitivos, do conhecimento, da inteligência, da mente, do pensamento etc., tendo em mente a preocupação com a sua gênese, seus conteúdos, suas dinâmicas, seja em termos epistemológicos, seja em termos psicológicos. Há uma discussão na qual alguns consideram que a epistemologia e a psicológica genética não foram pensadas por ele como uma teoria do desenvolvimento, no sentido de que a teoria de Piaget é muito mais uma teoria construtivista; e, noutro sentido, que seria redutor considerar sua teoria como focada apenas na cognição, dado que os afetos, sempre presentes, não deixam de ser considerados, ainda que Piaget não tenha colocado seu foco de pesquisa neles. Sendo ou não pensada, inicialmente, como uma teoria do desenvolvimento, tendo sua natureza construtivista reconhecida como uma de suas características essenciais, explicitado que o desenvolvimento dos aspectos cognitivos (do conhecimento, da mente, da inteligência etc.) não pode ser pensado sem a presença dos afetos, é possível afirmar que as descobertas de Piaget descrevem e explicam como ocorre o desenvolvimento cognitivo, dos atos cognitivos e das estruturas cognitivas. é este aspecto da sua proposta, de poder ser considerada uma proposta

servir para analisar todas as teorias do desenvolvimento, de modo que os elementos que compõem essa matriz possam referir-se aos fenômenos, suas descrições e dinâmicas de funcionamento, para que, uma vez preenchida a matriz com os dados de Piaget, possamos colocá-la em comunicação e diálogo com outras teorias do desenvolvimento.[4] No entanto, é ainda preciso esclarecer, epistemologicamente, que tipo de comunicação e diálogo procura-se estabelecer.

A.1 Esclarecimento epistemológico: a incomensurabilidade entre teorias díspares

Parto da seguinte pergunta: as teorias do desenvolvimento, nos seus mais diversos campos (fisiológico, cognitivo, socioemocional) e seus mais diversos tipos (educacionais, cognitivas, psicanalíticas, etológicas etc.), estariam se referindo a uma mesma realidade, apreendida de diversos pontos de vista?

Por um lado, é um fato que, inicialmente, os diversos tipos de teorias do desenvolvimento foram elaboradas e aprimoradas em seus universos semântico-teórico-históricos específicos, sem que, talvez, nem mesmo se tenha colocado essa questão, mas, por outro lado, no momento em que estamos, com uma diversidade já consolidada de propostas, é necessário dar uma resposta a essa

---

de descrição desenvolvimentista do conhecimento e dos modos de conhecer, que é objeto deste meu estudo.

4 Esta proposta está inserida num projeto de pesquisa que visa apresentar, analisadas por essa matriz aqui indicada, as teorias psicanalíticas do desenvolvimento. A inclusão da obra de Piaget nesse contexto serve como uma indicação para mostrar que essa matriz também poderia ser usada em outras perspectivas.

pergunta, pois dela depende o modo de aprofundar as pesquisas e de estabelecer ou não um diálogo e uma contribuição entre elas.

Se a resposta à pergunta (todas estão se referindo a uma mesma realidade?) for *sim*, trata-se, então, de procurar uma síntese entre elas. Esta perspectiva epistemológico-metodológica pode ser denominada como a de um ponto de vista eclético:

> *Os cientistas do desenvolvimento da atualidade tentam evitar o tipo de adesão rígida a uma única perspectiva teórica que era característica de teóricos como Freud, Piaget e Skinner. Em vez disso, eles enfatizam o ecletismo, o uso de múltiplas perspectivas teóricas para explicar e estudar o desenvolvimento humano.*[5]

Se a resposta for *não*, considerando que as diversas perspectivas semântico-teóricas são como *paradigmas* – no sentido que Thomas Kuhn[6] dá a esse termo –, então, estes podem estar se referindo a realidades diferentes e não seriam, pois, sintetizáveis (ou, como diz Kuhn, são incomensuráveis, pois se referem a realidades díspares). Nessa direção, reiterando essa posição de Kuhn, Green afirma: "No estado atual do conhecimento, não há acordo sobre a teoria do desenvolvimento. A criança observada por Spitz, Margaret Mahler, Daniel Stern, Esther Bick, Lebovici, Emde ou Winnicott não é a mesma criança, e os resultados são significativamente diferentes de um pesquisador para outro".[7]

De um lado, a *síntese* e, de outro, a *cisão* em mônadas (sem portas e sem janelas)! Creio, no entanto, haver uma terceira via

5 Parke 2004, citado por Boyd & Bee 2011.

6 Thomas Kuhn 1970, 1977, 2000.

7 Green 2003, p. 42.

que articula três concepções epistemológico-metodológicas. Para compreendê-la, deve-se:

1. primeiro, reconhecer que há dois tipos de conceito na composição das teorias científicas, aqueles que têm referentes empíricos na realidade fenomênica e aqueles que são apenas construções auxiliares, ficções heurísticas, no auxílio à procura dos fenômenos e de suas relações de determinação recíproca.

2. segundo, considerar que a análise de Khun mostra que determinado sistema semântico-conceitual ou semântico-teórico constitui a realidade (a qual apreende os fenômenos, enuncia os problemas e encaminha as soluções) da qual fala e descreve.

3. terceiro, considerar que há fenômenos reconhecidos como semelhantes ou muito próximos, quando estudamos as diversas teorias do desenvolvimento (por exemplo, a constituição do Eu e a conquista da possibilidade de apreensão de objetos, como externos ao Eu, enquanto uma conquista do processo de desenvolvimento, seja cognitivo, seja emocional), bem como a constatação de que há fenômenos impossíveis de serem considerados em sistemas díspares (o inconsciente, o recalque, o reforço positivo constituindo comportamentos, o apego, as pulsões etc.).

Como, então, consolidar essas três condições? Proponho que, ao analisar determinado sistema teórico-semântico-descritivo que caracteriza uma determinada teoria do desenvolvimento, procuremos, sempre, colocar em evidência os fenômenos que ela pode apreender e descrever. Esses fenômenos, assim apreendidos, podem servir como estímulos e/ou incitações para que outro sistema possa vir a considerar algo que não havia ainda considerado (seja de forma total, seja de forma parcial), redescrevendo os fenômenos (e/ou sua dinâmica) no seu próprio quadro semântico-teórico, expandindo, assim, o seu poder de enunciar e resolver problemas. Esta proposta possibilita conjugar, paradoxalmente, o fato de que as teorias estariam e não estariam se referindo aos mesmos fenômenos, daí minha proposta de caracterizar essa via como a de uma *comunicação paradoxal entre sistemas incomensuráveis.*[8]

A.2 Em que perspectiva e dentro de que contexto Piaget será interpretado?

A epistemologia genética de Piaget é uma tentativa de explicar a forma como são gerados estruturalmente os modos de conhecer o mundo, a partir de uma situação, a do recém-nascido que tem uma capacidade de conhecer muito limitada ou imatura. É, pois, nesse sentido que procura descrever como o homem passa a conhecer o mundo, como constrói os modos de conhecer o mundo, construindo e constituindo seu pensamento, sua mente, sua inteligência, que proponho minha análise histórico-crítica da teoria do desenvolvimento elaborada por Piaget.

Ao que sei, não há uma apresentação de Piaget com vistas à compreensão estrutural da sua teoria do desenvolvimento da maneira como estou propondo,[9] o que pode ser útil para outras

---

8 Uma análise epistemológica mais detalhada desta perspectiva está em Fulgencio 2020.

9 Minha perspectiva de análise tem um forte apoio na compreensão que Thomas Khun tem sobre o que é a ciência e seus desenvolvimentos, especialmente na sua maneira de conceber o que são os paradigmas ou matrizes paradigmáticas (por sua vez, compostas por diversos elementos, entre eles a noção de exemplar, de teoria geral-guia, modelo metafísico e valores teóricos e práticos). Ainda que eu não esteja aplicando esses mesmos critérios (elementos para compreensão do paradigma de Piaget), é com base nessa perspectiva que construí uma matriz de análise crítica, como comentarei a seguir. Essa

pesquisas e outros pesquisadores, especialmente quanto à caracterização do modelo ontológico de referência (presente como fundamento e pano de fundo do seu pensamento) e à maneira como se fez a passagem dos problemas empíricos singulares para o problema universal do desenvolvimento.

Ao aproximar sistemas teóricos díspares, sempre incorremos nos problemas de uma ética da terminologia, pois os mesmos termos (por exemplo: intuição, percepção, estrutura, mente, cognição, inteligência, afeto, psiquismo, pensamento etc.) podem ter referentes díspares nesses sistemas; contudo, termos diferentes podem, da mesma maneira, ter o mesmo referente. Sem o cuidado com uma ética da terminologia, é comum o colapso nas comunicações, é comum presenciarmos (vendo uma comunicação em que não se comungam o sentido e o referente dos termos usados) o ridículo espetáculo já descrito por Kant, no qual *um homem ordenha um bode*, enquanto o outro procura aparar o leite com uma peneira, colocando-a sob a barba desse bode.[10]

---

interpretação de Piaget difere, pois, da feita por Piattelli-Palmarini (1979), que encontra apoio numa epistemologia das ciências que tem em Lakatos e Holton seus autores de referência. Além disso, Piatelli-Palmarini propôs traçar um esboço "arqueológico" do programa de pesquisa de Piaget e, nesse sentido, não é este o meu objetivo (ou seja, não estou procurando o mesmo objetivo que Piattelli-Palmarini, mas utilizando Khun, em vez de Lakatos e Holton), minha intenção é mostrar um quadro que possibilite compreender a proposta de Piaget, passível de ser interpretado como uma teoria do desenvolvimento, fornecendo um contexto analítico-crítico para a apreensão de determinados fenômenos do desenvolvimento que, num diálogo com outras teorias do desenvolvimento, possa contribuir para elaborações mútuas, ainda que cada sistema ou teoria fiquem delimitados ao seu cenário semântico-teórico-fenomenológico.

10 Diz Kant: "É já grande e necessária prova de inteligência ou perspicácia saber o que se deve perguntar de modo racional. Pois que se a pergunta é em si disparatada e exige respostas desnecessárias, tem o inconveniente, além de envergonhar quem a formula, de por vezes ainda suscitar no incauto ouvinte respostas absurdas, apresentando, assim, o ridículo espetáculo de duas pessoas,

Não se trata, pois, de fazer uma prática de sinonímia entre sistemas, nem de procurar uma síntese entre eles (missão impossível), mas de procurar entender quais foram os fenômenos vistos e descritos do ponto de vista de uma determinada perspectiva.

Cabe, aqui também, informar o leitor de onde vem essa proposta de leitura, base conceitual para a construção da matriz analítica histórico-crítica, que estou propondo para a compreensão deste paradigma científico. A obra de Thomas Kuhn, com a proposta de que toda ciência se estrutura em termos de uma matriz paradigmática a partir da qual os problemas são enunciados e resolvidos, ofereceu-me a estrutura teórico-conceitual para minha proposta. Em Kuhn, toda ciência madura tem um paradigma (ou matriz paradigmática) que fornece o quadro no qual os problemas são colocados e as soluções procuradas, resultando em que cada paradigma estabeleça os problemas e suas soluções como se fossem quebra-cabeças de *determinado tipo* (a serem resolvidos), todos os problemas são quebra-cabeças e aqueles ainda não resolvidos fornecem a estrutura do que se deve procurar para resolvê-los. Uma matriz paradigmática é composta de diversos elementos compartilhados (com maior ou menor precisão) pelos membros da comunidade científica daquele paradigma ou ciência, a saber: um problema ou modelo *exemplar*, que fornece um problema básico, simples e/ou até mesmo esquematizado, que serve como modelo para pensar todos os problemas (empíricos e/ou teóricos) daquele campo; uma expressão conceitual teórica (simbólica ou descritiva) que também serve como estrutura para o pensamento sobre os fenômenos e problemas daquele campo; *modelos ontológicos*, que fornecem um tipo de referência sobre a estrutura essencial dos objetos de estudo, e *modelos heurísticos*, que fornecem as analogias e

das quais (como os antigos diziam) uma ordenha o bode enquanto a outra apara com uma peneira" (Kant 1787 [1781], *Crítica da razão pura*, B 82).

modelos operativos mais comumente usados pelos integrantes daquela matriz; e, por fim, um conjunto de *valores teóricos e práticos* mais específicos, que orientam a prática de pesquisa e de resolução de problemas.

Foi com base, pois, nessa concepção que elaborei uma matriz analítica visando uma apresentação histórico-crítica das teorias do desenvolvimento, cuja compreensão pode oferecer um conjunto de referências empíricas (os referentes dos conceitos) concernentes a determinada perspectiva, o que torna possível não só conhecer a estrutura de certo modo de pensar o desenvolvimento, como também os fenômenos descritos por determinada teoria.

Minha proposta é, então, reapresentar a proposta de Piaget como uma teoria do desenvolvimento do *pensamento*, colocando em foco os seguintes temas (elementos que compõem minha matriz de análise histórico-crítica): 1. a formulação do seu problema inicial, foco e *télos* de seu trabalho, que, ao se desenvolver, acaba por descrever, na procura de uma compreensão universal desse processo, a forma como o conhecimento e os modos de conhecer são gerados e estruturados, passo a passo e de maneira cada vez mais complexa, o que pode ser considerado, descritivamente, o apontamento de uma compreensão do desenvolvimento ou de uma teoria do desenvolvimento; 2. ontologia e fundamentos do pensamento de Piaget; 3. as fases (suas dinâmicas, mais do que a sua cronologia, os acontecimentos próprios a cada momento desse desenvolvimento etc.) que podem ser interpretadas como constituintes de uma teoria do desenvolvimento na forma de um sistema integrado; 4. os métodos utilizados para apreensão, sistematização e interpretação dos fenômenos assim observados; 5. a matriz analítica para uma visão geral da sua teoria do desenvolvimento; 6. considerações gerais sobre a proposta de Piaget no quadro das teorias do desenvolvimento.

Poder-se-ia objetar que não seriam esses aspectos os que Piaget apresentaria como essenciais na sua epistemologia genética, que uma apresentação nesse sentido deveria colocar em destaque questões como a lógica do pensamento e a autorregulação. Mais ainda, seria necessário fazer uma diferenciação, em Piaget, entre a sua epistemologia genética (que visa o estudo da gênese e da estrutura do conhecimento ou dos modos de conhecer) e a sua psicologia genética (que visa o estudo do sujeito psicológico, empírico por oposição ao transcendental [à semelhança de Kant], o sujeito que constrói e realiza os diferentes modos de conhecer o mundo). No entanto, não é esse o meu propósito. A minha apresentação de Piaget, em função da minha matriz analítica, visa, por um lado, mostrar como ele concebeu, inspirado em Kant, a estrutura da nossa Faculdade de Conhecer e, por outro, como ele descreveu o processo que leva à construção dessa faculdade em seus mais diversos níveis, podendo, então, colocá-lo como um autor que descreveu, passo a passo (ainda que lacunas possam ser reconhecidas), o desenvolvimento do pensamento da estrutura cognitiva ou, dizendo de outra maneira, da mente, da inteligência, enfim, do conhecimento e dos modos de conhecer.[11]

---

11 Estes termos (cognição, mente, pensamento, inteligência, conhecimento, Faculdade de Conhecer, modos de conhecer) são aqui tomados como sinônimos, ainda que, num estudo mais focal, referido a sistemas teórico-semânticos específicos (e mesmo dentro de Piaget), exijam que diferenciações sejam feitas. No entanto, para meus objetivos gerais – no cômputo do projeto geral que visa uma compreensão sistêmica das teorias do desenvolvimento, com a possibilidade de diálogo e contribuição entre as diversas teorias do desenvolvimento –, isso não é necessário.

A.3 O ponto de partida de Piaget: sua pergunta sobre a gênese e o desenvolvimento do conhecimento e dos modos de conhecer

O problema de Piaget, que dirige todos os seus esforços intelectuais, é o de saber como se dá a formação do conhecimento, como o homem, como espécie, desenvolveu essa capacidade de apreensão do mundo, tão rica e cheia de recurso, enfim, como o homem chegou a constituir-se como homem e, assim, agir sobre seu mundo. Era preciso ter acesso à história filogenética, mas isso é impossível. Piaget procura, então, outro meio de acesso a essa história, compreendendo que é na história do desenvolvimento de cada criança, de cada indivíduo, que reside o acesso a essa história, universalmente reproduzida na história de cada homem. Diz Piaget, nesse sentido:

> *Eu estava, de um lado, interessado pela biologia e, de outro, pelos problemas do conhecimento em geral. Considerado biólogo, eu queria compreender como o conhecimento se forma, qual é a sua gênese, o modo de elaboração, e aí, o terreno de investigação ideal teria sido o homem pré-histórico, como lhe disse, mas não se sabe nada, ou muito pouco, de suas funções mentais. Então, era preciso fazer como se faz em biologia, quando não se pode reconstituir o passado da filogênese, estuda-se a ontogénese, isto é, o desenvolvimento individual que tem relação com a filogênese, sem nenhuma dúvida. De outro modo, penso como Baldwin, e aliás, como Freud, que a criança é mais primitiva que qualquer pessoa adulta, incluindo o homem pré-histórico, e que a fonte do conhecimento está na ontogênese.*

> *Qualquer pessoa adulta, mesmo que seja o homem das cavernas ou Aristóteles, começou sendo criança e utilizou, durante toda sua vida, instrumentos fabricados nos primeiros anos e, por consequência, no domínio do conhecimento – eu não generalizo: pode ser em qualquer domínio –, a ontogênese é fundamental. Ela é, a meu ver, mais primitiva que a filogênese.*[12]

Como diz o poeta William Wordsworth (1770-1850): "A criança é o pai do homem!".[13] Há, aqui, uma passagem epistemológica e metodológica fundamental: é no estudo da criança, da maneira como ela conhece e desenvolve seus modos de conhecer o mundo, que Piaget afirma seu campo empírico, de estudo e fundamento, para a construção de um conhecimento científico sobre "como o conhecimento se dá".

Pode-se seguir a sua história pessoal, desde seus interesses iniciais no estudo de moluscos, até sua proposta de construção de uma epistemologia genética, mostrando não só a coerência do seu desenvolvimento intelectual, como também sua formação, suas influências, seus interesses etc. Não é esse, no entanto, o objetivo desta apresentação, mas, indicando o percurso biográfico (cf. Kesselring, 1993; Müller et al., 2009), podemos simplesmente retomar uma lista parcial das suas primeiras publicações, mostrando como o problema da gênese da capacidade e dos modos de conhecer foi, pouco a pouco, abordado de diferentes ângulos: *A linguagem e o pensamento na criança* (1923); *O julgamento e o raciocínio da*

---

12 Bringuier 1977, p. 132.

13 "My heart leaps up when I behold/ A rainbow in the sky:/ So was it when my life began;/ So is it now I am a man;/ So be it when I shall grow old,/ Or let me die!/ *The Child is father of the Man;*/ I could wish my days to be/ Bound each to each by natural piety" ("My Heart Leaps Up", também conhecido como "The Rainbow", 1802).

criança (1924); *A representação do mundo na criança* (1926); *A causalidade física na criança* (1927); *O julgamento moral na criança* (1932); *O nascimento da inteligência na criança* (1936); *A construção do real na criança* (1937); *A formação do símbolo na criança* (1946); *O desenvolvimento da noção de tempo na criança* (1946); *A representação do espaço na criança* (1948).

Ainda que abordando aspectos específicos do processo e do modo de desenvolvimento dos modos de conhecer da criança, como diz Cobliner:

> *Piaget está interessado na maneira pela qual o comportamento evolui como uma entidade, e não nas funções, órgãos, ou capacidades isoladamente consideradas. Afirma que esse desenvolvimento atravessa estágios distintos, que levam a comportamentos sempre mais complexos; consequentemente, a ontogênese é contínua quando atravessa um estágio e descontínua quando passa de um estágio para o seguinte, mais elevado.*[14]

Piaget está, pois, interessado em como se desenvolvem os modos de conhecer o mundo, passíveis de serem constatados, comprovados e explicados pela observação empírica. Nesse caminho, ele se deparou, por exemplo, com o seguinte fato empírico, que precisava ser explicado: uma criança está brincando com uma bola que entra, por exemplo, embaixo de um sofá, saindo do campo da sua visão, e ela reage como se o objeto tivesse desaparecido; outra criança, já mais velha, na mesma situação, considera que o objeto está embaixo do sofá, ainda que não o esteja vendo, o objeto permanece existindo mesmo não sendo apreendido pela percepção.

---

14 Cobliner 1965, p. 265.

A pergunta específica de Piaget é: o que acontece para que este conhecimento (do objeto como permanente) seja possível, como nasce esta capacidade de apreensão de si mesmo e do objeto (conhecido ou a ser conhecido) como algo díspar do sujeito, que tem existência por si mesmo, mesmo sem ser dado à percepção?

Temos, pois, a conjunção das suas questões gerais (como o conhecimento se dá) com um conjunto amplo de problemas específicos que o levam ao problema universal do desenvolvimento e aquisição da capacidade de conhecer. Nessa direção, surge o problema de saber o que advém da experiência, o que advém da vida social e da própria linguagem, e o que adviria do amadurecimento de uma estrutura interna do indivíduo, que se constituiria, pouco a pouco, como seu poder de conhecer/apreender/agir sobre o mundo.

A.4 A estrutura kantiana da Faculdade de Conhecer na epistemologia genética de Piaget

Zélia Ramozzi-Chiarotino considera que a epistemologia genética de Piaget não foi elaborada propriamente como uma teoria do desenvolvimento, no sentido de que o conhecimento (ou os modos de conhecer) não é propriamente desenvolvido, mas sim construído, ou seja, a Faculdade de Conhecer do homem não é algo que nasce com ele, à semelhança do que ocorre no caso de uma semente que traz nela a árvore que será, mas é uma construção individual e social, que supõe desenvolvimentos biológicos e interação individual e social com o mundo, gerando (ou construindo) o conhecimento e seus modos diversos de funcionamento. Para ela, a obra de Piaget deve ser entendida como a retomada da problemática kantiana, que se resolverá à luz da biologia e da concepção de ser humano como um animal simbólico[15], apoiando, então, sua afirmação sobre a seguinte passagem do próprio Piaget:

> *Nessa época (a de estudante), faço três descobertas que modificam meu biologismo ingénuo. A primeira, sozinho; as duas outras, sob a influência de meu mestre de Filosofia, o lógico Arnold Reymon, e do progresso de minhas leituras em Zoologia. A primeira é a de que, se partimos, como Le Dantec, da dualidade das funções, que ele chama assimilação e imitação (eu digo hoje assimilação e acomodação) o conhecimento não é simplesmente imitação dos objetos como acreditava Le Dantec no seu empirismo, mas sim assimilação às estruturas do sujeito e do organismo. Era passar docemente de Le Dantec a um kantismo evolutivo.*[16]

Cabe, então, para compreender Piaget, explicitar que aspectos do pensamento de Kant, dedicado à compreensão dos modos de conhecer do ser humano, foram tomados por ele como aquilo que seria necessário explicar em termos da sua gênese, ou seja, explicitar como Kant considera estar estruturada a nossa Faculdade de Conhecer para, então, explicar, teórica e descritivamente, que há uma gênese empírica da Faculdade de Conhecer, que Kant analisou em termos transcendentais (mas que não deixa de referir-se a modos de funcionamento empírico do pensamento). Cabe, pois, ressaltar que não estou afirmando que o modo de pensar de Piaget é kantiano em todos os seus aspectos ou, ainda pior, que Piaget é um derivado conceitual e semântico da obra de Kant, o que seria insustentável tanto em termos conceituais como epistemológicos,

---

15 Ramozzi-Chiarottino 1994, p. 29.

16 Piaget 1960, citado por Ramozzi-Chiarottino 1994, p. 29.

mas sim que Piaget usa a concepção estrutural dos modos de funcionamento do pensamento ou da Faculdade de Conhecer, analisados por Kant na *Crítica da razão pura*, como o modo de organização dos modos de conhecer adquiridos pelo ser humano quando este chegou à maturidade.[17]

A afirmação sintética de Piaget, colocando-se na perspectiva do kantismo evolutivo, esclarece e estabelece uma série de princípios e modos de funcionamento do seu pensamento, de acordo, pois, com o modo segundo o qual Kant compreende a estruturação da nossa Faculdade de Conhecer e a produção do conhecimento. Retomemos, pois, princípios e características do que Kant apresenta na *Crítica da razão pura*, dado que é nessa obra que ele estabelece como essa faculdade está estruturada para conhecer o mundo (ou a natureza), é essa estrutura que delimita as condições para que algo possa ser um objeto do conhecimento – excluindo, pois, os objetos metafísicos – e explicitando como funciona a ciência, entenda-se, as ciências da natureza. Essa obra fornece, pois, o que podemos caracterizar como uma *metafísica da natureza*, que funciona à semelhança de um *programa de pesquisa a priori*,[18] para que o conhecimento dos objetos da *natureza*[19] (os objetos externos

---

17 Para um estudo, em Piaget, de suas relações com Kant, ver alguns textos de Piaget (*Sabedoria e ilusão da Filosofia, Biologia e Conhecimento, Estudos Sociológicos*) e, na literatura secundária, o clássico debate de Piaget e Chomsky (Piattelli-Palmarini 1979b), bem como o livro de Silvério Oliveira da Costa (2004).

18 Cf. Fulgencio 2008.

19 Por *natureza*, Kant entende não o sentido *formal* do termo (a natureza disso ou daquilo, como algo que é inerente à existência de uma coisa), mas seu sentido *material*, como o complexo de todas as coisas que podem ser dadas como objetos dos nossos sentidos: "entendendo, pois, por essa palavra, a totalidade de todos os fenômenos, ou seja, o mundo dos sentidos, com exclusão de todos os objetos não sensíveis" (Kant 1786, *Princípios metafísicos da ciência da natureza*, p. 13). Ainda que, para ele, exista uma única natureza, enquanto totalidade dos fenômenos, esta pode ter dois tipos de objetos, segundo a diferença

ao homem e os objetos internos ao homem, ambos como objetos naturais) possam ser conhecidos, quer dizer, possam ser apreendidos e relacionados em termos das suas determinações recíprocas e de sua organização em funções e sistemas.[20] Esta metafísica (ou este programa *a priori* para a pesquisa) do homem enquanto elemento da natureza está presente na proposta de Piaget, tanto como um quadro epistemológico para o seu pensamento quanto na caracterização da própria Faculdade de Conhecer, seus *a priori* (tempo, espaço, realidade, causalidade, pensamento simbólico e/ou conceitual etc.) e seus modos de funcionamento. Assim, aquilo que Kant considera como estabelecido no homem, como sendo a estrutura da Faculdade de Conhecer, será, para Piaget, um problema, ou seja, ele quer explicar como ocorre a gênese dessa faculdade, daí a caracterização da sua proposta como uma epistemologia

---

fundamental dos nossos sentidos: os objetos dados aos sentidos *exteriores* e os objetos dados ao sentido *interno*. Assim, teríamos uma dupla teoria da natureza, uma que se ocuparia da natureza extensa, a doutrina dos corpos, e outra que considera a natureza pensante, a doutrina da alma. A *Crítica da razão pura* corresponde a uma análise do funcionamento *transcendental* (ou seja, antes de ser aplicada aos fenômenos, quer dizer, a *priori*, ou pura) da nossa Faculdade de Conhecer, estabelecendo seus fundamentos, seu funcionamento e seus limites, no que se refere à sua aplicabilidade para conhecer a natureza (no quadro da qual todos os movimentos advêm de relações causais sem lacunas, ou seja, onde não estão colocados a escolha, o poder fazer e deixar que façam).

20 O conhecimento do homem como algo que não faz parte da natureza, ou seja, como um ente que pode fazer e deixar que façam, necessita de outro conjunto de fundamentos *a priori*, que Kant explicita na sua *metafísica dos costumes* (Loparic 2003). Kant explicita, no seu *Antropologia do ponto de vista pragmático*, as duas perspectivas para o estudo do homem (como parte da *physis*, da natureza, ou como separado dela): "Uma doutrina do conhecimento do ser humano sistematicamente composta (antropologia) pode ser tal do ponto de vista *fisiológico* ou *pragmático*. – O conhecimento fisiológico do ser humano trata de investigar o que a *natureza* faz do homem; o pragmático, o que *ele* faz de si mesmo, ou pode e deve fazer como ser que age livremente" (Kant 1798, *Antropologia de um ponto de vista pragmático*p. 21).

genética, ou seja, a gênese de como se estabelece a lógica do processo de conhecer (em termos universais).

O próprio Piaget explicita em que sentido ele foi influenciado por Kant: "sinto-me profundamente kantiano, mas num kantismo que nada tem de estático: as categorias não são dadas já feitas desde o começo; o meu kantismo é dinâmico, na medida em que cada categoria abre novas possibilidades [de conhecer], o que é muito diferente [da concepção de que existam categorias pré-formadas]".[21]

O kantismo de Piaget se refere, pois, ao fato de que ele está de acordo com Kant sobre a compreensão estrutural da Faculdade de conhecer, mas não a toma como composta por estruturas inatas, constituintes da mente ou da vida psíquica, mas como algo que é construído, algo que tem uma gênese na história do desenvolvimento de cada criança, em função da sua interação com o mundo.

Não se trata, pois, de afirmar que o pensamento de Piaget é kantiano em todos os seus aspectos, mas sim de reconhecer esse elemento estrutural que lhe servirá de *télos* para suas pesquisas de epistemologia e psicologia genéticas. Nesse sentido, Piaget acaba por diferenciar-se de Kant, dado que acaba por conceber que não é a experiência que é formatada a partir das categorias *a priori* da Faculdade de Conhecer, mas sim, num pensamento dialético, é a experiência que está na base da construção da Faculdade de Conhecer:

---

21 Piaget, citado por Piattelli-Palmarini 1979b, p. 194. Fala de Piaget no famoso debate com Chomsky, no Centre Royaumont, ocorrido de 10 a 13 de outubro de 1975, debate que se seguiu à conferência de Jerry Fodor, "Fixação de crenças e aquisição de conceitos": "de minha parte, sinto-me profundamente kantiano, mas de um kantismo que não é estático: as categorias não se dão já desde o início; trata-se de um kantismo dinâmico, onde cada categoria abre possibilidades, o que é uma coisa totalmente diferente [de considerar as categorias como dados *a priori*]". (Piattelli-Palmarini 1979c, p. 227).

> *para Piaget, não é o pré-formismo das formas e categorias* a priori *que possibilita (e determina) a experiência, e sim vice-versa, à medida que a experiência – entendida, todavia, como ação – permite a elaboração de esquemas e a construção de estruturas que, por sua vez, possibilitam patamares sucessivos de experiência e a construção progressiva de nossas estruturas. Kant recusaria evidentemente essa reversão do empírico ao racional: as regras generativas "transcendentais" estariam sempre aquém da experiência por serem a condição que a permite. Mas para Piaget, essa possibilidade seria não apenas viável, mas principalmente apta a ser comprovada cientificamente, mediante verificações experimentais.*[22]

Retomemos, no entanto, como Kant apresenta o problema do conhecimento. Ele inicia a *Crítica da razão pura* perguntando: de onde advém o conhecimento? Dos objetos ou da razão humana? Opondo, assim, a perspectiva empirista (Hume) à racionalista (Descartes). E respondendo que o conhecimento advém das duas fontes. Note-se, por exemplo, o enunciado: *as pedras estão quentes porque o sol incidiu sobre elas*. Apenas o termo "porque" não advém da experiência, advindo, pois, de algo próprio à razão humana, algo que existe antes da experiência, portanto, *a priori*. O que Kant se propõe fazer na *Crítica da razão pura* é, justamente, explicitar o conjunto de *a priori* que constitui a Faculdade de Conhecer.

A Faculdade de Conhecer, para Kant, é composta por três faculdades: a *sensível ou intuitiva*, com a qual percebemos o mundo, ou os objetos do mundo; a do *julgamento* ou do *entendimento*, que relaciona os objetos apreendidos; e a *razão* propriamente dita, ou

---

22 Franco Lo Presti Seminerio, "Prefácio", in Oliveira 2004, p. viii.

ainda a faculdade da *argumentação*, que torna possível generalizar os juízos. Cada uma dessas faculdades tem um conjunto de elementos *a priori* que as constituem: *o tempo* e *o espaço* para a faculdade da intuição; *as doze categorias do entendimento*[23] para a Faculdade do Juízo, entre as quais se pode destacar, com vistas aos interesses de Piaget, a relação de causalidade; e os *conceitos puros da razão*, ou *ficções heurísticas*, para a Faculdade da Argumentação.[24]

Ainda, em Kant, ao caracterizar a vida psíquica como um conjunto de representações, ele também distinguirá um modo de representação que reapresenta os objetos percebidos, representação de coisas, e um modo de representação que usa, para referir-se aos fenômenos, os seus conceitos, ou seja, um modo de representação por meio de conceitos, representação que Kant denomina "discursiva", que é a representação por meio de conceitos (ou de palavras, que são, na verdade, conceitos das coisas). Há uma passagem evolutiva, no modo de conhecer, que vai da representação das coisas para a representação discursiva, o que implica a aquisição da possibilidade de apreender conceitos e relacioná-los, o que

23 Agrupadas em conjunto de três modalidades: 1. A que estabelece modos de relação em termos das qualidades (com os *a priori* da concepção de *unidade, pluralidade, totalidade*); 2. A que estabelece modos de relação em termos das quantidades (com os *a priori* da concepção de *realidade, negação, limitação*); 3. A que estabelece modos de relação em termos das relações (com os *a priori* da concepção de *inerência e relações [substância e acidentes], causalidade e dependência [causa e efeito], comunidade [ação recíproca entre o agente e o paciente]*); 4. A que estabelece modos de relação em termos das modalidades (com os *a priori* da concepção de *possibilidade-impossibilidade, existência-NãoExistência, necessidade-contingência*]).

24 São conceitos puros da razão, ou ficções heurísticas, ideias que devem ser consideradas para que o conhecimento possa ser feito com segurança e certeza, por exemplo, a ideia de que existe apenas uma única natureza com suas leis (e não duas ou três naturezas, com leis díspares), ou ainda, a ideia de causa primeira ou incausada, a partir das quais as relações causais podem ser estabelecidas numa linha sem lacunas (por exemplo, a ideia de força na física).

também poderíamos caracterizar como a aquisição do pensamento simbólico.

Cabem aqui, ainda, duas referências de Kant para caracterizar o que é o pensamento:

> *Todos os conhecimentos, isto é, todas as representações conscientes referidas a um objeto são ou intuições ou conceitos (*Anschauungen oder Begriffe*). A intuição é uma representação singular (*einzelne Vorstellung, repraesentatio singularis*); o conceito uma representação universal (*allgemeine Vorstellung, repraesenttio per notas communes*) ou representação refletida (*reflectite Vorstellung, reprasentatio discursiva*). O conhecimento por conceitos chama-se pensar (*Denken, cognitio discursiva*).*[25]

---

25 Kant 1923, *Manual dos cursos de lógica geral*, p. 159, AK 9. Quando Kant analisa o que é a passagem, na Grécia antiga, do modo de pensamento mítico (aquele pensamento que funciona utilizando-se imagens) para o racional (pensamento que funciona utilizando conceitos), ele também coloca em evidência a importância dessa passagem entre os dois modos de representação: "Entre todos os povos, somente os Gregos começaram a filosofar, pois foram os primeiros a tentar a cultura dos conhecimentos racionais não pelo fio condutor das imagens mas *in abstracto*, ao passo que os outros povos procuraram tomar os conceitos inteligíveis sempre só por imagens (*Bilder*), *in concreto*. Ainda hoje há povos, como os Chineses e alguns Indianos, que, na verdade, embora se trate de coisas que se obtêm exclusivamente da razão – como Deus, a imortalidade da alma, etc. –, não procuravam, todavia, investigar a natureza desses objetos *in abstracto*, segundo conceitos e regras. Não fazem, no caso, nenhuma separação entre uso *in concreto* e uso *in abstracto* da razão. Entre os Persas e os Árabes encontra-se, é verdade, algum uso especulativo da razão, só que as regras para o fazer, eles receberam-nas de Aristóteles, por conseguinte, dos Gregos. No Zendavesta, de Zoroastro, não se descobre o mínimo vestígio de Filosofia. E o mesmo vale para a sabedoria egípcia, que é tão enaltecida, mas, comparada com a filosofia grega, transformou-se em mera brincadeira de criança" (Kant 1923, *Manual dos cursos de lógica geral*, p. 35, AK 27).

A passagem do pensamento concreto para o abstrato, como procura descrever Piaget, encontra referência, esclarecimento e precisão, se consideramos essa maneira de colocar e distinguir os modos de representação analisados por Kant.

Há, aqui, o reconhecimento de um progresso, por assim dizer, dos modos de representar o mundo, passando daquilo que a experiência (a percepção ou a intuição, no vocabulário de Kant, tomados com sinônimos) fornece, sempre singular e restrita aos fatos e/ou fenômenos, e aquilo que o ser humano formula enquanto um conhecimento mais amplo, formulando conceitos que procuram agrupar um conjunto de fatos e/ou fenômenos, ou seja, a produção de conceitos. Cabe lembrar que a própria linguagem e o pensamento simbólico nada mais são do que um conjunto de conceitos (palavras, *grosso modo*, são conceitos, ainda que nem todas sejam). Assim, temos em Kant, também, a identificação de uma passagem de um tipo de representação das coisas para um tipo outro de representação, a que se dá por meio de conceitos, que ele também chama de representação discursiva – ver o Quadro A.1.

Quadro A.1 – As Faculdades de Conhecer e seus *a priori*

Intuição-Percepção	**Entendimento-Juízo**	**Razão-Argumentação**
Tempo Espaço	Doze categorias	Conceitos puros da razão Ficções heurísticas
	Tábua das categorias	
	1. *Da quantidade* Unidade Pluralidade Totalidade	

2. Da Qualidade Realidade Negação Limitação		*3. Da Relação* Inerência e substância (*substância* e *acidentes*) Causalidade e dependência (causa e efeito) Comunidade (ação recíproca entre o agente e o paciente)
	4. Da Modalidade Possibilidade – Impossibilidade Existência – Não existência Necessidade – Contingência	

Fonte: Kant 1787 [1781], *Crítica da razão pura*, B106.

Há, em Kant, uma distinção entre as representações feitas por meio de conceitos, que poderiam ser caracterizadas como uma representação discursiva, e as representações feitas por meio da intuição ou percepção,[26] conforme podemos ver nesta passagem que distingue um tipo de clareza (ou representação) de outra: "Finalmente, no que respeita à *clareza*, o leitor tem o direito de exigir, em primeiro lugar, a *clareza discursiva* (lógica) *por conceitos*; seguidamente, também a *clareza intuitiva* (estética) *por intuições*, isto é, por exemplos e outros esclarecimentos em concreto".[27] Isso

26 Trata-se, aqui, de compreender a maneira como Kant caracteriza as três Faculdades de Conhecer, mantendo-nos, assim, no quadro da sua terminologia e esforçando-nos para compreender que tipo de fenômenos ele está procurando descrever. Certamente, caso fôssemos perguntar qual é o sentido de termos como "intuição" e "percepção", em Piaget, talvez encontrássemos diferenças significativas com o que Kant considerou esses termos e seus referentes. Se nos atermos a nosso objetivo, de compreender a estrutura geral do pensamento, enunciada por Kant e usada por Piaget, essas diferenças do sentido (desses termos) não alteram nosso caminho argumentativo, desde que circunstanciadas.

27 Kant 1787 [1781], *Crítica da razão pura*, A XVII-XVIII.

esclarece ou distingue o que é uma representação de uma coisa do que é uma representação por meio da palavra e que, na análise da epistemologia genética de Piaget, mostra a passagem de apreensão/ação sobre o mundo do tipo perceptiva, para uma apreensão/ação do tipo conceitual ou simbólica, como parte do processo de desenvolvimento cognitivo.

Por um lado, pode-se, pois, considerar que Piaget se coloca como um kantiano no que se refere a reconhecer as estruturas (arquitetura) da Faculdade de Conhecer, mas, por outro, ele se opõe à consideração de que essas estruturas seriam inatas, defendendo que elas são construídas. Piattelli-Palmarini comenta o fracasso do projeto kantiano (referido à proposta de compreender como se dá o processo de conhecer), bem como em que sentido Piaget se coloca e difere do modo de pensar de Kant:

> *O fracasso [do programa kantiano contido na primeira Crítica] foi devido, em parte, à revisão dos programas de pesquisa em matemática e lógica, que abriram caminho às geometrias não-euclidianas, às teorias dos conjuntos de Bourbaki, a teoria russelliana dos tipos lógicos e das lógicas modais; mas, também em parte, foi provocado pelo deslocamento progressivo dos problemas em matéria de psicologia do conhecimento – um movimento que foi deflagrado e poderosamente mantido por Piaget. Os limites inultrapassáveis para o conhecimento e inerentes ao sujeito kantiano tornavam-se visivelmente estreitos demais. Pode-se afirmar, em termos mais em moda, que o seu projeto era cronocêntrico, porquanto visto pelo prisma da ciência de seu tempo, e adultocêntrico, pois insensível ao desenvolvimento de conceitos com a do sujeito (estático, como sublinha aqui Piaget, em sua resposta a Bischof).*

> *O sujeito kantiano era descrito à imagem e semelhança dos pré-conceitos kantianos. O programa piagetiano é, em seus próprios termos, "antiempirista"*[28] *e inspirado por um "kantismo dinâmico".*[29]

O que temos em Piaget, no quadro de seu kantismo epistemológico, é, então, a necessidade de explicar como nascem, no homem, esses (para Kant, *a priori*, mas para Piaget, modos estruturais de conhecer) da faculdade de conhecer, dado que um bebê não os tem. O que, em Kant, está designado por faculdade de conhecer e seus modos de funcionamento, em Piaget pode ser referido à mente, à inteligência, à estrutura cognitiva e ao pensamento em geral. É notável, pois, que os interesses de Piaget se debrucem sobre o nascimento da noção de tempo (*O desenvolvimento da noção de tempo na criança*, 1946), de espaço (*A representação do espaço na criança*, 1948), da noção de causalidade (*O julgamento e o raciocínio da criança*, 1924; *A causalidade física na criança*, 1927), da possibilidade de apreensão do real como algo externo e independente do indivíduo (*A construção do real na criança*, 1937); do símbolo e da capacidade de uso simbólico abstrato do pensamento (*A formação do símbolo na criança*, 1946), numa referência mais ampla à inteligência e à racionalidade *in abstracto* (*A linguagem e o pensamento na criança*, 1923; *O nascimento da inteligência na criança*, 1936).

---

28 Piaget esclarece seu antiempirismo: "A crítica do empirismo não consiste em negar o papel da experimentação, mas o estatuto 'empírico' da gênese dos conhecimentos mostra de imediato a insuficiência da interpretação 'empirista' da experiência" (Piaget 1979, p. 39).

29 Piattelli-Palmarini 1979a, p. 9.

A.5 A gênese da das estruturas cognitivas para Piaget: sua compreensão teórica e empírica

Ao se colocar, então a questão da gênese construtiva da nossa faculdade de conhecer, Piaget também quer (e necessita) explicar a dinâmica que caracteriza e impulsiona essa construção. O ponto de partida é a necessidade que o ser humano tem de agir sobre o mundo, seja para adquiri-lo, usá-lo ou recusá-lo. Para Piaget, é a ação do indivíduo sobre o meio que faz a mediação de todo o processo de construção da Faculdade de Conhecer nos seus mais diversos modos de funcionamento. Essa ação/mediação é um motor básico e um fator que impulsiona o desenvolvimento dos modos de apreender/agir sobre o mundo, os modos de se relacionar com o mundo.

Há modos de interação com o mundo que, pouco a pouco, se tornam complexos. O fato de inicialmente, por exemplo, a criança usar o esquema oral (engolir, chupar, chupetar etc.) como um esquema[30] a partir do qual ela se relaciona, mostra, então, essas

30 Na *Crítica da Faculdade do Juízo* (1793), Kant também se refere a uma noção de esquema como algo que torna possível agir sobre o mundo: "Todas as intuições que submetemos a conceitos *a priori* são ou esquemas [transcendentais ou matemáticos] ou *símbolos* [esquematismos simbólicos], dos quais os primeiros contêm apresentações diretas, e os segundos, apresentações indiretas do conceito. Os primeiros fazem isto demonstrativamente e os segundos, mediante uma analogia (para a qual nos servimos também de intuições empíricas), na qual a faculdade do juízo cumpre uma dupla função: primeiro de aplicar o conceito ao objeto de uma intuição sensível e, então, segundo, aplicar a simples regra de reflexão sobre aquela intuição a um objeto totalmente diverso, do qual o primeiro é somente um símbolo" (p. 196; § 59, A 256). No entanto, não se pode afirmar que os esquemas, em Kant, têm o mesmo sentido que os esquemas em Piaget. A aproximação dos dois, aqui, visa, no entanto, aproximar sentidos e referentes díspares, que podem ajudar a melhor compreender, objetivar e explicar o que Piaget denomina "esquema".

dinâmicas ou modos de ser-estar-relacionar-se. Piaget considera, então, não só que há esquemas de ação, inicialmente organizados de uma maneira e, com o amadurecimento, ampliam-se para outros mais complexos e mais ricos em suas possibilidades, mas também que são constituídos, construídos diversos esquemas que, juntos, constituem estruturas para ação-apreensão-inteligibilidade do mundo. Ao definir o que são estruturas, em *Biologia e conhecimento*, Piaget comenta:

> *Uma estrutura contém em primeiro lugar elementos e relações que os ligam, mas sem ser possível caracterizar ou definir estes elementos independentemente das relações em jogo. . . . As estruturas assim definidas podem ser consideradas independentemente dos elementos que a compõem. Isto não quer dizer que possam existir sob esta forma (salvo no caso das estruturas "abstratas" do matemático), mas que, fazendo abstração dos elementos que a compõem, pode-se ainda considerar a estrutura como "forma" ou sistema de relações. . . . Existem estruturas de diversos "tipos" lógicos, isto é, convém considerar estruturas de estruturas, etc.*[31]

Há uma procura, por parte de Piaget, da relação e continuidade entre as determinações biológicas e as psicológicas, na construção do conhecimento ou dos modos de conhecer. Diz ele, na sua entrevista a Bringuier:

> *Há estruturas do organismo e [analogicamente] há estruturas da inteligência: eu experimento mostrar que umas procedem das outras, e que a lógica, por exemplo,*

31 Piaget 1967a, pp. 163-164.

> *nasce da coordenação geral das ações e que a coordenação geral das ações se apoia sobre as coordenações nervosas, apoiando-se, elas mesmas, sobre as coordenações orgânicas.*[32]

Dizendo de modo sintético: com o objetivo de *conhecer--apreender-relacionar-se* com o mundo, pelas ações que um indivíduo realiza para atingir esse objetivo, são colocados em funcionamento diversos *esquemas* (ou modos de ação-relação), esquemas que, agrupados, constituem certas estruturas cognitivas que o indivíduo usa para ser-estar-relacionar-se com o mundo; estas começam de maneira simples e pouco a pouco se ampliam, ou seja, elas não são estruturas inatas, mas construídas, elas têm uma gênese e uma lógica passível de ser reconhecida e descrita ao longo do processo de construção da cognição (ou da nossa Faculdade de Conhecer), partindo de seus modos infantis para atingir, na saúde, seus modos maduros.

O que Piaget se dedica, pois, a explicar e descrever é justamente o processo que constrói, passo a passo, no exercício dos modos de ação do indivíduo sobre o mundo, como são geradas as estruturas cognitivas e seus conteúdos, partindo dos exercícios e reflexos biológicos mais simples, dos modos de funcionamento sensório-motores dos indivíduos até modos de conhecimento simbólico-conceituais, na explicitação de um conjunto de fases do desenvolvimento, cronológica e sequencialmente organizadas, necessariamente indo dos modos mais simples para os mais complexos, aos quais poderíamos caracterizar como estágios do desenvolvimento cognitivo.

---

32 Bringuier 1977, p. 11.

A.6 Um esquema geral para pensar os processos empíricos que constroem e desenvolvem o conhecimento e os modos de conhecer

Algumas perguntas poderiam ser feitas para que seja possível compreender como ocorre essa construção, a saber: como isso ocorre? O que faz um determinado esquema de ação se expandir? Enfim, quais são os processos e acontecimentos empíricos, dinâmicos, que levam à construção das estruturas cognitivas? Piaget responde apontando e descrevendo quatro modos (ou processos) de relações conjugados: os processos de *adaptação*, *assimilação* e *acomodação*, que se conjugam em direção à procura de uma *equilibração* disso no indivíduo. Diz Piaget:

> *O organismo assimila o meio: isto significa que o meio está subordinado à estrutura interna, e não o inverso. . . . Um coelho que come couve não se transforma em couve; é a couve que se torna coelho; e isto é assimilação. Não há assimilação sem acomodação porque o esquema da assimilação é geral e, desde que ele se aplique a uma situação particular, é preciso modificá-lo em função das circunstâncias particulares às quais o esquema deve ser aplicado. . . . ele muda seu ajustamento. É isto que eu chamo de acomodação. É o ajustamento do esquema à situação particular. Eu gosto mais de chamar – adaptação – o equilíbrio entre a assimilação e a acomodação. . . . Na realidade, a adaptação é um todo global com os dois polos indissociáveis [indivíduo-assimilação e objeto-acomodação]. Assimilação e acomodação. A verdade é que a assimilação ou a acomodação estão em uma proporção determinada*

> *que pode ser estável. [... equilibração ...] porque é um processo. E não um balanço de forças. O equilíbrio é o retorno ao estado anterior.*[33]

Cabe notar que as dinâmicas aqui descritas não se referem ao que estaria acontecendo apenas no interior do indivíduo, mas também considera que essa autorregulação é algo que depende, para Piaget, de uma série de processos, envolvendo o de amadurecimento biológico, as experiências vividas (que se diferenciam em termos de diversidade, qualidade e quantidade), as interações sociais, de modo que essas dinâmicas, então, se aglutinam na tarefa de tornar o indivíduo cada vez mais apto a ser-estar-agir sobre o mundo.

Este modo de compreender como funciona o processo de conhecer-apreender o mundo, o modo como o mundo é conhecido, corresponde ao quadro geral dentro do qual a própria construção das estruturas cognitivas, da inteligência, da mente ou da nossa Faculdade de Conhecer tem sua origem e seu desenvolvimento, que possibilitará que Piaget concentre sua atenção nos diversos períodos do desenvolvimento infantil, destacando e explicitando estruturas e esquemas de ação-cognição, que caracterizam, pois, as chamadas "fases do desenvolvimento cognitivo".

* * *

Como um dos componentes importantes de uma matriz paradigmática, segundo Khun a formulou, temos a noção de *exemplar*. Ela corresponde a uma forma geral, relativamente simplificada, que apresenta como os problemas são formulados e suas soluções são desenvolvidas, em determinado paradigma; corresponde também a certo modelo que serve para ensinar e treinar os jovens

33 Piaget Apud Bringuier 1977, pp. 62-63.

aprendizes, servindo, pois, como dispositivos didáticos e operativos que servirão para a orientação do pensamento e das pesquisas a serem feitas naquele campo. Na física newtoniana, para dar um exemplo objetivo, temos a situação do equilíbrio de blocos ligados por uma correia, colocados no plano inclinado (cuja situação é pesquisada utilizando-se a equação geral F = m. A). Qual seria um exemplar, no quadro do pensamento de Piaget? Creio que a resposta é relativamente simples, da mesma maneira que deve ser um *exemplar*; este corresponde, pois, em Piaget, à compreensão do processo geral que liga três termos e dinâmicas no processo de ação, compreensão e desenvolvimento dos modos de conhecer o mundo, expresso na tríade: *assimilação-acomodação-equilibração resultando em esquemas de ação sobre o mundo.*

Reiterando essa perspectiva, podemos ver o próprio Piaget explicitando como ocorre essa dinâmica, no primeiro parágrafo de seu texto que abre seu diálogo com Chomsky:

> *O conhecimento procede, pois, da ação, e toda ação que se repete ou se generaliza por aplicação a novos objetos gera, por isso mesmo, um "esquema", ou seja, uma espécie de conceito prático. A ligação fundamental constitutiva de todo o conhecimento não é, portanto, uma simples associação entre objetos, já que esta noção negligencia a parte de atividade devida ao indivíduo, mas a* assimilação *dos objetos aos esquemas desse indivíduo. Esse processo prolonga, aliás, as diversas formas de "assimilações" biológicas das quais a assimilação cognitiva é um caso particular, enquanto processo funcional de integração. Em contrapartida, quando os objetos são assimilados aos esquemas de ação, há a obrigação de uma acomodação às particularidades desses objetos (cf. os "accommodats" fenotípicos em*

> *biologia), e essa acomodação resulta de dados exteriores, logo, da experiência. É esse mecanismo exógeno, portanto, que converge com o que há de valioso na tese empirista, mas (e esta reserva é essencial) a acomodação não existe em estado "puro" ou isolado, porquanto é sempre a acomodação de um esquema de assimilação; logo, é esta última que permanece como o motor do ato cognitivo.*[34]

Resumindo, o exemplar do paradigma piagetiano pode ser enunciado como o processo de *assimilação-acomodação-equilibração resultando em esquemas de ação sobre o mundo.*

A.7 O compromisso ontológico de Piaget, na sua compreensão do que é o homem e o conhecimento

Está posto e reconhecido que o problema que Piaget quer explicar é como se dão, como se originam e como se constroem o conhecimento e os modos de conhecer, as estruturas cognitivas e os atos cognitivos, no processo de desenvolvimento da criança. Também está enfatizado que esse processo na tríade dinâmica assimilação-acomodação-equilibração corresponde ao modo de funcionamento geral que impulsiona e anima esse desenvolvimento. Trata-se, agora, de explicitar qual é o modelo de homem, qual o modelo ontológico que Piaget tem em mente, dados o enquadre e o sentido da sua compreensão do que é o homem.

Piaget conjuga, na sua perspectiva de pesquisa, a biologia e o desenvolvimento das espécies, em geral, com a questão do desenvolvimento do modo de conhecer humano, articulando-os numa

34 Piaget 1979, p. 39.

mesma perspectiva, ainda que diferenciada em cada um de seus elementos ou espécies. Nesse sentido, trata-se de explicitar uma concepção geral sobre o que é a vida, cuja resposta estrutural e ontológica é: a vida é autorregulação que visa existir, continuar existindo, e agir sobre o mundo com esse fim. Pode-se afirmar, pois, que todos os seus esforços visam, de uma maneira ou de outra, explicar como o ser humano se autorregula na sua relação com o mundo:

> *O fato de o programa piagetiano de uma psicologia do desenvolvimento apoiar-se substancialmente no tema do equilíbrio não escapou aos numerosos comentadores de sua obra. Os outros temas fundamentais da psicologia piagetiana, como adaptação, assimilação, homeostase e auto-regulação, gravitam facilmente em torno do núcleo central que é o equilíbrio. O seu ensaio* Biologie et Connaissance, *muito complexo e denso em argumentos, pode ser considerado uma espécie de epistemologia de Piaget por Piaget. A "hipótese diretora", identificável com o que chamamos compromisso ontológico, aí se exprime claramente, ainda que sem qualquer indício de autocrítica, sob pretexto de que ela é "simples e de uma completa banalidade": "A vida é essencialmente auto-regulação". O livro é todo ele, como explica Piaget, um desdobramento sequencial das numerosas e capitais consequências dessa constatação. Pode-se antecipar aqui as reflexões que Piaget nos apresenta no presente livro, quando afirma ter procurado, pela auto-regulação, uma terceira via entre Lamarck e Darwin. A pedra angular da auto-regulação é constituída pelo laço do feedback cibernético e pelos fluxos de informação. O conhecimento seria apenas*

> *um subdomínio, stricto sensu, do domínio da auto-regulação.*[35]

Essa perspectiva ontológica, da vida como autorregulação, corresponde, pois, tanto a uma afirmação de valor heurístico (mas impossível de ser testada) quanto a uma tese ou hipótese desenvolvimentista na qual se defende que aquilo que é desenvolvido pelo organismo, na sua interação com o ambiente, seria anexado aos organismos: "os *esquemas* de regulação, assim como as estruturas que os materializam, são 'englobados' pelo organismo, em seu próprio proveito, a partir dos elementos presentes no *meio ambiente*, através de uma cadeia de operações chamada *assimilação, reorganização, acomodação*".[36]

O modelo ontológico que fundamenta o pensamento de Piaget é uma concepção da vida em geral, da vida do ser humano em particular, que a define como um processo de *autoregulação.*

A.8 As fases (sua cronologia, suas dinâmicas etc.) que constituem a teoria do desenvolvimento como um sistema integrado[37]

Para Piaget, todo ser vivo, para afirmar sua existência, precisa conhecer e agir sobre o mundo, precisa assimilar o mundo a si mesmo,

---

35 Piattelli-Palmarini 1979a, p. 10.

36 Piattelli-Palmarini 1979a, p. 11.

37 Esta seção será uma apresentação um tanto mais escolar do que as análises anteriores (mais analítico-críticas, de teor epistemológico filosófico mais apurado). São dois níveis diferentes de análise, como dois objetivos diferentes que se compõem: até agora, ocupei-me de procurar explicitar a estrutura da teoria do desenvolvimento apresentada por Piaget, o seu quadro epistemológico, filosófico e empírico de referência; nessa parte que segue, agora, quero apenas

incorporando-o, digerindo-o, tornando-o algo cuja relação reitera e fortalece sua existência, bem como, simultaneamente, tem de se ajustar ao mundo (acomodação). Algumas espécies nascem sabedoras do que é o mundo e do que são suas necessidades, nascem com uma herança biológica que lhes dá não só a capacidade, mas também os instrumentos para agir sobre um mundo: a aranha nasce sabedora de teias e moscas etc. O homem, no entanto, não nasce sabendo, não nasce com suas faculdades de conhecer já amadurecidas, mas precisará desenvolver o que são as suas capacidades de conhecer e agir sobre o mundo. A epistemologia genética de Piaget é a tentativa de explicar como ocorre o desenvolvimento das nossas capacidades cognitivas, mostrando como elas evoluem em função das nossas ações sobre o mundo, nossos modos de apreender o mundo e agir sobre ele. Para ele, esse desenvolvimento implica um tipo de adaptação progressiva que harmoniza (*equilibra* nossos modos de conhecer-agir, nossos modos de ser-estar-relacionar-se em função dos objetos a serem conhecidos e/ou assimilados):

> *O desenvolvimento psíquico, que começa quando nascemos e termina na idade adulta, é comparável ao crescimento orgânico: como este, orienta-se, essencialmente, para o equilíbrio. Da mesma maneira que um corpo está em evolução até atingir um nível relativamente estável – caracterizado pela conclusão do crescimento e pela maturidade dos órgãos –, também*

---

indicar como certas dinâmicas do processo de gênese e construção do conhecimento são pensadas (evidentemente, para um estudo mais detalhado, menos indicativo ou menos simplório, outro nível de análise e apresentação deveria ser feito). Esses dois níveis de análise se compõem no meu objetivo de caracterizar a matriz paradigmática, minha matriz analítica, da teoria do desenvolvimento de Piaget, matriz cujos elementos não necessitam, pois, serem homogêneos em seus níveis de apreensão e apresentação.

> *a vida mental pode ser concebida como evoluindo na direção de uma forma de equilíbrio final, representada pelo espírito adulto. O desenvolvimento, portanto, é uma equilibração progressiva, uma passagem contínua de um estado de menor equilíbrio para um estado de equilíbrio superior.*[38]

A descrição do desenvolvimento, em termos de equilíbrio e equilibração, como um edifício que se modifica a cada inserção de algo novo, reestrutura-se na conquista de um novo equilíbrio. Este edifício é analisado por Piaget no que se refere à estruturação-equilibração, passo a passo, da nossa Faculdade de Conhecer ou, noutros termos, dos nossos modos de apreender e agir sobre o mundo.

O ser humano nasce imaturo, tendo à sua disposição certos modos de agir (conhecer) sobre o mundo - como sugar, morder, apertar etc. - que serão ampliados, constituindo, então, modos mais elaborados. Nessa direção, os estágios do desenvolvimento correspondem a um processo, sucessivo e dinâmico, de experimentação, amadurecimento e ampliação de modos de ação e de conhecimento do mundo, como impulso necessário à sua própria existência:

> *Cada estágio é caracterizado pela aparição de estruturas*[39] *originais, cuja construção o distingue dos estágios anteriores. O essencial dessas construções sucessivas*

38 Piaget 1964a, p. 13.

39 As estruturas são "conjuntos de esquemas" que se generalizam. Esquemas, por sua vez, são modos de organização da atividade, elas tornam possível a apreensão e a ação sobre o mundo, sobre os objetos, por exemplo: olhar, mamar, pegar, virar, prender, morder, deglutir, representar, falar, imitar, antecipar, pensar, obedecer, ler, escrever, respeitar, conceitualizar, simbolizar.

> *permanece no decorrer dos estágios ulteriores, como subestruturas sobre as quais se edificam as novas características. Segue-se que, no adulto, cada um dos estágios passados corresponde a um nível mais ou menos elementar ou elevado da hierarquia das condutas. Mas a cada estágio, correspondem também características momentâneas e secundárias, que são modificadas pelo desenvolvimento ulterior, em função da necessidade de melhor organização. Cada estágio constitui, então, pelas estruturas que o definem, uma forma particular de equilíbrio, efetuando-se a evolução mental no sentido de uma equilibração sempre mais completa.*[40]

Ao reapresentar esses estágios do desenvolvimento cognitivo, buscamos apenas indicar as dinâmicas que os animam, sem que seja necessário fazer aqui uma análise mais detalhada das especificidades de cada um deles. Trata-se, pois, de fazer apenas uma apresentação esquemática com o intuito de ter uma apreensão geral dos fenômenos que essa perspectiva do desenvolvimento coloca em evidência, bem como estabelecer o quadro geral, a partir da nossa matriz analítica, para que uma possibilidade de comunicação entre sistemas teóricos díspares do desenvolvimento possa estabelecer um diálogo e uma influência, justamente, a partir dos fenômenos que apreendem.

Podemos, então, retomar o próprio Piaget explicitando quais são estes estágios e o que estaria acontecendo em cada um deles:

> *Distinguiremos, para maior clareza, seis estágios ou períodos do desenvolvimento, que marcam o aparecimento dessas estruturas sucessivamente construídas:*

---

40 Piaget 1964a, p. 15.

> *1º. O estágio dos reflexos, ou mecanismos hereditários, assim como também das primeiras tendências instintivas nutrições) e as primeiras emoções.*
>
> *2º. O estágio dos primeiros hábitos motores e das primeiras percepções organizadas, como também dos primeiros sentimentos diferenciados.*
>
> *3º. O estágio da inteligência sensório-motora ou prática (anterior à linguagem), das regulações afetivas elementares e das primeiras fixações exteriores da afetividade.*

Esses três primeiros estágios constituem o período da lactância (até por volta de 1 ano e meio a 2 anos, isto é, anterior ao desenvolvimento da linguagem e do pensamento),

> *4º. O estágio da inteligência intuitiva, dos sentimentos interindividuais espontâneos e das relações sociais de submissão ao adulto (de 2 a 7 anos, ou segunda parte da "primeira infância").*
>
> *5º. O estágio das operações intelectuais concretas (começo da lógica) e dos sentimentos morais e sociais de cooperação (de 7 a 11-12 anos).*
>
> *6º. O estágio das operações intelectuais abstratas, da formação da personalidade e da inserção afetiva e intelectual na sociedade dos adultos (adolescência).*[41]

Podemos agora, então, retomar uma apresentação mais esquemática, explicitando as estruturas de ação (conhecimento) sobre o mundo a eles associados:

---

41 Piaget 1964a, p. 15.

Quadro A.1 – Estágios e estruturas do desenvolvimento cognitivo para Piaget

Estágios	**Estruturas**
Sensório-motor (do nascimento aos 2 anos)	Olhar, mamar, pegar, virar, prender, morder, deglutir.
Pré-operacional (2 a 7 anos)	Representar, falar, imitar, antecipar, pensar, obedecer.
Das operações concretas (7 a 12 anos)	Ler, escrever, lógica dirigida a objetos e situações concretas, respeito mútuo.
Das operações formais (12→)	Apreensão conceitual, diferenças de gênero, operações simbólicas.

Não se trata, aqui, de fazer, mais uma vez, a descrição detalhada dos processos e dinâmicas envolvidos, mas sim de destacar a linha geral que caracteriza esse desenvolvimento, partindo da constituição e ampliação da nossa faculdade da intuição, como dizia Kant, ou dos nossos esquemas sensório-motores, como diria Piaget, que se amplia e coloca em jogo (ou insere) a construção da percepção e/ou intuição, com seus fundamento na noção de espaço e de tempo; passando pelo aprimoramento da nossa faculdade de fazer relações, amadurecimento da nossa faculdade do julgamento, estabelecendo relações (entre elas, a relação causal) entre os fenômenos, bem como a construção de conceitos; para, então, caminhar em direção ao amadurecimento da nossa Razão ou pensamento, com a aquisição da capacidade de fazer abstrações cada vez mais amplas, adentrando no mundo simbólico.

Os estágios visam, pois, detalhar e explicar a gênese e o desenvolvimento dessas estruturas cognitivas, configurando o que ele mesmo considerou uma tentativa de explicar a gênese do que Kant analisou como as nossas faculdades de conhecer.

A.9 Os métodos utilizados para apreensão, sistematização e interpretação dos fenômenos assim observados

Trata-se, aqui, muito mais de indicar os procedimentos gerais realizados por Piaget do que fazer uma análise crítica do seu método de pesquisa. Nesse sentido, por um lado, Piaget observa as crianças em situação, por assim dizer, natural; por outro, cria situações para que as crianças possam agir e experimentar, observando o que ocorre aí. Ao procurar especificar seus métodos de pesquisa, ele destaca três procedimentos gerais: *o uso de testes*; *a observação*; *e o método clínico*.[42] Ele comenta, então, os diversos aspectos, benefícios e limites desses procedimentos, considerando que, ao agregá-los, tem o material empírico necessário para a compreensão dos modos como o conhecimento e o indivíduo se desenvolvem, seja em termos estruturais, seja em termos de aquisições pontuais.

O *método dos testes* "consiste em submeter a criança a provas organizadas de modo a satisfazer às duas condições a seguir: de um lado, a pergunta é a mesma para todos os sujeitos e é sempre feita nas mesmas condições; do outro, as respostas dadas pelos sujeitos são remetidas a um padrão ou escala que permite compará-las qualitativa ou quantitativamente". Ainda que este método possa fornecer alguns indicadores importantes, ele não permite uma análise suficiente dos resultados obtidos: operando-se sempre em condições idênticas, obtêm-se resultados brutos, interessantes para a prática, mas muitas vezes não utilizáveis pela teoria, à falta de

42 Os comentários nesta seção sobre o método de pesquisa em Piaget tomarão como texto de apoio e referência suas observações sobre esse tema no início de seu livro *A representação do mundo na criança* (1947b, parágrafo 1 da Introdução). Nesse sentido, não indicarei a paginação dos trechos citados, evitando um excesso de referências sem necessidade.

suficiente contexto". O principal problema, no entanto, é que o teste faz (ou pode fazer) uma distorção no estado de espírito da criança, orientando-a e condicionando-a a agir de determinada maneira ou a se conformar a determinado contexto não espontâneo, ou seja, o teste pode falsear a realidade; com ele, corre-se o risco "de passar ao largo de questões essenciais, interesses espontâneos e empreendimentos primitivos". Piaget diz, então, indicando um modo de ultrapassar essa limitação e já apontando para o que será caracterizado, mais adiante, como método clínico, ou em proximidade com este: "O único meio de evitar essas dificuldades é variar as perguntas, fazer contra-sugestões, em suma, renunciar a todo questionário fixo". Trata-se, pois, de procurar o sentido das respostas das crianças no *seu* contexto, e não abstraindo esse contexto.

A *observação pura*, ou aquela feita em situações naturais e espontâneas, deveria ser a fonte de primeira grandeza para construção e teste do conhecimento:

> *Trata-se do estudo das perguntas espontâneas da criança. O exame detalhado do conteúdo das perguntas revela o interesse das crianças em diversas idades e nos indica muitos problemas que as crianças se formulam, problemas em que jamais teríamos pensado ou que nunca formularíamos nos mesmos termos. O estudo da própria forma das questões, sobretudo, mostra quais as soluções implícitas que as crianças criam para si, pois toda pergunta contém sua solução na maneira como é feita.*

No entanto, esse método também encontra seus problemas e limites: ele parece ser sempre singular, difícil, para não dizer impossível, de ser reproduzido (nas mesmas condições); a construção das condições contextuais para que a criança se sinta livre e espontânea para agir e falar também é difícil de ser conseguida; as crianças, por sua vez, também têm, por sua imaturidade, dificuldades em expressar semântica e conceitualmente o que pensam e sentem; as crianças misturam crenças com brincadeiras e nunca estamos seguros se estamos num ou noutro caso, em suas manifestações, "A observação pura não pode distinguir a crença da fabulação".

Para ultrapassar essas limitações, deve-se, pois, para Piaget, acrescentar outro tipo de pesquisa ou método, deve-se, na interação e no diálogo com a criança, procurar o sentido de suas ações, os conteúdos de seus pensamentos e crenças, a compreensão de seus modos de compreensão. Este método seria o mesmo utilizado pelos psiquiatras quando procuram fazer um diagnóstico, por isso denominado por Piaget de *método clínico* de pesquisa: "Assim, o exame clínico participa da experiência no sentido de que o clínico formula problemas, elabora hipóteses, promove variações nas condições envolvidas e, por fim, controla cada uma de suas hipóteses no contato com as reações provocadas pela conversa". É evidente que esse método depende profundamente da pessoa que o realiza, de sua maturidade, de sua capacidade de comunicação, de criatividade e sagacidade, introduzindo um alto grau de subjetividade nos resultados obtidos. Esse tipo de pesquisa exige reunir ao menos duas grandes qualidades, muitas vezes incompatíveis, de seus realizadores: "saber observar, ou seja, deixar a criança falar, não calar nada, não desviar nada; e, ao mesmo tempo, saber buscar alguma coisa precisa, ter a cada momento uma hipótese de trabalho, alguma teoria, verdadeira ou falsa, a controlar".

É a conjunção desses métodos de pesquisa – "Os únicos critérios [...] fundam-se na multiplicidade de resultados e na comparação entre reações individuais" – que forneceu a Piaget a base empírica para a construção de sua compreensão da gênese. Não obstante ele ainda tenha sido criticado por uma certa diretividade na sua atividade de pesquisa.

A maneira como os diversos dados são tratados, organizados, agrupados, colocados em sistemas, comparados etc., para que, então, sejam elaboradas as diversas propostas teóricas e descritivas de Piaget, não será aqui objeto de estudo, ainda que, numa compreensão mais completa do método de Piaget, isso fosse relevante. Para meus objetivos, que visam a apresentação geral da teoria do desenvolvimento das estruturas cognitivas e seus conteúdos, isso não será necessário.

A.10 Matriz analítica para uma visão da teoria do desenvolvimento do ponto de vista de Jean Piaget

Dadas estas caracterizações gerais, podemos, então, retomar o que é a estrutura da nossa matriz analítica de compreensão das teorias psicanalíticas do desenvolvimento, para termos uma visão e compreensão geral dessa perspectiva.

Quadro A.2 – Estrutura da matriz analítica de compreensão das teorias psicanalíticas do desenvolvimento

Foco Temático	**Jean Piaget – Epistemologia genética, desenvolvimento do pensamento**
Problema	Como o homem conhece e age sobre o mundo, em termos da lógica do seu pensamento Exemplos-problemas: como nasce a noção de tempo, a noção de espaço, a noção de causalidade, a noção de objeto permanente na criança etc.

Problema universal	O conhecimento, a mente, a inteligência, a estrutura cognitiva e os atos cognitivos, sua gênese, desenvolvimento e suas dinâmicas A epistemologia genética e a psicologia genética
Fundamentos operativos	Kantismo evolutivo, modelo interacionista, construtivista da inteligência (mente, razão, pensamento); Gênese: biologia + meio + indivíduo; desenvolvimento mediado pela ação no mundo (maturação + experiência + interação social) e equilibração (interação e aprimoramento); Exemplar (Khun): *assimilação-acomodação-equilibração* resultando em estruturas (conjunto de esquemas) de ação sobre o mundo; Desenvolvimento em termos de estágios universais que se sucedem em crescente complexidade
Ontologia	A vida é essencialmente autorregulação (uma terceira via entre Lamarck e Darwin)
Método	Os testes, a observação e o método clínico como métodos de pesquisa necessariamente conjugados
Fases – Estágios – Idades	• Sensório-motor (0-2 anos); • Pré-operatório (2-7 anos); • Operatório concreto (7-12 anos); • Operatório formal (12→ anos).

A.11 Avaliação crítica: considerações gerais sobre a proposta de Piaget no quadro das teorias do desenvolvimento

Piaget é um marco e uma referência para todos que se dedicam à tarefa de educar. Ele apresentou uma descrição dos processos que levam ao desenvolvimento da inteligência, dos modos de conhecer e agir sobre o mundo, de modo que o educador pudesse ter instrumentos operativos não só para compreender o que seus alunos estavam realizando e suas atividades, mas também dispor de operadores (e indicando atividades) que poderiam contribuir para esse desenvolvimento e amadurecimento.

Às vezes, critica-se Piaget por não ter considerado a vida afetiva, o desenvolvimento afetivo, restringindo-se a descrever como a mente (ou inteligência) se desenvolve. Isso me parece um erro de entendimento, dado que ele mesmo explicita que os afetos são como o motor energético dos processos que ele está descrevendo e que ele, simplesmente, estava focado noutro aspectos da realidade. Ao colocar luz sobre um aspecto da realidade, outros podem ficar relativamente na sombra, mas isso não significa que foram desconsiderados.

No campo das teorias cognitivas do desenvolvimento, ao consultar os manuais, encontramos, sem exceção, o nome e a proposta de Piaget, seguidos dos de Vygotsky, mas nenhuma menção é feita a Henri Wallon, ainda que este seja um dos autores de grande importância atual no campo da educação (compartilhando, com Piaget, um lugar de destaque entre aqueles que se dedicam às pesquisas e ações no campo da educação). Talvez porque Wallon dê ênfase maior ao desenvolvimento afetivo, mais do que ao desenvolvimento cognitivo, mas talvez não seja totalmente correto afirmar isso; mesmo assim, Henri Wallon não aparece no quadro dos teóricos desenvolvimentistas do desenvolvimento emocional ou socioemocional. De uma maneira ou outra, essa é uma lacuna a ser preenchida. A relação, em termos de continuidades e rupturas, entre as propostas de Piaget, Vygotsky e Wallon, como autores de referência no campo da educação, é, por sua vez, campo que tem recebido atenção de diversos pesquisadores.

No que se refere à relação (em termos de similaridade, disparidade, congruências e incomensurabilidades) entre a teoria de Piaget e as teorias psicanalíticas do desenvolvimento, há lacunas enormes a serem preenchidas. Não são poucos os trabalhos que procuram aproximar Piaget e Freud (por exemplo, Lajonquière, 1992), mas são muito raros os que propõem a mesma aproximação entre Piaget e outros psicanalistas desenvolvimentistas, como Anna Freud, René Spitz, Margaret Mahler, John Bowlby e Donald Winnicott. Nessa direção, alguns fenômenos despontam como preocupações comuns entre Piaget e a psicanálise, a exemplo de: o surgimento da realidade (ou do objeto permanente) com sua correspondente e necessária constituição do EU (como unidade do sujeito psicológico); a origem e a constituição dos chamados "processos mentais" ou da mente propriamente dita; a natureza e a função da ação de brincar no processo de constituição de si mesmo, do outro e da vida cultural etc. Essas indicações apenas apontam possibilidades de pesquisa que podem se apoiar no trabalho, aqui em desenvolvimento, de apresentação sistemática das teorias do desenvolvimento, em função de uma matriz única de análise e apresentação de sua estrutura e dos fenômenos que coloca em evidência.

A.12 Referências

Boyd, D., & Bee, H. (2011). *A criança em crescimento*. Porto Alegre: Artes Médicas.

Bringuier, J.-C. (1977). *Conversando com Jean Piaget*. Rio de Janeiro: Difel.

Cobliner, W. G. (1965). A escola de psicologia genética de Genebra e a psicanálise: paralelos e equivalências In R. A. Spitz (Ed.), *O primeiro ano de vida*. São Paulo: Martins Fontes.

Flavell, J. H. (1963). *The developmental psychology of Jean Piaget*. New York: D. van Nostrand Co, 1978.

Fulgencio, L. (2008). *O método especulativo em Freud.* São Paulo: EDUC.

Fulgencio, L. (2020). Incommensurability between paradigms, revolutions and common ground in the development of psychoanalysis. *The International Journal of Psychoanalysis, 101*(1), 13-41. doi:10.1080/00207578.2019.1686389

Green, A. (2003). The pluralism of sciences and psychoanalytic thinking. In M. Leuzinger-Bohleber, A. U. Dreher & J. Canestri (Eds.). *Pluralism and unity? Methods of research in psychoanalysis* (pp. 26-44). London: International Psychoanalytical Association.

Inhelder, B., Garcia, R., & Vonèche, J. (Eds.). (1976). *Epistemologie génétique et equilibration. Hommage à Jean Piaget.* Neuchâtel: Delachaux et Niestlé.

Kant, I. (1793). *Crítica da faculdade do juízo.* Rio de Janeiro: Forense Universitária, 1993.

Kant, I. (1787 [1781]). *Crítica da razão pura.* 2. ed. Lisboa: Fundação Calouste Gulbenkian, 1997.

Kant, I. (1798). *Antropologia de um ponto de vista pragmático.* São Paulo: Iluminuras, 2006.

Kant, I. (1786). *Princípios metafísicos da ciência da natureza.* Lisboa: Edições 70, 1990.

Kant, I. (1923). *Manual dos cursos de lógica geral.* Uberlândia, Campinas: Edufu/IFCH-Unicamp, 1998.

Kesselring, T. (1993). *Jean Piaget.* Petrópolis: Vozes.

Kuhn, T. S. (1970). *A estrutura das revoluções científicas.* São Paulo: Perspectiva, 1975.

Kuhn, T. S. (1977). *A tensão essencial.* Lisboa: Edições 70.

Kuhn, T. S. (2000). *O caminho desde a estrutura. Ensaios filosóficos, 1970-1993, com uma entrevista autobiográfica*. São Paulo: Editora Unesp, 2006.

Lajonquière, L. (1992). *De Piaget a Freud* (Vol. 16). Petrópolis: Editora Vozes.

Loparic, Z. (2003). As duas metafísicas de Kant. *Kant E-prints, 2*(5).

Müller, U., Carpendale, J. I. M., & Smith, L. (Eds.). (2009). *The Cambridge companion to Piaget*. Cambridge: Cambridge University Press

Oliveira, S. C. (2004). *Kant & Piaget: inter-relação entre duas teorias do conhecimento*. Londrina: Eduel.

Parke, R. D. (2004). The Society of Research in Child Development at 70: progress and promise. *Child Development, 75*, 1-24.

Piaget, J. (1923). *Le langage et la pensée chez l'enfant*. Neuchâtel et Paris: Delachaux et Niestlé. [Piaget, J. (1923). *A linguagem e o pensamento da criança*. São Paulo: Martins Fontes, 1986].

Piaget, J. (1924). *Le jugement et le raisonnement chez l'enfant*. Neuchâtel et Paris: Delachaux et Niestlé.

Piaget, J. (1927). *La causalité physique chez l'enfant*. Paris: Alcan.

Piaget, J. (1932). *Le jugement moral chez l'enfant*. Paris: Alcan.

Piaget, J. (1936). *O nascimento da inteligência na criança*. Rio de Janeiro: Zahar, 1975.

Piaget, J. (1937a). *A construção do real na criança*. Rio de Janeiro: Zahar, 1975.

Piaget, J. (1937b). *La construction du réel chez l'enfant*. Neuchâtel et Paris: Delachaux et Niestlé.

Piaget, J. (1937c). O desenvolvimento da noção de objeto. In *A construção do real na criança* (pp. 11-92). Rio de Janeiro: Zahar, 1975.

Piaget, J. (1945). *A formação do símbolo na criança* Rio de Janeiro, 1975.

Piaget, J. (1946a). *La formation du symbole chez l'enfant.* Neuchâtel et Paris: Delachaux et Niestlé.

Piaget, J. (1946b). *Le ldeveloppement de la notion de temps chez l'enfant.* Paris: PUF.

Piaget, J. (1946c). *A noção de tempo na criança.* Rio de Janeiro: Record Cultural.

Piaget, J. (1947a). *La psychologie de l'intelligence.* Paris: A. Collin.

Piaget, J. (1947b). *A representação do mundo na criança.* Aparecdia: Ideias & Letras, 2005.

Piaget, J. (1948). *Le représentation de l'espace chez l'enfant.* Paris: PUF.

Piaget, J. (1950a). *Introdution à l'*épistemologie genétique (Vol. 2: *La pensée physique*). Paris: PUF.

Piaget, J. (1950b). *Introdution à l'*épistemologie genétique (Vol. 1: *La pensée mathématique*). Paris: PUF.

Piaget, J. (1955). *De la logique de l'enfant à la logique de l'adolescent.* Paris: PUF.

Piaget, J. (1960). Les modeles abstraits sont-ils opposés aux interpretations psycho-physiologiques dans l´explication em psychologie? *Revue suisse de Psychologie Purê et Appliquée,* 9(1), 58-90.

Piaget, J. (1964a). *Seis estudos de psicologia.* Rio de Janeiro: Forense Universitária, 2001.

Piaget, J. (1964b). *Six études de psychologie*. Gemève: Gonthiers.

Piaget, J. (1965). *Sagesse et illusions de la philosophie*. Paris: PUF.

Piaget, J. (1967a). *Biologia e conhecimento*. Petrópolis: Vozes, 1973.

Piaget, J. (1967b). *Biologie et connaissance*. Paris: Gallimard.

Piaget, J., & Inhelder, B. (1966). *La psychiologie de l'enfant*. Paris: PUF.

Piaget, J., & Inhelder, B. (1966). *La psychologie de l'enfant*. Paris: Presses Universitaires de France.

Piaget, J., & Inhelder, B. (1986). *A psicologia da criança*. São Paulo: Difel.

Piaget, J., & Inhelder, B. (1986 [1966]). *Psicologia da criança*. São Paulo: Difel.

Piattelli-Palmarini, M. (1979a). A propósito dos programas científicos e de seu núcleo central. In M. Piattelli-Palmarini (Ed.), *Teorias da linguagem, teorias da aprendizagem: o debate entre Jean Piaget & Noam Chomsky* (pp. 7-33). São Paulo: Cultrix, 1983.

Piattelli-Palmarini, M. (Ed.). (1979b). *Teorias da linguagem, teorias da aprendizagem: o debate entre Jean Piaget & Noam Chomsky*. São Paulo: Cultrix, 1983.

Piattelli-Palmarini, M. (Ed.). (1979c). *Théories du langage, théorie de l'apprentissage. Le débat entre Jean Piaget & Noam Chomsky*. Paris: Éditions du Seuil.

Ramozzi-Chiarottino, Z. (1994). *Em busca do sentido da obra de Jean Piaget*. São Paulo: Editora Ática.

Richmond, P. G. (1970). *An introduction to Piaget*. London: Routledge & Kegan Paul.

Souza, M. T. C. C. (2014). Construção de conhecimento e psicologia do desenvolvimento: contribuições da teoria de Piaget. *Schème: Revista Eletrônica de Psicologia E Epistemologia Genéticas*, 6, 129-140.

Taille, Y. L. (1992a). Desenvolvimento do juízo moral e afetividade na teoria de Jean Piaget. In *Piaget, Vygotsky, Wallon: teorias psicogenéticas em discussão* (pp. 47-74). São Paulo: Summus.

Taille, Y. L. (1992b). O lugar da interação social na concepção de Jean Piaget. In *Piaget, Vygotsky, Wallon: teorias psicogenéticas em discussão* (pp. 11-22). São Paulo: Summus.

Taille, Y. L., Oliveira, M. K., & Dantas, H. (1992). *Piaget, Vygotsky, Wallon: teorias psicogenéticas em discussão.* São Paulo: Summus.

GRÁFICA PAYM
Tel. [11] 4392-3344
paym@graficapaym.com.br